Carlo Petrini

GUT, SAUBER & FAIR

Grundlagen einer neuen Gastronomie

Tre Torri

Titel der italienischen Originalausgabe
»Buono, Pulito e Giusto« by Carlo Petrini (2005)

www.tretorri.de

Umsetzung: CPA! Communications-
und Projektagentur GmbH, Wiesbaden
www.cpagmbh.de

Die CPA! ist Mitglied der Deutschen Akademie für Kulinaristik,
und fördert Slow Food Deutschland e.V.

Übersetzung: Lara Bandilla für Fix International Services GmbH, Hamburg
Gestaltung: Guido Bittner, Wiesbaden
Satz und Reinzeichnung: Peter Winkelmann, Wiesbaden
Druck und Bindung: GGP Media GmbH, Pößneck

Printed in Germany

ISBN 978-3-937963-55-6

Inhalt

Glossar

Carlo Petrini und die internationale Slow-Food-Bewegung haben einige Schlüsselbegriffe formuliert, die man zum besseren Verständnis kennen sollte, bevor man dieses Buch liest.

Arche des Geschmacks (it. *Arca del Gusto*): Ein Verzeichnis von traditionellen Nutzpflanzen, Nutztieren und Lebensmittelzubereitungen, die vom Aussterben bedroht sind und von Slow-Food-Convivien geschützt werden.

Convivium (it. *Convivio* oder *Condotta*): Die örtliche oder regionale Gruppe von Slow Food.

Essbare Schulgärten (amerik. *edible schoolyards*): Ein internationales Projekt zur Rettung oder Schaffung von Schulgärten, in denen Schüler lernen, Nutzpflanzen anzubauen und zuzubereiten.

Förderkreis (it. *Presidio*): Eine höhere Stufe der »Arche«. In einer Art Schutzbündnis von Produzenten, örtlichen Institutionen und Experten werden vom Ausssterben bedrohte Produktarten marktfähig gemacht, ihre Qualität wird überwacht.

Geschmackserziehung (it. *Laboratorio del Gusto*): Typische Aktivität von Slow Food. In Kursen wird der Geschmack von Lebensmitteln ergründet und verglichen.

Koproduzent (it. *Coproduttore*): Der Konsument (it. *consumatore*) wird dadurch, dass er mit den Produzenten in Verbindung tritt und sich über das informiert, was er isst, vom reinen Verbraucher zum Koproduzenten.

Lebensmittelbündnisse (it. *Comunità del Cibo*): Bauern, Lebensmittelhandwerker, Gastwirte, Köche, Vermarkter aber auch begleitende Wissenschaftler kümmern sich gemeinsam Ernährungsprodukte im Sinne des Dreiklangs »gut, sauber, fair«.

Salone del Gusto: Seit 1996 findet alle zwei Jahre in Turin die internationale Messe des guten Geschmacks statt.

Slow Fish: Eine Messe der nachhaltigen Fischereiwirtschaft, die Slow Food mit Partnern regelmäßig in Genua veranstaltet.

Slow Food Stiftung für biologische Vielfalt (engl. *Slow Food Foundation for Biodiversity*): Eine von Slow Food gegründete Stiftung mit Sitz in Florenz, die Archeprodukte registriert, Förderkreise gründet und Projekte in aller Welt unterstützt.

Terra Madre: Parallel zum Salone del Gusto treffen sich seit 2004 über 5.000 Kleinproduzenten Lebenmittelhandwerker, Gastronomen, Köche und Wissenschaftler, um Erfahrungen auszutauschen und internationale Netzwerke zu knüpfen.

Einführung

Es gibt immer noch Menschen, die uns Gastronomen für eine Gruppe egoistischer Schlemmer halten, die sich nicht mit ihrer Umwelt befassen. Was diese Kritiker übersehen, sind die besonderen Fähigkeiten des Gastronomen – angefangen bei der Verfeinerung des eigenen Sinnesvermögens (was angesichts der geruch- und geschmacklosen Welt um uns herum immer schwieriger wird) bis hin zur Herstellung der Lebensmittel. Gerade sie sind es, die ihn veranlassen, sich mit seiner Umwelt zu befassen. In gewisser Weise fühlt er sich als Koproduzent der Nahrung, als Teil einer Schicksalsgemeinschaft. Das gemeinsame Schicksal ist offensichtlich, wenn man bedenkt, dass wir alle auf derselben Erde leben und aus ihr unsere Nahrung beziehen. Darum beginnt dieses Buch mit einer Darstellung der Weltlage und der Gesundheitsbedingungen, die größtenteils durch unser Produktions- und Konsumverhalten verursacht werden.

Der neue Gastronom muss also die Fähigkeit besitzen, diese Situation zu verstehen: gerade er ist dafür prädestiniert, gute und geschmackvolle Lebensmittel zu erkennen. Er ist in der Lage, neben unserem zerstörerischen System andere Produktions- und Konsummöglichkeiten zu entdecken, die die globale Situation verbessern.

Doch die Gastronomie und ihre Fachkompetenzen wurden aus vielerlei Gründen missverstanden, verkannt und fehlinterpretiert. Der Gastronom ist daran nicht unschuldig. Die bloße Forderung nach Richtigstellung reicht nicht.

Es gilt vielmehr, die Gastronomie neu zu definieren, ihr einen angemessenen, würdevollen Wert zu verleihen. Im Folgenden wird dies versucht werden, von der historischen Darstellung bis zur Definition einer »neuen Gastronomie«. Dem Gastronomen wird es dadurch ermöglicht, sich der Komplexität der Materie bewusst zu werden. Dabei maßt er sich keine Allwissenheit an, sondern nutzt jede Unterstützung. Bevor man also zum tagtäglichen Akt der Nahrungsaufnahme kommt, geht es darum, das Thema klar zu definieren und zu versuchen, wenigstens einen gemeinsamen Nenner des komplexen gastronomischen Gebietes zu finden, der es ermöglicht, die biologische, kulturelle, geografische, religiöse und produktive Vielfalt zu respektieren.

Dieser gemeinsame Nenner muss ein neues und klares Verständnis von Qualität beinhalten – *Gut, sauber und fair.* Es ist eine simple Definition für ein sehr vielschichtiges Konzept. Drei voneinander unabhängige und unerlässliche Kriterien zur Beurteilung richtiger Lebensmittel.

Davon ausgehend kann man damit beginnen, von den Verpflichtungen zu reden. Die Verpflichtung, sich kontinuierlich weiterzubilden, offen und respektvoll dem überlieferten Wissen gegenüberzustehen, sich als neue Spezies zu begreifen, die wir als »Koproduzent« bezeichnen wollen. Ein Gastronom und Koproduzent, der sich für Ideen und Wissen engagiert, um Qualität und das Wohl aller bemüht und dafür sorgt, dass den ländlichen Regionen wie den Produzenten unserer Lebensmittel ein neuer Stellenwert beigemessen wird. Ein Gastronom, der seine Fähigkeiten teilt – mit anderen Koproduzenten, mit Herstellern, mit Köchen, mit jedem, der sich weitergehend mit Gastronomie beschäftigt. Auf Basis eines Doppelprinzips, das in zwei Kernsätzen, auf die wir später genauer eingehen werden, zusammengefasst wird: »Essen ist ein landwirtschaftlicher Akt« und »Produzieren muss ein gastronomischer Akt sein«.

Unter diesem Gesichtspunkt richten wir unsere Aufmerksamkeit auf eine wichtige, unterschätzte Spezies Mensch, die sich selbst überlassen wurde, da sie außerhalb des gängigen Weltbildes existiert. Eine Spezies Mensch, die nach unserer neuen Definition, die wir im Folgenden geben werden, aus echten Gastronomen besteht, die den Willen haben, unsere Welt aufzubauen und zu verändern.

Warum also kein gemeinsames Programm ausarbeiten? Warum unsere Kräfte nicht vereinen? Daher werde ich dieses Buch mit dem Modell eines Netzwerks der Gastronomen beenden, dessen Werte und Verpflichtungen für alle maßgeblich sind, obwohl es die unterschiedlichsten Lebenserfahrungen vereint. Aus eben dieser Verschiedenheit zieht das Netzwerk eine Kraft, die es vielleicht ermöglicht, die Welt oder zumindest die Qualität unserer Lebensmittel und unseres Lebens ein wenig zu verbessern. Es orientiert sich an gemeinsamen Werten, die keine Demonstration von Edelmut sind, sondern die feste Absicht haben, etwas für das Gemeinwohl zu tun. Ein Gemeinwohl, das heute wichtiger denn je ist in einer Welt, die zweifellos einem Abgrund entgegensteuert. Die wichtigste Quelle, aus der wir unser persönliches Wohlergehen und das kommender Generationen schöpfen.

Wenn man die grundlegenden Pfeiler unseres Programms noch einmal rekapituliert, wird dieses Buch gar nicht so utopisch erscheinen:

› Der Gastronom geht von der Welt und ihrem wenig erfreulichen Zustand aus, und erkennt unschwer die Ursachen in unserem Nahrungssystem.
› Der Gastronom nutzt seine Fähigkeiten, dieses System zu verstehen und zu beeinflussen. Er bedient sich hierfür interdisziplinärer Wissenschaften und der Mithilfe möglichst vieler Menschen, da er allein nicht über ein ausreichend umfassendes Wissen zur Bewältigung dieser komplexen Aufgabe verfügt.
› Der Gastronom fordert Qualität zum Wohle aller, eine Verbesserung unseres Lebens. Unseres, denn er lebt nicht für sich allein: er braucht das Vorbild anderer, er lernt von anderen, er genießt mit anderen und bildet eine Gemeinschaft mit anderen.
› Der Gastronom wird feststellen, dass seine Überzeugung weltweit von vielen Menschen geteilt wird, der gemeinsame Wille die Kräfte zu vereinen und sie zu *vernetzen*. Das ist selbstverständlich, um nicht nur das eigene Überleben und Wohlergehen zu gewährleisten, sondern auch das der anderen. Und um die Welt ein bisschen zu verändern, denn er ist nicht der Einzige, der diesen Willen hat, der den *Hunger* nach Veränderung spürt.

Lassen Sie mich die Einleitung mit einer weiteren Präzisierung beschließen – dieses »die Welt ein bisschen verändern« ist im Zusammenhang mit einem piemontesischen Sprichwort zu sehen: *Per si quatr dì che 'ruma da vivi.* »Die vier Tage, die wir noch zu leben haben«, sollten wir da nicht ein wenig großzügig sein? Großzügig uns selbst gegenüber, indem wir auf angemessene Weise genießen? Großzügig gegenüber den Menschen, die sich dafür engagieren wollen, dieser Welt etwas Gutes zu tun? Großzügig gegenüber all denen, die zwangsläufig unser Schicksal teilen?

Ein leichtfertiger Mensch wird angesichts seiner »vier letzten Tage« nicht allzu viele Gedanken an die Zukunft, an das, was nach ihm sein wird, verschwenden, sondern konsumieren, verbrennen, zerstören und genießen so viel er kann, ohne an das Gemeinwohl zu denken.

Ich dagegen bin davon überzeugt, dass man versuchen sollte, in diesen »vier letzten Tagen«, die gemessen an der Geschichte der Menschheit eine Nichtigkeit sind, glücklich und bescheiden zu leben – in der festen Überzeugung, dass wir auch in diesen vier Tagen noch die Möglichkeit haben, unseren Beitrag zu einer besseren Zukunft zu leisten.

Gut, sauber und fair

Grundlagen einer neuen Gastronomie

Ziel dieses Buches ist es, Ideen zu entwickeln, das Bewusstsein zu schärfen und Begeisterung zu wecken. Sollte es gelingen, ist es auch das Verdienst Carlo Bogliotti's, der die letzten drei Jahre mit mir an diesen Überlegungen gearbeitet hat und einen wesentlichen Beitrag zum Text leistete. Dafür möchte ich ihm meinen Dank aussprechen.

I Ein beunruhigendes Bild

Innerhalb der einzelnen Kapitel habe ich jeweils etwas eingefügt, das ich der Einfachheit halber *Tagebücher* nenne. Dabei handelt es sich um persönliche Erlebnisse, erzählt in der ersten Person, da sie beispielhaft im Zusammenhang mit den theoretischen Überlegungen dieses Buches sind. Außerdem sollten in das komplexe Thema der Gastronomie auch die persönlichen Erfahrungen einfließen, die man auf Reisen, im Kontakt mit anderen Kulturen oder während der Beschäftigung mit den eigenen Wurzeln gesammelt hat. Durch Lesen allein wird man nicht zum Gastronomen. Man muss den Beruf ausüben, neugierig sein, versuchen, sich die Welt mit allen Sinnen zu eigen zu machen, indem man so viele Eindrücke wie möglich sammelt, mit den Menschen redet, genießt. Man wird auch nicht Gastronom, wenn man nur in Restaurants geht. Man muss die Bauern kennen, diejenigen, die Lebensmittel herstellen und verarbeiten, diejenigen, die sich um ein nachhaltiges und gerechteres System der Herstellung und des Verbrauchs bemühen.

In meiner Arbeit hatte ich das Glück, diese Erfahrungen machen zu dürfen, jede davon hat meine berufliche Entwicklung und die Entwicklung der Gedanken in diesem Buch stark beeinflusst. Von diesen Erfahrungen erzähle ich gerne, sie sind nützlich für dieses Buch und bin sicher, dass der Leser meine Beweggründe verstehen wird.

Tatsächlich waren diese Erlebnisse prägend für mein Denken und meinen Lebensweg. Ihnen und den Menschen, die darin eine Rolle spielen, verdanke ich den Großteil dieses Buches.

Tagebuch 1 Paprikaschoten und Tulpen

Im Jahre 1996 befand ich mich wie so oft auf der Nationalstraße 231, die Cuneo mit Asti verbindet und über Bra führt, eine kleine Provinzstadt, in der ich wohne und in der die internationale Slow Food Bewegung ihren Sitz hat. Obwohl eine Autobahn gebaut wird, die die beiden Provinzhauptstädte miteinander verbindet, ist dieses viel befahrene Asphaltband durch den südlichen Piemont auch heute noch unsere einzige Verbindung mit dem restlichen Italien. Die Strasse führt nach Osten und wenn man nach Mailand, in die Mitte oder in den Süden der Halbinsel möchte, befährt man sie. Der südliche Piemont ist seit jeher Agrarland, geschichtlich geprägt von Hunger und Not, schon bald allerdings zu Wohlstand gekommen durch die Ansiedlung kleiner Industriebetriebe und den Aufbau eines geradezu vorbildlichen Kreislaufs von erstklassigen traditionellen Agrarprodukten – darunter einige der besten italienischen Weine –, dem Export dieser Produkte und einem blühenden Fremdenverkehr, der zum einen der außerordentlichen Schönheit der Hügellandschaften und zum anderen der wahrhaft einzigartigen Weingastronomie zu verdanken ist.

Die Nationalstraße 231, die diese Gebiete durchzieht, ist nicht nur berüchtigt für ihre Beschwerlichkeit, sondern in gewisser Weise auch zum Symbol des Wohlstands geworden, der über meine Heimat gekommen ist. Hier reiht sich Lagerhalle an Lagerhalle, Einkaufszentrum an Einkaufszentrum und Supermarkt an Supermarkt – darunter einige der schlimmsten Bausünden, die man sich vorstellen kann. Nur in manchen Gegenden findet man noch das eine oder andere Gewächshaus, in dem tatsächlich etwas angebaut wird. Es ist deprimierend, durch diese triste Landschaft zu fahren, zumal einem das langsame Vorankommen auf dieser Verkehrsader ausreichend Gelegenheit bietet, intensiv über die Folgen dieser Entwicklung nachzudenken.

Entlang der Nationalstraße 231 (man muss nur hin und wieder eine kleine Abzweigung nehmen) gibt es, verglichen mit dem übrigen Italien, eine überdurchschnittlich große Zahl ausgezeichneter Restaurants und traditioneller Gastwirtschaften, die ausschließlich

Gerichte aus der Gegend anbieten. Hier war es auch, wo ich als Autodidakt meine gastronomische Ausbildung begann, die ich zu einem wesentlichen Teil den besten Köchen, Köchinnen und kleinen Produzenten dieser Gegend verdanke.

Kommen wir aber auf jenen Tag im Jahr 1996 zurück: auf dem Heimweg kehrte ich bei einem befreundeten Gastwirt ein, den ich seit Jahren nicht mehr gesehen hatte und der eine unvergleichliche Peperonata[1] zubereitet, die ich wieder einmal genießen wollte, um mich gen Ende dieser anstrengenden Reise zu stärken. Doch zu meiner größten Enttäuschung setzte man mir eine ganz grässliche Peperonata vor, die nach nichts schmeckte. Das Können des Chefkochs stand außer Zweifel, also fragte ich ihn selber nach einer Erklärung für diese geschmackliche »Verarmung«. Mein Freund erklärte mir, er verwende für seine Peperonata, die sich meinem Geschmacks- und Geruchsgedächtnis für immer eingebrannt hatte, nicht mehr die gleichen Zutaten. Anstelle der »Peperoni quadrati d'Asti«, einer fleischigen, aromatischen und schmackhaften Paprikasorte, die in der Gegend inzwischen fast nicht mehr angebaut wurde, musste er nun auf holländische Paprikaschoten zurückgreifen. Sie wurden importiert, weil sie preiswerter waren und von Züchtungen stammen, die im Intensivanbau kultiviert werden, um durch besonders leuchtende Farben ein optisch möglichst ansprechendes Ergebnis zu erzielen – die also wie geschaffen sind für den Export (»In eine Kiste passen 32 Stück, nicht eine mehr und nicht eine weniger, und immer sind sie gleich schön«, berichtete mir mein Freund), dafür aber entsetzlich geschmacklos.

Ich musste also zur Kenntnis nehmen, dass es mit der herrlichen Peperonata ein für alle Mal vorbei war und setzte die Fahrt nach Bra fort. Als ich an einer der Stellen vorbeikam, wo noch Gewächshäuser stehen, machte ich Halt: Dort hatte man früher

[1] »Die Peperonata, ein Schmorgericht aus der Emilia-Romagna, ist heute in ganz Italien in zahlreichen Varianten verbreitet. Die Peperonata aus Piemont ist besonders schmackhaft und bissfest dank der fleischigen und süßen Paprikaschote von Asti, dem so genannten ›quadratischen‹ Typ«; Grazia Novellini (Hrsg.), *Ricette di Osterie d'Italia. 630 piatti di cucina regionale,* Slow Food Editore, Bra 2001, S. 53.

einmal die »Peperoni quadrati d'Asti« angebaut! Doch was zum Teufel befand sich nun unter den Nylonabdeckungen? Ich begegnete einem Bauern, der mir bestätigte, dass man genau hier noch bis vor wenigen Jahren dieses herrliche Gemüse angebaut hatte. Nun aber nicht mehr. Und in seinem Dialekt erklärte er mir: »Es lohnt sich nicht mehr. Die Paprikaschoten aus Holland sind billiger und unsere kauft keiner mehr! Sie machen nur Arbeit, und die ganze Mühe ist umsonst!« »Und was bauen sie jetzt an?«, fragte ich ihn. Er lächelte: »Wir bauen hier Tulpenzwiebeln an! Die schicken wir dann nach Holland, damit man sie dort zum Blühen bringt!«

Ich erschrak: Ich war hautnah mit den Absurditäten der Agrarindustrie und der sogenannten Globalisierung konfrontiert worden... Paprikaschoten, die im Austausch mit Tulpen Grenzen überschreiten und Berge überqueren; die typischen Produkte zweier Länder, die mehr als tausend Kilometer von ihrer Ursprungsregion entfernt angebaut werden, indem man zwei landwirtschaftliche Traditionen, die sie zu typischen Erzeugnissen gemacht und sich offensichtlich gut in ihre ursprünglichen Ökosysteme eingefügt haben, auf den Kopf stellt. Eine herrliche Paprikasorte, die zu verschwinden droht. Ein traditionelles Rezept, das völlig verfälscht wird. Und wer weiß, wie groß die Belastung durch Dünger und Pestizide ist, vor allem aber die Luftverschmutzung durch die Abgase der Lastwagen und anderer Transportmittel, die quer durch Europa fahren.

Für mich schlug an diesem Tag die offizielle Geburtsstunde der *Ökogastronomie:* Anbau und Herstellung des Ausgangsprodukts müssen auf nachhaltige Weise erfolgen, die Artenvielfalt und lokale Ernährungs- und Produktionsgewohnheiten müssen um jeden Preis erhalten werden.

Tagebuch 2 Tehuacán

Im Sommer 2001 reiste ich zunächst nach San Francisco, nahm dort am ersten Kongress von Slow Food USA teil und fuhr anschließend nach Mexiko, wo ich mich dem Land und der Kultur sehr verbunden fühle, aber lange nicht mehr gewesen war. Eine Weile blieb ich in der Riesenmetropole Mexiko-City, deren extreme Not mir auffiel. Dort leben Millionen von Menschen vom Land, die ihren kleinen Landbesitz verkauft haben und auf der Suche nach einem fragwürdigen Glück in den übervölkerten Stadtrandvierteln gestrandet sind. Der kleine landwirtschaftliche Familienbetrieb, der früher einmal den Lebensunterhalt sicherte, bringt nichts mehr ein, und der Nachbar Amerika lockt mit seinen Konsumgütern und weckt Illusionen und neue Bedürfnisse. Was aber vor allem auffällt, ist die schnelle Ausbreitung der industriellen Landwirtschaft, die mit einem Abbau von Arbeitskräften einhergeht und es den Menschen schwer macht, diesem Teufelskreis (der durch die Vermarktung von Saatgut, Düngern und Pestiziden entsteht, die alle »aufeinander abgestimmt« sind) zu entfliehen.

Ein Abbau, der von den internationalen Großkonzernen diktiert wird und dazu führt, dass einer Agrarkultur das in Jahrtausenden entwickelte, tradierte Wissen verloren geht.

Die präkolumbianische Kultur Mexikos kultivierte neben Mais auch viele andere Nutzpflanzen, die heute die Ernährungsgrundlage für Millionen Menschen auf dieser Welt bilden. Immer noch verfügt Mexiko über eine ungemein große Artenvielfalt. Allein beim Mais, so wurde mir berichtet, ließen sich multinationale amerikanische Konzerne auf der Suche nach neuen Züchtungen im Laufe der Jahre mehr als 80 Prozent der über tausend heimischen Sorten patentieren, die sich über die Jahrhunderte in vollkommenem Einklang mit den verschiedenen mexikanischen Ökosystemen entwickelt hatten.

Inzwischen wurden diese heimischen Sorten allmählich von eben diesen amerikanischen Züchtungen verdrängt, die mehr Wasser benötigen (die Wasserversorgung ist in vielen Gegenden Mexikos ein massives Problem) und die aus ernährungswissenschaftlicher Sicht, aber auch was den Geschmack betrifft, weitaus weniger wertvoll sind. *Tortillas* aus Mais, der in Wasser, dem man etwas Kalk zusetzt, weich gegart wurde (der hohe Kalziumgehalt dieses so überaus populären Nahrungsmittels hatte zur Folge, dass Zahnschäden bis vor fünfzig Jahren nahezu völlig unbekannt waren), waren – und sind es zum Teil noch heute – ein hausgemachtes Produkt, das mit viel Geschick von den Frauen zubereitet wird und das, je nachdem, welche Maissorten man verwendet, eine große Geschmacksvielfalt bietet. Ein gastronomischer Schatz, den man nicht hoch genug würdigen kann und der zusammen mit der unendlichen Vielfalt der verschiedenen traditionellen indianischen Küchen, deren Grundlage ebenfalls stets heimische Produkte bilden, die mexikanische Gastronomie zu einer der weltweit vielfältigsten macht[2].

[2] Vgl. www.slowfood.it/img_sito/PREMIO/vincitori2003/pagine_it/Messico_03.html, wo an das Werk von José N. erinnert wird. »José N. Iturriaga de la Fuente«, der Sohn des berühmten Historikers José E. Iturriaga und von einer Frau mit der Leidenschaft für die Küche, wurde 1946 in Mexiko City geboren. Nach seinem Magister in Geschichte und Wirtschaftswissenschaften hat er begonnen für die mexikanische Regierung zu arbeiten; diese Tätigkeit übte er 28 Jahre lang aus. Seine Arbeit führte ihn in alle Ecken des Landes, stillte so seine Reiselust und brachte ihn dazu, die Beobachtungen der Ausländer zu lesen, die vor Jahrhunderten das Land besucht hatten. Diese Studien ermöglichten ihm ein bedeutendes Literaturverzeichnis in mehreren Bänden zu verfassen. Mitte der Siebziger Jahre hat Iturriaga die Thematik erforscht, die ihn am meisten begeisterte und zwar das Essen auf der Straße und die häusliche Küche. »Meine Bücher sind die Märkte«, behauptet er, »mein Archiv sind die Straßen«. Ein Großteil der Dutzende von Büchern und zahllosen Artikeln, die er geschrieben hat, betreffen das Essen; alle seine Texte sprechen von den Menschen, von Geografie, Wirtschaftswissenschaften und von seinem Heimatland. Von 1994–2001 war Iturriaga Verantwortlicher aller von der mexikanischen Regierung finanzierten Programme in den Bereichen Kunst und Volkskultur des Landes und Generaldirektor der Dirección General de Culturas Populares, einer Abteilung des Nationalen Mexikanischen Rates der Kultur und der Künste. Im Laufe der sechs Jahre, in denen er dieses Amt inne hatte, konnte er alle seine Leidenschaften in Einklang bringen, indem er Hunderte von Mitarbeitern der Abteilung mobilisierte, um 31 mexikanische Staaten nach seiner bereits bewährten Forschungsmethode unter die Lupe zu nehmen. Diese Bemühung hat eine profunde Studie hervorgebracht, die unter anderem zur Entdeckung seltener und unbekannter Schriften führte. Ein noch wichtigerer Aspekt bestand in der Aufbewahrung von Rezepten, die nie zuvor aufgezeichnet worden waren und in der Sammlung von Informationen zu Pflanzen und Lebensmitteln, die auf Grund des Urbanisierungsprozesses und der Internationalisierung der neuen mexikanischen Generationen vom Aussterben bedroht waren. Das Team von Iturriaga hat 54 Bände über die zahlreichen Aspekte der einheimischen und der importierten Lebensmittel herausgegeben. Das Werk ist ein Meilenstein, ein wesentlicher Beitrag zur Kenntnis des gastronomischen Erbes von Mexiko«.

Die Zunahme des Intensivanbaus von Mais bedrohte auch andere Pflanzenarten, etwa den Amarant, eine uralte Pflanze, die neben Bohnen und Mais die Nahrungsgrundlage der Azteken bildete. Ihr Anbau wurde bereits von den ersten Siedlern verboten, da sie auch Bestandteil der rituellen Menschenopfer war, die man in diesen Kulturen darzubringen pflegte. Der Amarant ist heute kaum noch anzutreffen und geriet in den ländlichen Kulturen Mexikos nach und nach in Vergessenheit. Bedauerlich ist dies aus zwei Gründen: Zum einen handelt es sich um eine Pflanze, die nur sehr wenig Wasser benötigt, zum anderen könnte sie die schmale Kost der Landbevölkerung auf ideale Weise bereichern[3].

In jenem Sommer reiste ich also nach Tehuacán, in den Staat Puebla, um ein beispielhaftes Projekt in Augenschein zu nehmen, das 2003 sogar mit dem Slow-Food-Preis für den Erhalt der biologischen Vielfalt ausgezeichnet wurde und dessen Ziel die Wiederansiedlung des Amarants in einer der ärmsten Regionen Mexikos ist, in der die Wüstenausdehnung unerbittlich fortschreitet. Im Rahmen des von Raúl Hernández Garciadiego initiierten und geleiteten Projekts mit dem Namen »Quali« ist unter anderem die Rückgewinnung der Wasserreservoirs geplant, ein für meine Begriffe geradezu genialer Plan, der ein paar kluge Einfälle der Ureinwohner dieses Landstrichs aufgreift.

Ich besuchte einen winzigen landwirtschaftlichen Familienbetrieb, um mir vor Ort eine kleine Amarantpflanzung anzusehen und um zu hören, wie die Bauern über dieses Projekt denken. Begleitet wurde ich dabei von den Verantwortlichen des Projekts »Quali«, von einigen meiner Mitarbeiter und von Alicia De Angeli, einer bekannten Köchin aus Mexiko-City, die sich intensiv mit der traditionellen Küche der mexikanischen Indios beschäftigt, die sie dann in ihrem Restaurant meisterhaft nachzukochen versteht.

Es war nicht zu übersehen, dass die Familie in Armut lebt, dennoch strahlte jedes der Familienmitglieder eine große Würde

[3] Vgl. den Beitrag von Carlo Bogliotti auf der Website www.slow-food.it/img_sito/PREMIO/vincitori2002/pagine_it/Messico_02.html; abgedruckt in: »SlowArk«, XXXV, November 2002, S. 47.

aus. Und sie brachten ihre Freude darüber zum Ausdruck, im Amarant eine Pflanze gefunden zu haben, die besser gedeiht und ihnen mehr einbringt als der Mais. Das Haus war einfach, ein paar Kinder rannten in dem kleinen Hof herum, der mit ausrangierten Gegenständen, Scherben von Coca-Cola-Flaschen und leeren Pan-Bimbo-Verpackungen[4] übersät war.

Die Amarantpflanzung befand sich in unmittelbarer Nähe des Wohnhauses und als wir uns nach der Besichtigung der farbenfrohen Pflanzung wieder zum Haus begaben, wurde ich Ohrenzeuge eines interessanten Gesprächs, das Alicia De Angeli mit der Frau des Bauern führte, die die Gäste begrüßte. Die beiden blieben am Rand des kurzen Weges stehen, den wir gerade zurücklegten. Der ganze Weg wurde von einem Gestrüpp gesäumt, das auch das Haus rundherum umschloss. Das Interesse der beiden Frauen (beide begeisterte Köchinnen, die sich allerdings optisch deutlich voneinander unterschieden: die eine weiss, europäischer Herkunft, Mitglied der wohlhabenden Elite des Bundesdistrikts, die andere eine einfache Einheimische, an deren Körper die dauernde harte Arbeit sichtbare Spuren hinterlassen hatte) richtete sich auf eine dieser wild wachsenden Pflanzen. Alicia De Angeli: »Das ist ein herrliches Kraut! Sie kennen es doch?« »Nein, warum?«, erwiderte die Frau des Hauses. »Es ist eine ausgezeichnete Grundlage für *caldos*[5], sehr nahrhaft und schmackhaft. Die Rezepte, die ich bei meinen Recherchen wiederentdeckt habe, stammen aus dieser Gegend und sind typisch für eure Volksgruppe.«

Die Ratlosigkeit der Bäuerin, einer Frau um die vierzig, war ihr im Gesicht abzulesen. Sie bat die weiße Küchenchefin, ihr zu erklären, wie man mit dieser Pflanze Suppen zubereitet, und Alicia De Angelis erklärte ihr ausführlich das Rezept.

[4] In Mexiko das bekannteste Warenzeichen für verpacktes Brot aus der Lebensmittelindustrie, das nach und nach in der alltäglichen Ernährung der armen Gesellschaftsschichten die *Maistortillas* ersetzen wird. Dadurch kommen zahlreiche Ernährungsprobleme auf und dies in einem Land, in dem traditionsgemäß nie weißes Weizenbrot verspeist wurde.

[5] Fleischbrühen und Suppen.

Wir betraten die Küche des Hauses: An den einfachen Küchengeräten und dem Wenigen, was sich in der Speisekammer befand, war deutlich zu erkennen, wie schwer es für diese Leute war, jeden Tag ein Essen auf den Tisch zu bringen. Rund um das Haus wuchsen wilde Kräuter, die ihre Vorfahren seit Jahrhunderten als Nähr- und Heilpflanzen zu nutzen gelernt hatten, während sie heute keine Vorstellung mehr davon besaßen, wozu sie diese Kräuter verwenden sollten, und nicht einmal wussten, dass sie genießbar sind. Die Industrialisierung der Landwirtschaft und die Modernisierung haben auch hier ganze Arbeit geleistet: Von den früher am weitesten verbreiteten Pflanzen findet man nur noch wenige kultivierbare Sorten und die Erträge in diesem zunehmend trockeneren Klima sind gering. Innerhalb weniger Generationen ist in der heimischen Bevölkerung das gesamte überlieferte Wissen, das ihr dank der wild wachsenden Früchte das Überleben sicherte, verloren gegangen. Einfache gastronomische Fertigkeiten, uraltes Wissen und Rezepte waren aus der lokalen Kultur verschwunden. Eine weitere Erschwerung des Lebens hier, in dem die Versuchung, das eigene Land zu verkaufen und nach Mexiko-City zu gehen oder sich eine Stelle in den nahe gelegenen *maquilladoras* zu suchen, in denen die amerikanischen Markenjeans hergestellt werden, größer ist als in jeder anderen Gegend des Landes.

Inzwischen wurde es Abend in Tehuacán. Gerade als wir auf dem Bauernhof ankamen, hielt der Lastwagen, der das Pan Bimbo an die Haushalte ausliefert, jenes in Kartons verpackte Industriebrot, das die Tortillas allmählich vom Speiseplan der Ärmsten verdrängt, am Ende des Weges unter einem riesigen Reklameschild für Coca Cola – dem, Ironie des Schicksals, amerikanischen Unternehmen, das die größte Mineralquelle Mexikos, die von Tehuacán, besitzt. Bis heute ist Tehuacán in ganz Mexiko das Synonym für Mineralwasser. In vielen Gegenden des Landes bestellt man in den Bars kein Mineralwasser, sondern »Tehuacán«. Die nur wenige Kilometer entfernte Abfüllanlage war vom Haus unserer Freunde aus deutlich zu erkennen – auf einem Fleckchen Erde, das zu den trockensten und wasserärmsten ganz Mittelamerikas zählt.

Tagebuch 3 Laguiole

Im späten Frühjahr 2001 führte mich eine Geschäftsreise nach Frankreich, genauer gesagt nach Lyon und Laguiole. Dort wollte ich mich mit einigen lokalen Verantwortlichen von Slow Food France treffen und einen Abstecher ins Aubrac im südlichen Zentralmassiv an der Grenze zur bekannteren Auvergne machen. In Laguiole, dem größten Ort der Gegend, war ich mit André Valadier, dem Vorsitzenden der Genossenschaft Jeune Montagne verabredet. Die Genossenschaft produziert den Languiole-Käse, eines der zahlreichen französischen Produkte mit kontrollierter Herkunftsbezeichnung[6]. Der Name Laguiole bezeichnet im Übrigen nicht nur einen Ort und einen Käse. Bekannter ist er vermutlich als Name eines traditionsreichen Messers – ein kleines Meisterstück der Handwerkskunst, das unter französischen Gourmets als das Messer schlechthin gilt.

Valadier, ein ausgesprochen charismatischer Typ, steht dem Verband vor, in dem sich alle Produzenten französischer Käse mit geschützter Herkunftsbezeichnung zusammengeschlossen haben, und ich wollte ihn treffen, um ihn zu *Cheese*, einer internationalen Veranstaltung über »Formen der Milch« einzuladen, die Slow Food alle zwei Jahre im September in Bra veranstaltet.

Dadurch ergab sich auch die Gelegenheit zu einem zwanglosen Abendessen in einem der zauberhaftesten *Relais* Frankreichs, das der 3-Sterne-Koch Michel Bras just in Languiole betreibt. Bras, ein guter Freund Valadiers, versteht sich aufs Vortrefflichste auf die Zubereitung der heimischen Küche und schöpft dabei aus der biologischen Vielfalt der Gegend. Für seine Rezepte verwendet er über dreihundert Gemüsesorten – darunter bekannte und ausgesprochen exotische Sorten, die teils kultiviert werden, teils wild wachsen und auf den ausgedehnten Almen und in den Wäldern des faszinierenden Hochplateaus von Aubrac gedeihen.

[6] MkH: mit kontrollierter Herkunftsbezeichnung.

Zwischen einem kurzen Treffen am Nachmittag am Sitz von Jeune Montagne und einem fantastischen Abendessen *chez* Michel Bras erzählte mir Valadier die Geschichte des Laguiole-Käses sowie der aus geomorphologischen Gründen vom Rest Frankreichs etwas isolierten Heidelandschaft.

»Bis zum Zweiten Weltkrieg«, berichtete Valadier, »wurde hier nur für den Eigenbedarf produziert. Danach begannen wir zu arbeiten, um so viel wie möglich zu produzieren, und heute sind wir an dem Punkt angelangt, dass wir produzieren müssen, um zu zerstören«.

Nach 1960 erlebte das Aubrac wie fast alle europäischen Bergregionen eine schwere soziale und wirtschaftliche Krise. Verantwortlich dafür war vor allem die Landflucht: Die Jungen wollten das schwere Leben des Landwirts nicht mehr auf sich nehmen und zogen in die Stadt. Dadurch wurden die Pflege der Almen, die Zucht der heimischen Rinder (der berühmten *Fleur d'Aubrac* oder *Rouge d'Aubrac*) und die Käseerzeugung vernachlässigt. Die wenigen, die geblieben waren, unter ihnen auch Valadier, ließen sich von Viehzuchtexperten dazu überreden, von der heimischen Rinderrasse auf das viel gerühmte, schwarz-weiß gefleckte Holstein-Rind umzusteigen, das Ende der 1970er Jahre den Weltmarkt der Milchviehzucht eroberte. Es handelt sich dabei um eine außerordentlich anspruchslose Rasse mit hoher Milchleistung. Die Tiere sind sehr zahm, bleiben immer im Stall und werden mit einem eigens für sie entwickelten Futter »vollgepumpt«, um sie bis zum letzten Tropfen auszupressen. Wenn ihr »Karriereende« naht, werden sie in kürzester Zeit gemästet – in Amerika setzte man dazu Hormone ein, in Europa verwendete man bis vor kurzem Tiermehl, das den »Rinderwahn« auslöste – und anschließend geschlachtet. Da das Fleisch aufgrund der Zuchtbedingungen eher von minderer Qualität ist, sollte man es am besten nur zur Herstellung von Hamburgern oder anderen Industrieprodukten[7] verwenden. Auf den ersten

[7] Alessandro Monchiero, *Storia di ordinaria pazzia,* in: »Slowine«, XXX, Juni 2002.

Blick haben diese Tiere allerdings auch einen Vorzug: Sie geben fast doppelt so viel Milch wie »normale« Kühe.

Die Bauern im Aubrac wollten es kaum glauben, als man ihnen eine derart hohe Milchleistung in Aussicht stellte, und so verdrängte das Holstein-Rind innerhalb weniger Jahre das »rote« Aubrac-Rind, das infolgedessen beinahe vom Aussterben bedroht war.

Doch die Probleme ließen nicht lange auf sich warten. Erlaubt es die Konstitution des Holstein-Rindes doch nicht, es auf hoch gelegenen Almen weiden zu lassen, und das im Aubrac mit seinen vielen Almen, wo die Ställe bestenfalls noch dazu dienen, die Tiere im Winter vor der Kälte zu schützen. Hinzu kommt, dass ihre Milch weitaus weniger fett- und eiweißreich ist als die der heimischen Rinder (und demzufolge auch weniger schmackhaft) und sich deshalb nicht zur Herstellung des Languiole-Käses eignet. Denn für die Herstellung im herkömmlichen Verfahren benötigte man eine Milch von gänzlich anderer Beschaffenheit. Und so verschwand mit den heimischen Rindern auch der traditionsreiche Käse. Obendrein war mit den Menschen auch das Savoir Faire für die Herstellung der Messer in die großen Industriebetriebe von Thiers abgewandert. Knapp zwanzig Jahre hatte es gedauert, und schon drohten die drei Wahrzeichen von Laguiole (auf Almen weidende Rinder, Käse und Messer) völlig in Vergessenheit zu geraten.

»Deshalb bin ich zu der Auffassung gelangt, dass es an der Zeit sei, wieder etwas mehr Lokalpatriotismus an den Tag zu legen«, erzählte Valadier, »und so gründete ich gemeinsam mit anderen jungen Leuten, die hier geblieben waren, eine Genossenschaft. Dabei hielten wir uns an die wenigen Aubrac-Rinder, die es noch gab. Seither hat sich viel verändert: Sie können auf unseren Almen wieder unsere roten Rinder mit den schwarz umrandeten Augen und den langen, nach oben gebogenen Hörnern sehen, aus denen die Messergriffe gefertigt werden. Sie sitzen mir hier in einem der besten Restaurants Frankreichs gegenüber und bitten mich, den Laguiole-Käse bei Ihrer Veranstaltung in Bra vorzustellen. Und dann haben Sie sich auch noch eine Adresse geben lassen, um ein

Tafelmesserset für Ihre Schwester zu kaufen. Ich würde sagen, hier war ein gesunder Patriotismus am Werk, meinen Sie nicht?«

Als ich am nächsten Tag für die Messer, die ich mit nach Hause bringen wollte, ein hübsches, meines Erachtens aber durchaus angemessenes Sümmchen hinlegte, dachte ich über Valadiers Worte nach. Auf der Heimfahrt durch die prächtige Almenlandschaft fielen mir allerdings viele andere europäische Bergregionen, verwilderte Almen, ausgestorbene Dörfer und Käsesorten ein, die man fördern sollte, weil sie zu verschwinden drohen.

Und ich dachte an die Muren, an die immer häufigeren Überschwemmungen, an die verwilderten Wälder und an diese »Milchmaschinen«, die Holstein-Rinder.

Ohne Frage: In solchen Fällen ist ein bisschen Lokalpatriotismus durchaus angebracht.

1 Ein beunruhigendes Bild

Diese *Tagebücher* beschreiben drei typische Agrar- und Produktionssituationen der Nachkriegszeit. Es sind drei komplexe Bilder einer sozialen, wirtschaftlichen und kulturellen Veränderung, die in der zweiten Hälfte des 20. Jahrhunderts erfolgte und die einzigartig in der Geschichte der Menschheit ist. Ich bitte den Leser um ein wenig Geduld – dieses Kapitel zeigt einen bereits bekannten Sachverhalt auf, keine Neuigkeiten, aber meiner Meinung nach eine notwendige Einleitung des Folgenden. Die gastronomische Sicht kann nicht über gewisse Feststellungen hinwegsehen. Sie werden gleich erklärt, um im Folgenden die Zusammenhänge zur Gastronomie besser zu verstehen und um zu begreifen, wie eine richtige Anwendung gewisser Ernährungsprinzipien in Zukunft von Vorteil sein kann. Um auf die drei *Tagebuch*-Situationen zurückzukommen, so sind die Nebenwirkungen der zweihundert Jahre dauernden Industrialisierung offensichtlich. Anfänglich brachte die mit ihr einhergehende Entwicklung für Millionen von Menschen vornehmlich der nördlichen Halbkugel eine leichte Verbesserung. In vielen Regionen unseres Planeten gehören beispielsweise

Unterernährung und Schwierigkeiten der Nahrungsbeschaffung der Vergangenheit an. Allerdings stieß diese Entwicklung bald an klare Grenzen und verursachte im Zeitalter der Globalisierung, d. h. in der postindustriellen Zeit, viele Probleme, die für unsere Welt über einen längeren Zeitraum *untragbar* sind.

Zeitgleich zur Industrialisierung entstand in weniger als einem Jahrhundert nach und nach eine technokratische Diktatur, in der Profit über Politik, Wirtschaft über Kultur herrscht und Quantität zum vorherrschenden, wenn nicht einzigen Kriterium menschlicher Aktivitäten macht. Ein Phänomen, dass der französische Philosoph, Soziologe und Theoretiker der Komplexität Edgar Morin[8] als *die »viermotorigen Schubkräfte, das Raumschiff Erde antreiben«,* bezeichnet. Ein blinder und immer schnellerer Flug von vier miteinander verbundenen Triebwerken: Wissenschaft, Technik, Industrie und Kapitalismus. Ein alles durchdringendes System, da die Industrialisierung sich nicht auf Produktions- und Konsumgüter beschränkt, sondern als kultureller Faktor den Alltag und das Handeln der Menschen bedingt. Ein totalitäres System, angeführt von Technik und Wirtschaft, die nicht mehr den Zielen und Werten der Gemeinschaft dienen, sondern selbst zum einzigen Ziel werden. Es handelt sich hier um eine absolute Vorherrschaft, die mit der Globalisierung einhergeht und sich verbreitet und so zum vereinheitlichenden Faktor unseres Planeten wird. Das Ganze folgt dem Prinzip der Beschleunigung, da das Ziel inzwischen die Reduzierung der Zeit bis zu ihrer Auflösung zu sein scheint, wie Jérôme Bindé, Assistent der Generaldirektion für Sozial- und Humanwissenschaften der Abteilung Prognosen, Philosophie und Humanwissenschaften der UNESCO, behauptet:

> »Wohin wird es führen? Die Zeit, in der wir heute leben wird vollständig von der ›Tyrannei des Notfalls‹ beherrscht, sei es im Bereich der Finanzen, wo Transaktionen inzwischen im Bruchteil einer Sekunde vonstatten gehen, sei es in den Medien, wo das Ein-

[8] Edgar Morin, *Il metodo,* Band V, *L'identità umana,* Raffaello Cortina, Mailand 2002, S. 227.

tagsfieber herrscht, sei es in der Politik, wo das Hauptaugenmerk auf die nächsten Wahlen gerichtet zu sein scheint. Unsere Gesellschaft lebt in einer Dominanz der Gegenwart, die es ihr verunmöglicht, das Kommende zu beeinflussen.«[9]

Die technokratische Diktatur schafft somit eine neue Ideologie, die die Komplexität der Welt, ihre Beziehungen, gegenseitigen Abhängigkeiten und ihren Wert verneint, indem wir in Versuchung kommen, sie auf lineare Art und Weise auszulegen, obwohl dies in Wirklichkeit gar nicht möglich ist.

Diese linearen Wertvorstellungen wie Fortschritt, Kontrolle der Natur und quantifizierte Rationalität heben bestehende Klassenunterschiede auf und vergrößern gleichzeitig den Abstand zwischen den Zivilisationen. Zwischen einem »Westen«, der sich nach diesen Werten entwickelte und dem Rest der Welt, der darunter zu leiden scheint und sich dem simplen, unvermeidlichen und dramatischen Problem gegenübersieht, sich dafür oder dagegen entscheiden zu müssen, um sich auf irgendeine Art und Weise einzureihen. Eine Entscheidung, die nur relativ gesehen von Wichtigkeit ist, da aus ihr bis heute immer mehr oder weniger deutliche Formen des Kolonialismus hervorgingen.

2 Ein einzigartiges Schicksal: Natur, Mensch und Nahrung

Die Produktionsweisen der Menschen sind von komplexer Natur, bedingt durch Kultur und Savoir Faire von Jahrhunderten, von sozialen Beziehungen und Zusammenhängen, Repräsentanten von Vielfalt und Identität, Spiegel eben dieser Vielfalt der Welt. Diese Tätigkeiten sind stark an die Beziehung zwischen Mensch und

[9] Jerome Binde, *Debattre des enjeux du futur,* in »Le Monde des Clubs Unesco«, VL (Oktober 2000), zitiert in Serge Latouche, *Decolonizzare l'immaginario,* EMI, Bologna 2004, S. 38.

Natur geknüpft, eine untrennbare Beziehung, die sich mit dem industriellen Kapitalismus radikal verändert hat.

Die Natur ist zu einem Herrschaftsobjekt geworden, dessen Auswirkungen wir verstehen, wenn wir detailliert betrachten, was in der Landwirtschaft und Lebensmittelproduktion, der sogenannten *Agrarlebensmittelbranche* geschehen ist, die sich seit der Nachkriegszeit grundlegend verändert hat. Um den Bedürfnissen einer hungrigen Welt gerecht zu werden, orientierte sie sich an einer technokratischen Ideologie. Die Landwirtschaft als Nahrungsquelle der Menschen hat die Charakteristika der Industrie annehmen müssen und sich so zu etwas gewandelt, dass man gemeinhin als *Agrarindustrie* definiert: eine misslungene Definition, die jedoch eben diese Widersprüchlichkeiten zum Ausdruck bringt. Tatsächlich nichts anderes als ein Oxymoron.

Bis heute ist der Preis dieser und anderer epochaler Veränderungen für unseren Planeten untragbar hoch. Die Wirtschaft hat versucht, den Begriff der negativen Äußerlichkeiten[10] einzuführen, um die Folgeschäden zu quantifizieren, die diese Schubkräfte der Gesellschaft zufügen: Umweltverschmutzung, Unfruchtbarkeit des Bodens, Landschaftszerstörung, Verminderung von Energiequellen, Verlust von biologischer und kultureller Vielfalt. Aber es ist schwierig, derart komplexe Problematiken auf einer einfachen Rechnung zu reduzieren, ihre möglichen Umwelt-, sozialen- und kulturellen Kosten zu quantifizieren (der Begriff *Äußerlichkeiten* lässt darauf schließen, dass diese Probleme nicht ernsthaft untersucht wurden, es sei denn als Phänomen außerhalb der Industrie). Bis es soweit ist, bleibt nichts außer die Toten und Verletzten zu zählen und sich bewusst zu werden, dass „das Raumschiff Erde“ dem Abgrund entgegensteuert. Es ist längst keine geheimnisvolle

[10] Es handelt sich um einen Begriff aus der Volkswirtschaft: die Produktionsäußerlichkeiten ergeben sich, wenn die Produktion eines Agenten direkten Einfluss auf die Produktion der anderen Agenten nimmt. Wir können positive und negative Äußerlichkeiten vorfinden – erstere, wenn die Äußerlichkeit einen Vorteil erbringt, letztere, wenn man hingegen im Nachteil ist. Diese Äußerlichkeiten können Probleme mit sich bringen, weil es für sie keine Märkte gibt (wenn der Staat nicht einen dafür schafft) und daher auch keine Preise.

oder vereinzelte sondern vielmehr eine richtige und dringende Anforderung radikalster Umweltschützer: wir konsumieren mehr als unserer Planet produziert, ohne ein Gleichgewicht herzustellen.

3 Der »Bericht des Jahrtausends«

Anlässlich der Mitteilung zur Herausgabe des *Millenium Ecosystem Assessment* – dem Bericht zur Beurteilung des Ökosystems, im Jahr 2000 auf Initiative von UN-Generalsekretär Kofi Annan begonnen und nach vier Jahren Arbeit von 1360 Experten der FAO und des WWF im März 2005 veröffentlicht – wurde eine sehr passende Metapher verwandt:

> Wir sind ökologisch bankrott und erste Schätze werden gepfändet: in den letzten fünfundzwanzig Jahren haben wir einen von drei Mangrovenwäldern verschwinden sehen und ein Korallenriff von fünf; zwei von drei Ökosystemen zeigen Anzeichen von Verfall; 25 % der Säugetiere, 12 % der Vögel und 32 % der Amphibien sind vom Aussterben bedroht.[11]

Ein wirklich dramatisches Bild und dieser Bericht bewegte den Generaldirektor der FAO, Jaques Diouf, dazu, von einer »Hypothek der Zukunft« und von »der Schwelle des Massenaussterbens« zu sprechen.

> Der Mensch hat in den letzten fünfzig Jahren die Ökosysteme schneller und weitreichender verändert als zu jeder anderen Zeit der Menschheitsgeschichte. Vor allem um die ansteigende Nachfrage nach Nahrung, Wasser, Holz, Textilien und Treibstoff zu befriedigen, hat einen tiefgreifenden und zu großen Teilen auch nicht mehr rückgängig zu machenden Verlust der Vielfalt an Lebensformen verursacht.[12]

[11] Antonio Cianciullo, *Ambiente a rischio bancarotta,* in » La Repubblica «, 31. März 2005, S. 29

[12] Cfr. Millenium Ecosystem Assessment: Synthesis Report, März 2005, download von der Seite www.milleniumassessment.org

Das bezeichnet man im allgemeinen als biologische Vielfalt oder nach der Definition der Umweltkonferenz von Rio de Janeiro 1992:

> ... die Vielfalt aller lebenden Organismen, einschließlich der unterirdischen, in der Luft befindlichen, den Ökosystemen im Wasser, auf der Erde, im Meer und ihrer ökologischen Lebensräume, das beinhaltet die Vielfalt innerhalb der Arten, zwischen Arten und Ökosystemen.

Diese Lage ergibt sich vor allem aus der massiven Veränderung des landwirtschaftlich genutzten Bodens: von 1945 bis heute wurden weitaus mehr Landstriche nutzbar gemacht, als in den beiden vorherigen Jahrhunderten, heutzutage machen die landwirtschaftlich kultivierten Flächen ein Viertel der Erdoberfläche aus. Der Wasserverbrauch hat sich gegenüber 1960 verdoppelt, 70 % davon werden zu landwirtschaftlichen Zwecken genutzt. Ebenfalls verdoppelt hat sich seit 1960 die Nitratemission in den Ökosystemen, die von Phosphaten hat sich verdreifacht. Nach 1985 wurde mehr als die Hälfte der chemischen Düngemittel eingesetzt, die je in der Menschheitsgeschichte hergestellt wurden, das heißt seit ihrer Erfindung während der vorletzten Jahrhundertwende. Seit 1750 hat sich die Konzentration von Kohlendioxyd in der Atmosphäre um 32 % erhöht, dies vor allem aufgrund des Gebrauchs mineraler Brennstoffe und der Veränderungen der Bodennutzung (zum Beispiel die Abholzung). Ungefähr 60 % dieses Zuwachses erfolgte seit 1959.

Eine derartige Einmischung in das natürliche Gleichgewicht unseres Planeten hat dessen biologische Vielfalt deutlich vermindert: im Laufe der letzten hundert Jahre hat sich im Verhältnis zum geschichtlichen Durchschnitt die Zahl der vom Aussterben bedrohten Arten um das Tausendfache erhöht. Die genetische Vielfalt der kultivierten Arten hat sich global verschlechtert.

Nach dem *Millennium Ecosystem Assessment Report* lieferten diese Veränderungen einen ...

> ... beachtlichen und wesentlichen Dienst bezüglich des Wohlstands und der wirtschaftlichen Entwicklung, aber dieser Dienst war teuer im Hinblick auf die Verschlechterung der Dienste der

> Natur, die von diesen Ökosystemen gebildet wurden. Die Risiken unvorhersehbarer Veränderungen sind gestiegen, ebenso der Zuwachs an Armut bestimmter Bevölkerungen. Diese Probleme, außer Kontrolle und ohne Richtung, vermindern den Nutzen, den zukünftige Generationen aus den Ökosystemen ziehen können.

Es soll betont werden, dass der wichtigste und unersetzbarste Nutzen, den man aus den Ökosystemen ziehen kann, zweifelsfrei die Nahrung ist. Tiefgreifendste Veränderungen fanden statt, um dem wachsenden Bedarf an Nahrung und Wasser gerecht zu werden: Landwirtschaft, Fischfang und Ernte stehen im Mittelpunkt aller einschlägigen Entwicklungsstrategien.

Von 1960 bis zum Jahr 2000 hat sich die Weltbevölkerung verdoppelt, während die Lebensmittelproduktion um das Zweieinhalbfache gestiegen ist. Heute leben sechs Milliarden Menschen auf diesem Planeten und nach Aussage der FAO würde die Lebensmittelproduktion ausreichen, um zwölf Milliarden Menschen zu ernähren. Kann man angesichts dieser Zahlen noch von »Entwicklung« sprechen?

4 Der Nahrung ihre zentrale Rolle zurückgeben

Die Produktion steigt an, landwirtschaftlich genutzte Flächen nehmen zu, 22 % der Weltbevölkerung (circa die Hälfte aller Arbeitskräfte) arbeitet in der Landwirtschaft, trotzdem reicht die Nahrung, die für zwölf Milliarden Menschen produziert wurde, für uns sechs Milliarden Menschen nicht aus. Trotz dieser Produktionsbemühungen wurde das Ziel nicht erreicht. Die Erde wurde bis zu dem Punkt ausgepresst, an dem der Boden entweder austrocknet oder auf Grund von Chemikalienmissbrauch stirbt. Die Wasserressourcen sind knapp; die Vielfalt von Tier- und Pflanzenarten nimmt deutlich ab, allen voran die Agrarvielfalt, die über Jahrhunderte zum Erhalt ganzer Regionen beigetragen und dadurch eine perfekte Symbiose von Mensch und Natur gewährleistet hatte.

Irgendetwas muss schief gegangen sein – betrachten wir die Befriedigung des Grundbedürfnisses nach Nahrung über eine längere Zeit, hat der Drang nach Produktion mehr Schaden als Nutzen gebracht.

Die Widersprüchlichkeit der Lebensmittelindustrie ist definitiv tonangebend. Auf irgendeine Weise hat sie uns glauben gemacht, dass die Nahrungsprobleme der Menschen gelöst werden könnten. Ich möchte noch hinzufügen: im Laufe der letzten fünfzig Jahre ist die Lebensmittelproduktion sowohl zum Täter als auch zum Opfer geworden.

Täter, weil die nicht-nachhaltigen Methoden der Agrarindustrie das Verschwinden vieler nachhaltiger Herstellungsformen verursacht hat, die identitätsbildend waren für die Gemeinschaften, die sie ausübten, und Quell der Freude für den Gastronomen, der auf der Suche nach wertvollem Wissen und Geschmack war. Opfer, weil die gleichen nicht-nachhaltigen Methoden, die ursprünglich nötig waren, um eine größere Anzahl Menschen zu ernähren, den landwirtschaftlichen Sektor zu einer verkannten Branche reduziert haben, vollkommen abgetrennt von der Realität von Milliarden von Menschen, als wäre die Nahrungsbeschaffung etwas ganz Selbstverständliches und erfordere keinerlei Mühe. Tatsächlich befasst sich die Politik nur unter dem Druck der mächtigsten Lobbies der transnationalen Agrarindustrie damit, während der durchschnittliche Verbraucher sich vielleicht fragt, was er isst, oder eine ungeheure Anstrengung auf sich nehmen muss, um die Informationen zu finden, die es ihm erklären.

Lebensmittel und ihre Herstellung müssen jedoch wieder ihren berechtigten, zentralen Wert unter den Tätigkeiten des Menschen zurückerhalten und die Kriterien, die unser Tun bestimmen, müssen neu diskutiert werden. Seit zu langer Zeit schon geht es nicht mehr darum, wie viele Nahrungsmittel hergestellt werden, sondern um weitreichende Qualität, von Geschmack zur Vielfalt und zum Respekt gegenüber der Umwelt, den Ökosystemen und den Rhythmen der Natur im Allgemeinen, bis hin zur Würde des Menschen. Das Ziel ist, die Lebensqualität aller konkret zu verbessern, ohne das Modell einer Entwicklung zu benutzen, das mit den Erfordernissen des Planeten nicht übereinstimmt.

5 Agrarindustrie?

Es ist wichtig, deutlich zu machen, dass der Nahrung ihren zentralen Wert zurückzugeben automatisch bedeutet, sich mit Landwirtschaft zu befassen. Man kann nicht von Nahrung sprechen, ohne von Landwirtschaft zu sprechen. Jeder Gastronom müsste sich dessen bewusst sein, schon weil die Lage der Welt das Ergebnis einer westlichen Landwirtschaftsgeschichte (und der Ausbeutung der Natur) ist. Außer Acht gelassen wurden einige der bedeutendsten Zielsetzungen derer, für die die Qualität dessen, was wir zu uns nehmen, einen wichtigen Stellenwert einnimmt.

Es geht hierbei vor allem um exponentielle Produktivitätssteigerung.

Dieser Prozess begann langsam ab der zweiten Hälfte des 18. Jahrhunderts mit Einführung der Kultivierung von Hülsenfrüchten und Futterrüben im Rahmen der Dreifelderwirtschaft. Eine wirkliche Revolution, die es ermöglichte, Äcker besser und schneller fruchtbar zu machen als in der Vergangenheit und zwar immer auf eine natürliche Art und Weise! Gleichzeitig gab dieses Verfahren Antrieb zur Züchtung und es erfolgte daraus eine allgemeine Produktionssteigerung. Sie nahm weiter zu, als man anfing, dem natürlichen Kreislauf eines landwirtschaftlichen Ökosystems externe Elemente zuzuführen: zuerst die organischen Abfälle nahegelegener Städte, dann der Boom mit dem peruanischen Vogelmist und den aus immer entfernteren Regionen importierten organischen Düngemitteln. Als diese Ressourcen entweder versiegt waren oder alleine nicht mehr genügten, erlebte man die große Erfindung der industriell hergestellten chemischen Düngemittel. Betrachtet man diese Veränderungen aus dem Blickwinkel der Natur, ist nicht zu übersehen, dass ein stufenweiser aber andauernder (und anwachsender) Übergang zur *Unnatürlichkeit* erfolgte.

Die Zusammensetzung der chemischen Düngemittel wurde in den vierziger Jahren des 19. Jahrhunderts erarbeitet und sie sind wesentliche Protagonisten des Aufstiegs der modernen industriellen Landwirtschaft und deren Unnatürlichkeit[13]. Der Übergang zur Chemie schritt nicht nur durch fremden Input auf jahrtausendealte Ökosysteme voran, sondern führte auch die Nutzung unorganischer Elemente ein. In den letzten zwanzig Jahren wurde mehr als das Doppelte der jemals hergestellten chemischen Düngemittel verwandt! Kann die Erde eine derartige Veränderung ihres Gleichgewichtes aushalten?

> Die moderne Agrar- und Forstwirtschaftswissenschaft hat eine Vereinfachung und Homogenisierung der Natur bewirkt, um ungewisse Prozesse zu minimalisieren und eine effiziente Produktion von für den Handel bestimmten Waren zu gewährleisten. Die Landwirtschaft besteht heute aus einer Intensivierung weniger Anbauflächen, alles auf Kosten des Verlustes einer wunderbaren genetischen Vielfalt, die das Ergebnis von Jahrtausenden von Experimenten darstellt. Die Monokultur von Arten, die handelstechnisch als wertvoll erscheinen, hat die moderne Landwirtschaft geprägt. Sie funktioniert wie ein Werkzeug zur schnellen Eliminierung von Lebensformen, zur Verödung der Böden und zur Zerstörung lebensunterstützender Systeme.[14]

Das Schlimmste dabei ist:

> Die weitreichenden, negativen Auswirkungen industrieller Landwirtschaft wurden vielfach bewiesen, trotzdem sind sie die Norm, nach der sich die Landwirtschaft in allen Ländern, die das westliche Wachstumsmodell imitieren, ausrichtet.[15]

Es herrscht die absurde (weil in sich widersprüchliche) Idee einer industriellen Landwirtschaft vor, das heißt, einer Landwirtschaft, die nach den Regeln der Industrie geführt wird. Es handelt sich dabei um eine Landwirtschaft, die Naturprodukte als Rohstoffe bezeichnet, die es mittels Fließbandarbeit zu nutzen und zu verändern gilt. Der Umsturz der natürlichen Ordnung hat schließlich auch die Nahrungsproduktion in Mitleidenschaft gezogen. In

[13] Piero Bevilacqua, *La mucca é savia,* Donzelli, Rom 2002, S. 22.
[14] Debal Des, *Industrial vs Ecological agriculture,* Navdanya/Rfst, New Delhi 2004, S. 4.
[15] *Ibid.*

einer Welt, in der die Technik vorherrscht, ist die agrarindustrielle Nahrungsmittelproduktion zum Entwicklungsmodell geworden; hat sie im Westen, wo sie erfunden wurde, schon großen Schaden angerichtet, so hat die Durchsetzung eines einzigen, aus technokratischem Denken entsprungenen Entwicklungsweges in anderen Regionen noch mehr Ungerechtigkeiten verursacht; Ungerechtigkeiten gegenüber Umwelt und Menschen in den wirtschaftlich ärmeren Ländern, die jedoch reicher an biologischer Vielfalt sind, und gegenüber Jahrtausende alten Traditionen und Kulturen, die in vollem Einklang mit den Ökosystemen lebten.

6 Eine neue Landwirtschaft für unseren Planeten

Die sogenannte »grüne Revolution«, die in der Nachkriegszeit auf Initiative der Weltbank begann, bedeutete einen Hoffnungsschimmer für zahlreiche, von Hunger beherrschte Regionen unseres Planeten.

Neue hybride Düngemittel, die die Produktion deutlich steigern können, indem sie mehr als eine Ernte im Jahr ermöglichen, haben es geschafft, die Ernährungsprobleme in einigen Regionen der Erde zu lösen. Allerdings in zu wenigen; die *Green Revolution* stellte sich in ökologischer und wirtschaftlicher Hinsicht als Katastrophe heraus.

Wir haben bereits das Thema des deutlichen Rückgangs von Naturressourcen angesprochen: die neuen hybriden Arten verbrauchen mehr Wasser, setzen sich an die Stelle vorhandener biologischer Vielfalt, indem sie diese für immer auslöschen, und zerstören indirekt auch die Böden, die immer mehr chemische Düngemittel und Pestizide brauchen.

Aber die Katastrophe ist von größerem Ausmaß. Vor allem ist uns mit dem Verlust der biologischen Vielfalt und der traditionellen Agrartechniken auch ein unschätzbares geistiges Erbe abhanden gekommen, das nicht nur mit dem Anbau, sondern auch mit dem Wissen um positive Auswirkungen einiger Pflanzen in gewissen Ökosystemen und darüber hinaus der Verwendung von Produkten, ihrer Verarbeitung und Zubereitung zusammenhängt. Da das Wachstum der Landwirtschaft zu Recht als einer der wichtigsten Entwicklungszweige der südlichen Halbkugel gilt, hat die *Green Revolution* einen neuen, großen Handelsmarkt für internationale Großunternehmen eröffnet, die vor allem in drei Bereichen ihre Gewinne erzielen: Saatgut, Düngemittel und Pestizide. Einige dieser Wirtschafts- und Finanzkolosse haben sich nach und nach zu einer wahren Kolonisationsmacht herausgebildet, die schließlich die Form einer sich einmischenden und immer weniger tolerierbaren Herrschaft annehmen.

In der Schlussbilanz werden die großen Schäden sichtbar, die dem Ökosystem zugefügt wurden. Die Produktionssteigerung der Nahrungsmenge, die jedoch keine Lösung für die Probleme des Hungers und der Fehlernährung mit sich brachte; der unschätzbare Verlust aus kultureller und gesellschaftlicher Sicht. Alte Wissensformen und Kenntnisse wurden einfach aus dem Wege geräumt wie das mit dem Bade ausgeschüttete Kind (die Armut), die ländlichen Gegenden wurden verlassen, um die Städte zu überfüllen (das Phänomen in den Entwicklungsländern nimmt gerade katastrophale Ausmaße an, man denke nur an die neuen Zentren wie New Delhi oder Mexiko City).

Es kam zum systematischen Verlust gastronomischen und kulinarischen Wissens, die Grundlage für einen korrekten – und auch wohltuenden – Umgang mit landwirtschaftlichen Ressourcen waren. Wir erleben eine Art kulturellen Genozids, der die ländlichen Regionen der ganzen Welt betraf und sich noch nie zuvor in der Geschichte ereignet hatte.

Es ist daher dringend notwendig, an neue Formen von Landwirtschaft zu denken, an eine wirklich *neue Landwirtschaft.* An nachhaltige Methoden, die noch imstande sind, das Wenige aufzuteilen (oder das Viele, je nach Standort, an dem man sich aufhält), das noch nicht von den Methoden der Agrarindustrie zerstört wurde: Biodiversität, uraltes Wissen und Methoden. Es geht nicht um eine Rückkehr in die Vergangenheit, sondern eher um einen Neuanfang, indem man bei der Vergangenheit ansetzt und sich der Fehler bewusst wird, die in den letzten Jahren begangen wurden. Es geht darum, die Gegenden, in denen die landwirtschaftliche Tätigkeit aufgegeben wurde, weil sie den industriellen Kriterien nicht mehr entsprach, wieder produktiv zu machen. Die traditionellen Verfahrensweisen, die beweisen, dass andere Herstellungsmethoden auch möglich sind, zu bewahren, zu verbessern und zu verbreiten. Denjenigen, die durch Globalisierung von der Landwirtschaft ausgegrenzt wurden, sollen wieder Würde und Möglichkeiten gegeben werden.

Nur mit Hilfe einer neuen nachhaltigen Landwirtschaft, die sowohl jahrtausendelange Traditionen als auch moderne Technologien respektiert (die an sich nichts Schlechtes sind, es hängt davon ab, wie man sie einsetzt), kann man eine neue Perspektive für die Zukunft aufzeigen und nur durch die Verbreitung dieser Perspektive können die Gastronomen den momentanen Zustand einer »widerstandsfähigen« Menschheit zu einem *Zustand* glücklicher Menschen ändern, die Nahrung immer noch als eines unserer zentralen Lebensmomente schätzt.

7 Der Gastronom

Es gibt eine Theorie, nach der der Mensch, davon überzeugt, dass die Natur von ihm beherrschbar ist und sie ihm vollkommen zur Verfügung steht, sich bemüht, technische Lösungen zu finden. Aber jede technische Antwort, die der Mensch sich ausdenkt, birgt in Wirklichkeit neue und viel schwerwiegendere Probleme in sich. Ich würde sagen, dass dies auf die Welt von heute zutrifft, deren äußerste Grenzen wir bereits erreicht haben.

Diese Situation erfordert mehr als eine einfache Wegkorrektur: sie erfordert ein radikales Umdenken, ein komplexeres Denken und mehr Bescheidenheit und Verantwortungsbewusstsein gegenüber der Natur.

Die derzeitige Lebensmittelproduktion gehört zu den Hauptgründen dieses Zustands und gleichzeitig erfährt sie dessen stärkste Auswirkung, dieses zutiefst von der westlich kapitalistischen Kultur geprägten Denkens.

Wir sind das, was wir essen: es stimmt, und wenn wir sehen, wie die Welt funktioniert, scheinen wir in unserer Art uns zu ernähren viel wilder zu sein als unsere urgeschichtlichen Vorfahren. Lebensmittel und eine detaillierte Analyse ihrer Herstellung, Vermarktung und ihres Konsums ist in Wirklichkeit eine Möglichkeit, uns neue Sichtweisen zu eröffnen, uns zu zeigen, wie wir geworden sind und wohin wir gehen. Dies erlaubt uns eine Interpretation der Systeme, von denen die Welt und unser Leben geleitet werden. Darüber hinaus – und dies ist die These, die ich hier wagen möchte – bietet es uns noch die Möglichkeit, die Grundlagen für eine nachhaltige Zukunft zu legen. Viele meiner Gedankengänge stammen aus meiner persönlichen Erfahrung als Gastronom, die ich in den letzten zwanzig Jahren als Präsident der internationalen Slow Food-Bewegung gemacht habe (die *Tagebücher* vor jedem Kapitel dokumentieren direkt diese Art von Erfahrung). Sie gehen ursprünglich von den Forderungen eines Grundrechtes der Menschheit aus, die der Gastronom verteidigt: das Recht auf Genuss, ein natürliches, physiologisches Recht, dessen Verbot nicht wenig dazu beigetragen hat, die aktuelle globale Situation herbeizuführen. Es handelt sich um eine sehr komplizierte Situation, aber ich bin der Meinung, dass gerade die Gastronomie uns einige wertvolle Auslegungsmöglichkeiten geben kann. Warum werden wir nun sehen, indem wir von einer Neubewertung der gastronomischen Wissenschaft ausgehen, die wir als modern und nachhaltig bestimmen.

II Gastronomie und neue Gastronomie

Tagebuch 4 Meine Lehrer der Gastronomie: Schriftsteller, Erzeuger, Amphytrione und Gourmets

Die Gastronomen meiner Generation können sich nur einer autodidaktischen Ausbildung rühmen. Es gab wenige Verkostungslehrgänge und im Gegensatz zu heute keine eigene Universität für Gastronomiewissenschaften[16]. Neben den ersten Erfahrungen bei den Verkostungen, den ersten bedeutenden Flaschen und den ersten bemerkenswerten Restaurants gehörten daher vor allem Menschen zu den wichtigsten Ausbildungsmöglichkeiten im Leben jedes Gastronomen, die in der Lage waren ein Thema zu vertiefen, ihn zu begeistern und zu motivieren. Neben der persönlichen Lektüre oder ersten Fernsehsendungen zum Thema Gastronomie waren dies die echten Lehrer.

Vorausgesetzt ich lebe in einem Land, in dem die mit der Gastronomie zusammenhängenden Themen wirklich Teil des alltäglichen Lebens sind, gehören meiner Erfahrung nach diejenigen, die ich für meine Lehrer halte, zur Kategorie der Prominenten, der Schriftsteller oder zu denen, die mal im Fernsehen gearbeitet haben. Auch wenn sie heute Teil einer Welt sind, die sich vollkommen verändert hat, in gewissem Sinne bewusster und gleichzeitig auch viel oberflächlicher geworden ist.

[16] Vgl. S. 186–188.

Ich würde mit Luigi Veronelli anfangen, der irgendwie im Laufe des gesamten 20. Jahrhunderts als Leitfigur der italienischen Önogastronomie galt. Er war der erste, der sich näher mit der modernen gastronomischen Literatur wie mit der Kommunikation im Fernsehen befasste.

Seine Arbeit begeisterte wegen seiner soliden wissenschaftlichen, historischen und philosophischen Grundlagen. Ich erinnere mich gern an ihn, weil er eine neue önogastronomische Kommunikation erfunden hat, weil seine Begriffe den italienischen Wortschatz der Önogastronomie bereichert und definiert haben und weil er als erster begonnen hat, sich auf die Seite der Bauern und Produzenten zu stellen, welche die wahren Schöpfer der Freuden bei Tisch sind. Seine Führer und Bücher waren die Grundlage der Ausbildung Tausender leidenschaftlicher Gastronomen meiner Generation, förderten das Wachstum der önologischen Branche in Italien und machten sie zu dem, was sie heute auch ist.

Sein Fernsehprogramm in Zusammenarbeit mit Ave Ninchi bleibt wegen der Weise in der er das Thema kommunikativ behandelte unvergessen. Meinen ersten Erfolg im Fernsehen verdanke ich aber Mario Soldati, einer wunderbaren Persönlichkeit, Gastronom/ Nicht-Gastronom, Dichter, Romanautor und Filmproduzent.

Ich erinnere mich, dass 1957 alle bei mir zu Hause gebannt vor dem Bildschirm saßen, während der Dokumentarfilm *Eine Reise in das Tal des Po – auf der Suche nach den ursprünglichsten Speisen der Poebene* lief. In dieser legendären Sendung des italienischen Fernsehens hat der Weitblick des Dichters und großen Regisseurs auf beeindruckende Art und Weise die Übergangszeit Italiens in den Nachkriegsjahren dargestellt. Ein epochaler Übergang von einer bäuerlichen und ländlichen auf eine industrielle Wirtschaft mit der daraus resultierenden Entstehung der Agrarindustrie. Heute noch ist dieses Dokument unentbehrlich, um die Veränderungen zu erfassen, die Italien durchgemacht hat. Veränderungen, die wir bereits im vorherigen Kapitel angesprochen haben, allerdings ist dieses Dokument heute von noch größerer Bedeutung, da der Großteil jener Bauernkultur bereits verschwunden ist.

Die drei Hauptpersonen, die mich, da sie in meiner eigenen Region tätig waren und ich die Möglichkeit hatte, ihre menschlichen Tugenden und gastronomischen Fähigkeiten von nahem schätzen zu lernen, in Verhalten und Wesensart unmittelbar beeinflusst haben, sind: Bartolo Mascarello, Erzeuger aus Barolo; Battista Rinaldi, auch er aus Barolo und Bürgermeister des Städtchens, das dem König der Weine der Langhe den Namen gibt, und Luciano De Giacomi, Ex-Präsident des verdienstvollen »Vereins der Trüffelritter« (Associazione dei Cavalieri del tartufo).

Bartolo Mascarello, ein berühmter Weinhersteller, der vor kurzem verstorben ist und seinen Angehörigen wie auch den zahlreichen leidenschaftlichen Liebhabern seiner Erzeugnisse sehr fehlt, hat auf vollkommene und allumfassende Art und Weise die Identität der Bewohner der Langhe und von Langhe selbst verkörpert. Seine enge Verbindung mit der Region und ihrer Tradition werden unersetzbar sein und stehen wie ein Denkmal neben seiner unumstößlichen politischen und moralischen Weltanschauung. Bis in die letzten Tagen seines Lebens habe ich ihn mit großer Freude besucht: eine Unterhaltung mit ihm war wie eine Unterhaltung mit der Region selbst, man begriff die Veränderungen und wurde vom leidenschaftlichen Bedürfnis, sie zu schützen ergriffen. Darüber hinaus erzählt sein Wein von einem Produzenten, der immer in Ruhe nach der Qualität gesucht hat, auf die wir später im Detail zurückkommen werden. Er hat mir ein erstes Produkt gezeigt, dessen Herstellung nach den drei Hauptprinzipien erfolgt war, die wir als »gut, sauber und fair« bezeichnen werden: d. h. mit Respekt gegenüber sinnlich wahrnehmbarer Qualität, Nachhaltigkeit im Umgang mit der Landschaft und den Arbeitskräften, den Menschen, die produzieren.

Battista Rinaldi, Bürgermeister dieses kleinen Dorfes, stammte auch aus Barolo. Am Ende der 70er-Jahre war ich begeistert von seiner gehobenen und auch angenehmen Art zu sprechen, ein wenig überladen, aber immer seiner Rolle als wahrer Amphytrion gemäß. Als jahrelanger Bürgermeister und Präsident der Önothek von Barolo wusste er tatsächlich als solcher zu imponieren, indem er eine Kunst lebte, die einstmals Grimod de La Reynière im

Manuel des amphitryons (1808) beschrieb. Jedes Treffen oder Symposion der Önothek wurde von einer seiner Aufmerksamkeit erregenden Reden eingeleitet, mit denen er, wenn er von Themen wie Lebensmittel und Genuss beim Essen sprach, wie niemand sonst zu fesseln verstand.

Meiner Meinung nach ist ein Amphytrion unersetzlich, um ein Treffen zu leiten und das Wohlergehen der Tischgenossen zu fördern, indem er zwischen wissenschaftlichem Vokabular und der Sprache gastronomischen Genusses vermittelt: ein Können, das sich als ausschlaggebend erweist, möchte man Informationen und Empfindungen vermitteln und kulinarische Bildung betreiben.

Auf gleicher Wellenlänge war eine weitere große Persönlichkeit meiner Region, Luciano De Giacomi, mit dem ich erst viele Jahre später in Kontakt trat, nachdem wir uns zuerst aus dem Weg gingen. Er war eine raubeinige und anspruchsvolle, in einem gewissen Sinne auch problematische Person, die Ausdruck des typisch konservativen Piemontesen war, der von den anderen im Alltagsleben Strenge fordert und sie konsequent auch auf sich selbst anwendet. Nach 1990 wurde ich für die gelungene Organisation der Konvention über die Weine des Piemont[17], zum »Freund« des Vereins der Trüffelritter, dessen Vorstand er war, ernannt und nahm an zahlreichen Symposien dieser verdienstvollen Organisation teil. Ich bemerkte bei dieser Gelegenheit, mit welch einer finsteren Miene und mit wie viel Autorität de Giacomi diese Treffen leitete: so nachgiebig und angenehm Rinaldi war, so schroff und entschlossen war De Giacomi. Doch waren sie wie zwei Seiten ein und derselben Medaille und von ihnen lernte ich wirklich viel über die Bedeutung der Person des Gastronomen und seine wichtige Fähigkeit zum Gespräch.

In rein »gourmetischer« Hinsicht (man verzeihe mir diese Wortschöpfung) war eine andere große Persönlichkeit für mich wie ein Gott. Giusto Piolatto, ein echter Feinschmecker, von dem ich die Herangehensweise an gastronomischen Genuss lernte. Er war einer der ersten Tester des »Espresso« Restaurantführers. Er hat mir viel über die Besuche in Restaurants und über die Bewertung von Gerichten beigebracht. Seine Art zu genießen ging immer einher mit echter Anteilnahme und wirklicher Kenntnis der Produzenten, der Rohmaterialien und der Techniken. Ich sah ihn sich am Essen laben ohne zu prassen, voller Wissen und im Bewusstsein seiner Fähigkeit zu schmecken.

Anschließend möchte ich noch Folco Portinari meine Ehre erweisen, einem Dichter und Schriftsteller, Mitglied der Redaktion von der »La Gola«, einer historisch bedeutenden Zeitschrift, von dem das Reden über das Essen revolutioniert wurde. Mit ihm begann ich Anfang der 80er-Jahre im Rahmen des Vereins Arcigola[18] eine Art intellektuellen Freundschaftsbund, der bis heute besteht. Nicht ohne Kanten, aber immer liebenswert und von der Freude an Konfrontation angetrieben, hat diese Beziehung zum Beispiel zum *Manifest* der Slow Food-Bewegung geführt, das Folco 1986 auf unschätzbare Art und Weise verfasst hat. Seine Ratschläge und Kritikpunkte erwiesen sich immer als wertvoll und ich muss sagen, dass ich durch ihn etwas mehr über den intellektuellen Ansatz der Gastronomie verstanden habe.

Seit ich angefangen habe zu reisen, habe ich weltweit im Laufe meines Lebens viele solcher Persönlichkeiten kennen gelernt. Und wenn die Persönlichkeiten meiner Region die ersten waren, die mich beeinflussten, so möchte ich trotzdem einige internationale Begegnungen anführen, die ich später machte: Hugh Johnson, den ich für den absolut größten Lehrer und Schriftsteller zum Thema Wein dieses Jahrhunderts halte. Bei ihm hat mich sein Stil überzeugt und ebenso sein methodischer Ansatz, sein Buch über die Geschichte des Weines[19], das ein Meilenstein historischer Weinkunde ist, darüber hinaus auch seine Fähigkeit, sich mit den Bauern und Winzern der ganzen Welt auseinander zu setzen. Es war eben dieser Stil, der es mir ermöglichte, vom Wein ausgehend

[17] Internationale Convention über die Weine des Piemont, veranstaltet von Arcigola und Slow Food, Alba (Cn), 15.–18. November 1990: Vgl. CARLO PETRINI, *Slow Food. Le ragioni del gusto,* Laterza, Rom-Bari 2001, S. 46. *Slow Food. Genießen mit Verstand,* Rotpunktverlag, Zürich 2003.

[18] *Ibid.,* S. 8, Vgl. auch DERS. und GIGI PADOVANI, *Slow Food Revolution,* Rizzoli, Mailand 2005.

[19] HUGH JOHNSON, *Weingeschichte. Von Dionysos bis Rothschild,* Gräfe und Unzer Verlag 2006.

einen langen Weg zu gehen, der mich zu den Ideen dieses Buches geführt hat.

Wie der Leser sicherlich bemerkt haben wird, ist dieser Tagebuchteil vor allem ein Tribut an die Personen, die auf irgendeine Weise mein Leben verändert haben, und ich möchte damit noch einmal unterstreichen, wie wichtig für den Gastronomen die persönliche Ausbildung ist. Wie sehr man darauf achten soll, in Kontakt mit anderen an ihnen jene komplexen Fähigkeiten und jene vielseitige Feinfühligkeit wahrzunehmen, die Grundlage des Wesens eines Gastronomen sind, um damit diese so bezaubernde und noch (hoffentlich nicht mehr lange) flüchtige Wissenschaft zu praktizieren.

1 Die Gastronomie

»Sag mir, was du isst, und ich sage dir, wer du bist« und »Der Mensch ist das, was er isst«. Hinter der offensichtlichen Selbstverständlichkeit dieser beiden berühmten Aphorismen von Brillat-Savarin und Ludwig Feuerbach verbirgt sich einerseits eine grenzenlose Komplexität, die man in Betracht ziehen muss, um ihre Richtigkeit zu beweisen; andererseits weisen sie der Nahrung eine (heute verlorene?) absolut zentrale Position zu, möchte man die Dynamiken der Weltgesellschaft erfassen und eventuell auch beeinflussen.

Essen ist der wichtigste Faktor der Identität des Menschen, da es stets ein kulturelles Produkt ist. Akzeptieren wir eine konzeptuelle Gegenüberstellung von Natur und Kultur (zwischen dem, was natürlich und dem, was künstlich ist), so sind die Nahrungsmittel das Ergebnis einer Serie von Prozessen (*kultureller* Art, in dem Sinne, dass sie künstliche Elemente in die Natürlichkeit der Dinge einbringen), wodurch sie von einer vollkommen natürlichen Grundlage (das Rohmaterial) in ein kulturelles Produkt verwandelt wird (das, was man isst).

Der Mensch sammelt, bebaut, zähmt, verwendet, verändert und interpretiert die Natur neu, jedes Mal, wenn er sich ernährt.

Wenn er etwas produziert, bearbeitet er die natürlichen Prozesse, beeinflusst sie, um seine eigenen Nahrungsmittel zu erzeugen: der Übergang von der Wirtschaft des Sammelns zur Landwirtschaft ist die Geschichte des Menschen, der sich ansiedelt, Ackerbau und Viehzucht betreibt und die Natur nach seinen Bedürfnissen manipuliert. Wenn der Mensch dann seine Speisen zubereitet, setzt er im Unterschied zu den Tieren mehr oder weniger entwickelte Technologien ein, welche die Materie umwandeln: das Feuer, die Gärung, die Aufbewahrung, die Küche. Wenn der Mensch schließlich seine Speisen zu sich nimmt, wählt er mehr oder weniger aufmerksam aus, wie was wo und wie viel er isst.

Geschichtlich betrachtet sind diese Prozesse hochgradig komplex, sprechen von unbeständiger und ständig neu zu bestimmender menschlicher Identität, die durch Austausch, Treffen, Neuerungen, Verseuchungen, Bündnisse und Konflikte beeinflusst wird. Ich finde die Metapher der Wurzeln unserer Identität von Massimo Montanari sehr treffend, um die Reichweite dieser Komplexität zu erfassen. Diese Idee wird oft zu Unrecht als Mittel herangezogen, um von Beständigkeit zu sprechen, um die Unterschiede zwischen den Völkern oder schlimmer noch zwischen den »Rassen« zu unterstreichen und zu rechtfertigen:

> Einen Anfang können wir auf der Suche nach den Wurzeln nicht finden, stattdessen eine immer ausgedehntere und kompliziertere Verflechtung von Fäden, je mehr wir uns von uns selbst entfernen. In diesem verflochtenen System von Zusammenhängen und Verbindungen sind nicht die Wurzeln, sondern wir selbst der Anhaltspunkt: die Identität gibt es nicht am Anfang, sondern am Ende des Weges. Wenn wir gerade von Wurzeln sprechen, so können wir bis zum Ende die Metapher verwenden und uns die Geschichte unserer Nahrungskultur vorstellen wie eine Pflanze, die sich ausdehnt, je mehr sie in die Erde eindringt… Das Produkt befindet sich an der Oberfläche, sichtbar, klar, definiert: das sind wir. Die Wurzeln befinden sich unterirdisch, sind weit angelegt, zahlreich, verbreitet: es ist die Geschichte, die uns aufgebaut hat[20].

[20] Massimo Montanari, *Il cibo come cultura,* Laterza, Rom-Bari 2004, S. 159 ff.

Diese Metapher möchte ich auch gerne benutzen und ihr allenfalls eine weitere Bedeutung zuschreiben, die dazu führt der Nahrung ihre angemessene Wichtigkeit zurückzugeben und auch ihre richtige Bedeutung. Der hektische Antrieb durch technokratisches und minimalistisches Denken bringt uns in Versuchung, die Gesamtheit der Prozesse und Wechselbeziehungen, die uns das alltägliche Essen möglich macht, einfach zu ignorieren, indem wir nur das Ergebnis in Betracht ziehen, d. h. das, was wir zu uns nehmen. Die Wurzeln sind aber entscheidend und müssen wieder zum Hauptthema unserer Überlegungen werden. Wenn ich Montanari umschreiben darf, so würde ich sagen, dass das Produkt an der Oberfläche liegt und sichtbar ist: es ist das, was wir Tag für Tag in unserem Teller haben und das, worüber wir uns auch am meisten unterhalten. Die Wurzeln befinden sich hingegen unterhalb, sind groß, zahlreich und verbreitet: sie stellen dar, wie diese Nahrung zur Speise geworden ist, wie sie erzeugt wurde.

Lebensmittel sind das Produkt einer Region und ihrer Missgeschicke, der Menschheit, die sie besiedelt, ihrer Geschichte und der Wechselbeziehungen, die sie hervorgebracht hat. Man kann über jeden Ort der Welt sprechen, indem man über die Lebensmittel spricht, die dort gegessen und produziert werden.

Geschichten von Lebensmitteln sind gleichzeitig Geschichten von Landwirtschaft, Restaurants, Handelsbeziehungen, von örtlicher und globaler Wirtschaft, von Geschmack und sogar von Hunger. Die Peperoni von Costigliole d'Asti sind ein Symbol der Globalisierung; der Amarant und die wildwachsenden Kräuter für die Suppe von Tehuacán berichten von den in Vergessenheit geratenen gastronomischen Kenntnissen und von zerstörten landwirtschaftlichen Wirtschaftssystemen; die Gemüsesorten des *Farmer's Market* von San Francisco stehen für die Widersprüchlichkeiten, die gut gemeinte Anreize hervorrufen können, wenn sie sich in ein leicht perverses System einfügen; die Garnelen der indischen Küsten stellen das schlechte Modell der »Entwicklung« dar. In Anbetracht dieser Geschichten wird einem klar, dass die Nahrungsmittel Mittel sind, um die Wirklichkeit und die Welt um uns zu interpretieren. Die Nahrungsmittel spiegeln die Komplexität des Bestehenden und der Vergangenheit, die Verflechtung von Kulturen, übereinander gelagerte, verschiedene, produktive Weltanschauungen wieder.

Die Erforschung dieses Gefüges von In- und Output, das nahe am Chaos liegt, erfordert heutzutage eine Wissenschaft, die sich organisch damit befasst und auch die Vielfalt der Disziplinen in Betracht zieht, auf die sie sich beruft; denjenigen, die diese Thematiken angehen wollen, stellt diese Wissenschaft eine neue Würde und neue Mittel zur Verfügung. Auf etwas provokante Art wird sie auch denjenigen verständlich, die unbedingt darauf bestehen, das Unberechenbare in Zahlen zu übersetzen. Ein wenig Bescheidenheit, ein offenerer intellektueller Ansatz und die Wiederaufnahme der Kenntnisse, die den Status von Wissenschaftlichkeit anscheinend bereits verloren haben, können ein Anfang sein.

1.1 Die gastronomische Wissenschaft

Die Wissenschaft, welche die Nahrung erforscht oder besser die Kultur der Nahrung in all ihren Bedeutungen, ist die Gastronomie.

Das Wort Gastronomie stammt aus dem Griechischen und wurde in den wichtigsten europäischen Sprachen nur selten erwähnt, bevor es im Titel eines französischen Gedichts von Joseph de Berchoux, *La Gastronomie ou l'homme des champs à table,* zitiert wurden. Der Text wurde 1801 in Paris gedruckt und 1825 ins Italienische übersetzt. Ich möchte in diesem Zusammenhang hervorheben, dass man bei Tisch vom »Mann der Felder« sprach und dadurch auf irgendeine Art eine Verbindung zwischen der Welt der Landwirtschaft und der des Nahrungskonsum herstellte. Auf dieses Thema werden wir später zurück kommen. Hier genügt uns die Anmerkung, dass gerade am Anfang des 19. Jahrhunderts damit begonnen wurde, nach und nach die Gastronomie zu definieren und dass in diesem Zusammenhang der Beitrag der französischen Kultur ausschlaggebend war. Nach der Revolution entstand eine positive Wechselbeziehung zwischen der Gastronomie und den Köchen, welche dazu beitrug, die französische Küche in den darauf folgenden Jahrhunderten zu definieren und zu vertreten. In jenen Jahren entwickelte sich in Paris exponentiell das moderne Gaststättengewerbe: im Jahre 1804 hatten sich die Restaurants in der Hauptstadt im Verhältnis zur vorrevolutionären Zeit vervierfacht, während es im Jahre 1825 bereits tausend an der Zahl waren und 1834 schon mehr als zweitausend. Die Gastronomen verhalfen den Küchenchefs zu Glück und Ruhm, indem sie ihre Führer und die ersten kritischen Veröffentlichungen herausgaben. Es entwickelte sich somit die gastronomische Literatur mit Jean-Anthèlme Brillat-Savarin und Alexandre-Balthazar-Laurent Grimod de La Reynière als die bedeutendsten Autoren, die wahren Gründer der modernen Gastronomie. Die Chefs selbst festigten ihren Ruf dank der Schriften von Antoine Beauvilliers, Charles Durand und Antonin Carème.

Etymologisch bedeutet Gastronomie »das Gesetz des Magens«, d. h. die Gesamtheit der notwendigen Regeln, um die Lebensmittel zur Befriedigung des Magens richtig auszuwählen und zu konsumieren. Darauf folgende Definitionen sind daher nur teilweise vollständig, weil sie von der »Kunst sprechen, die Speisen zuzubereiten und zu kochen«. Als das Wort im Jahre 1835 zum ersten Mal in das Wörterbuch der Académie Française aufgenommen wurde, sprach man von den Gastronomen als »Amphytrionen, die einen reichen Tisch auswählten, bestellten und anboten«.

In Wirklichkeit kann man den Begriff auch außerhalb des Essens der Feinschmecker oder des »reichlichen Lebens« anwenden. Als gemeinsamer Nenner fast aller Hauptdefinitionen gilt die *Auswahl* der Lebensmittel, die in der Tat eine sehr ausgedehnte Anzahl von Kenntnissen, verschiedene technologische und humanistische Bereiche und Disziplinen einschließt. Wie wir bereits festgestellt haben, wirkte der Mensch immer schon auf die Natur ein, um sich durch verschiedene kulturelle Prozesse Nahrung zu beschaffen. Die Geschichte dieser Prozesse zeigt denjenigen, die beabsichtigen, sie im Detail zu verstehen eine entwaffnende Komplexität. Die Gastronomie auf das »gute Essen« zu reduzieren wäre ein zweifacher Fehler: erstens, weil man somit implizit einen Gemeinplatz teilt, demnach die Geschichte der Ernährung – Wirtschaft und Lebensunterhalt – und die Geschichte der Gastronomie – Kultur und Geschmack – zwei verschiedene, voneinander zu trennende Disziplinen sind.[21] Zweitens, weil man so nur einen kleinen, vielleicht weniger edlen Teil eines komplexen Systems von »Wurzeln«, welche die Grundlage unserer Lebensmittel bilden, in Betracht zieht.

1.2 Elite und Hunger

Von Anfang an hatte die Gastronomie eine stark elitäre Note: im Übrigen waren es gerade die gehobenen Klassen, die für sich selber Rezeptbücher und erste Werke kritischer Gastronomie verfassten. Es ist daher unvermeidlich, dass sich die Gastronomie auf sie begrenzt. Die »untergeordnete« Kultur der Armen und der Bauern verfügt über keine schriftlichen Quellen und aus den Rezeptbüchern der Adeligen kann man nur entnehmen, dass die gehobenen Klassen sich die Kenntnisse der Bauern aneigneten, zusammen mit dem Recht auf Genuss. Trotzdem entsprangen die bedeutendsten Erfindungen der Geschichte der Gastronomie aus der Notwendigkeit der ärmeren Schichten der Bevölkerung: als Antwort auf den Nahrungsmangel, auf die Verderblichkeit der Ernten und auf das Bedürfnis, diese zu transportieren und zu konservieren und somit den Einfluss von Raum und Zeit auf unsere Lebensmittel zu minimalisieren.

Als 1801 das Wort »Gastronomie« in den ersten Schriften zum Thema vorkam, war für den größten Teil der städtischen und ländlichen Bevölkerung das »Gesetz des Magens« noch das des Hungers, wie es bereits in den vorherigen Jahrhunderten der Fall gewesen war. Nur der Üppigkeit auf den Tischen der Reichen wurde somit gastronomische Würde zugesprochen: man dachte – oder wollte, dass so gedacht wurde – dass die *Art* des Würzens und der Zubereitung nur diejenigen betrifft, die keine Beschaffungsprobleme hatten.

[21] Carlo Petrini, *Dialogo sulla Terra,* in »La Stampa«, 2. September 2004.

Den Armen und Hungernden wurde sofort jegliche gastronomische Würde abgesprochen, wobei die höheren Schichten sie weiterhin der gastronomischen Kenntnisse, die sie im Laufe von jahrhundertelanger Anpassung an das Land hervorgebracht und verfeinert hatten, beraubten und sich diese aneigneten.

Man kann sagen, dass diese scheinbare Aufspaltung in Lebensunterhalt und Genuss bis heute beibehalten wurde. Zwischenzeitlich hat sich seit der Nachkriegszeit der Kontext stark verändert. Der Großteil der Bevölkerung der westlichen Welt hat seine Beschaffungsprobleme und ihre Auswirkung auf die Familienbilanz gelöst. Obwohl die Persönlichkeit des Gastronomen von der ersten Generation des Bürgertums nach der Französischen Revolution hervorgebracht wurde, spiegelte sie stets eine sehr reiche Tradition der Küche der Adeligen wieder, die ihre Wurzeln in den höfischen Rezeptbüchern hatte. Gastronomie war für die wohlhabenden Schichten der Gesellschaft da, die den Appetit und dessen Befriedigung von unzähligen Blickwinkeln aus betrachteten, indem sie ihn mit dem Geschmack anregten und mit Stolz maßen.

Die wirkliche Bedeutung der bürgerlichen Gastronomie ist viel moderner und gerät in eine Krise, sobald sich die Klassenunterschiede angleichen und nicht mehr Nahrungsmittel als Mittel zur Durchsetzung benutzen. Seit 1950 betrifft der Begriff weitere Schichten der Bevölkerung und das Problem der Nahrungsmittel*auswahl* bekommt eine andere Bedeutungsnuance, was bedeutet, dass die elitäre Gastronomie eine Krise durchlebt. Es ist nicht mehr notwendigerweise der wohlhabende Bürger, der sich besser ernährt, da er minderwertige Industrieprodukte kauft, die in den entfremdenden Supermärkten angeboten werden. Menschen, die im Kontakt mit der Natur leben, werden tatsächlich oft ahnungslos und unabsichtlich zu Gastronomen. Wildwachsende Nahrungsmittel oder aus traditioneller Landwirtschaft stammende Produkte werden immer seltener werden und damit zu wahren Delikatessen für diejenigen, die sie sich nicht leicht beschaffen können.

Die Gastronomie wird mehr und mehr zur Folklore, zur spielerischen Tätigkeit, mit profanen Bezugspunkten zu einer pantagruelischen Üppigkeit, die tatsächlich ein Indiz unseres Gedächtnisverlustes beinhaltet: den Hunger. Die zeitgenössische Invasion durch die Medien mit Rubriken, Programmen, Fernsehspielen und Zeitungsbeilagen zum Thema Nahrung und Gastronomie sind der deutlichste Beweis dieser Tendenz, die heutzutage die Dimensionen eines wirklichen Abgrundes angenommen hat. Es gibt keine kulturelle Vertiefung, keine echte Kenntnis der behandelten Themenbereiche: die Traditionen verleihen Farbe und man spricht einfach drauflos, um die *Einschaltquoten* zu verbessern. Führen Sie doch einen Test mit zehn Personen durch, die Ihnen sagen sollen, was Gastronomie ist: sie werden von »gutem Essen« im allgemeinen sprechen; sie werden elitäre Kennzeichnungen hervorholen; einige werden Ihnen von einem Laden berichten, in dem Fertiggerichte verkauft werden und andere werden sich auf die Welt der Gaststätten beziehen, auf die Köche und Rezeptbücher, die in den Beilagen der Tageszeitungen zu finden sind. Niemand wird behaupten, dass die Gastronomie eine Wissenschaft ist und wenn Sie die Personen dann darauf aufmerksam machen werden, ist es höchst wahrscheinlich, dass Sie nicht ernst genommen werden.

1.3 Reine Folklore?

Auf der einen Seite die Geschichte der Ernährung, auf der anderen die Geschichte der Gastronomie, – getrennt und weit voneinander entfernt. Wirtschaft und Lebensunterhalt oder ernsthafte Themen wissenschaftlich verpackt, gegen Genuss und Kultur der Nahrungsmittel oder *Vergnügungen* und Hedonismus, Spiel, Prasserei, nichts Wichtiges. Diese fiktive Trennlinie hat die Gastronomie Jahrhunderte lang in einen folkloristischen Bereich gedrängt, indem ihr jede wissenschaftliche Würde abgesprochen und sie schließlich mit Freizeit, Dorffesten, Medienulk über einheimische und traditionelle Produkte und der Diskussionen über die den Restaurants zugeteilten Punkte in Verbindung gebracht wurde.

Dieses Ergebnis führte zu den geschmacklosesten Auswüchsen der popularisierten Gastronomie, die mit der Nachkriegszeit begonnen hat und man kann sagen, dass der Kern dieses schlechten wissenschaftlichen Ansehens der Gastronomie in der Tat schon in den Schriften ihrer Gründungsväter vorhanden war. Nicht einmal die traditionelle elitäre, beinahe aristokratische Bedeutung des Begriffes hat zu seiner »Nobilitierung« beigetragen. Wer sich mit Gastronomie befasste und demnach auch mit Genuss, hat immer mit dem Vorurteil kämpfen müssen, Genuss sei eine Sünde (der religiöse Einfluss auf das vorherrschende Denken) oder zumindest keine ernste Angelegenheit. Hierzu braucht man nur den Volksspruch zu zitieren: erst die Arbeit, dann das Vergnügen.

Selbst Jean-Anthèlme Brillat-Savarin, der 1825 das bedeutende Werk *Physiologie des Geschmacks* verfasste, schämte sich deshalb fast oder wollte einfach zeigen, dass er sich deshalb schämte, und dies ein Jahr vor seinem Tod, zur Zeit des größten französischen Booms der gastronomischen Kultur. Das Buch wurde auf seine Kosten gedruckt und trug in seiner ersten Ausgabe nicht mal den Namen des Autors. Diese »Scham« oder vermeintliche Scham wird innerhalb des Werkes *Physiologie des Geschmacks* klar ausgedrückt, und zwar im anfänglichen *Dialog zwischen dem Verfasser und seinem Freund:*

> **Verfasser:** ... alles zusammengefasst, werde ich mein Buch nicht veröffentlichen.
> **Der Freund:** Und aus welchem Grund?
> **Verfasser:** Ich habe mich aus beruflichen Gründen immer ernsthaften Studien gewidmet und befürchte, dass diejenigen, die mein Buch nur vom Titel her kennen, glauben könnten, ich würde mich nur mit Oberflächlichkeiten befassen[22].

Der Autor, Richter mit dreißigjähriger Erfahrung im öffentlichen Dienst und Verfasser von juristischen und volkswirtschaftlichen Arbeiten (und zusätzlich in jungen Jahren noch über Chemie) wollte kein seinem erreichten Status widersprechendes Bild von sich vermitteln. Hingegen war er vielmehr von der Wichtig-

[22] Jean-Anthèlme Brillant-Savarin, *Fisiologia del gusto,* Opportunity Books, Mailand 1996, S. 25.

keit der in der *Physiologie* enthaltenen Betrachtungen überzeugt[23]. Deshalb bestückte er sein Werk mit der redegewandten Einleitung Jean-François Revels:

> Es gehörte zum Stil einer vielschichtigen Komposition, das Banale mit dem Strengen zu verbergen oder das Ernste mit dem Komischen, das Systematische mit dem Unsystematischen: darin bestand die Kunst des Kryptogramms, die in der Literatur als eine Form der Diskretion galt und heute zu einer verlorengegangenen Fähigkeit geworden ist[24].

Ich halte mich so lange bei Brillat-Savarin auf, weil es sich um einen wichtigen Bezugspunkt für die Entstehung der modernen Gastronomie handelt[25]. Ich bin mir sowohl der Grenzen als auch der Genialität der *Physiologie des Geschmacks* bewusst und beabsichtige keineswegs, den Historikern der Gastronomie ihren Beruf zu stehlen; letztendlich hat Brillat-Savarin nichts Neues erfunden und eine historische Betrachtungsweise erfordert weitaus mehr Vertiefung als meine wenigen Anmerkungen. Aber in der *Physiologie des Geschmacks* finden sich in spielerischem und halbernsten Stil bereits klare und kluge Definitionen sämtlicher benötigter Elemente, um heutzutage eine neue gastronomische Wissenschaft zu gründen (seine Schriften sind sehr wertvoll, um eine Disziplin zu begreifen, die damals außerhalb von Rezeptbüchern wenig Verbreitung fand). Wurde die Gastronomie bisher in den Bereich der Folklore gedrängt, so ist das ohne Zweifel teilweise auch Brillat-Savarin zuzuschreiben, aber wenn man seine *Physiologie* mit einem »wissenschaftlicheren« Ansatz erneut durchliest, so fin-

[23] *Ibid., Einleitung,* S. 32: »Da ich den Tischgenuss in all seinen Aspekten betrachtete, hatte ich seit langer Zeit schon gesehen, dass man über dieses Thema etwas Besseres schreiben konnte als einfache Kochbücher und dass man viel über so wichtige und fortwährende Funktionen berichten konnte, die so direkt das Glück und sogar die Geschäfte des Menschen beeinflussen«.

[24] *Ibid.,* Auszug aus der *Einleitung* von Jean-François Revel, S. 7.

[25] Wie ich vorher erwähnt habe, haben Grimod de La Reynière und er mit den Veröffentlichungen des »Almanach des Gourmands« die moderne gastronomische Literatur begonnen und die Bausteine der modernen gastronomischen Kritik eingeführt.

den wir darin eine Definition der Gastronomie, die ich als Grundlage für die schlichten Überlegungen meines Buches heranziehen möchte:

> Die Gastronomie ist die detaillierte Kenntnis all dessen, was sich auf die Ernährung des Menschen bezieht... diese Gastronomie ist es, die Bauern, Winzer, Fischer und die große Familie der Köche antreibt, unter welchem Titel oder Qualifikation auch immer sie ihrer Beschäftigung mit der Nahrung nachgehen. Gastronomie ist Teil der Naturgeschichte, aufgrund ihrer Klassifikation der Nahrungssubstanzen; Teil der Physik, aufgrund der verschiedenen Analysen und Zerlegungen, die an ihnen durchgeführt werden; Teil der kulinarischen Kunst, aufgrund der Fähigkeit, die Speisen zuzubereiten und sie geschmackvoll zu machen; Teil des Handels, aufgrund des Versuchs, Konsumgüter zum besten Preis zu kaufen und so günstig als möglich zu verkaufen, Teil der Volkswirtschaft, aufgrund der Ressourcen, die sie der Steuerbehörde bietet und aufgrund internationaler Tauschmittel[26].

Bereits in der *Dritten Meditation* des Traktats sind also sämtliche komplexen Elemente enthalten, die Gastronomie als multidisziplinäre Wissenschaft zu beschreiben, berücksichtigt man die landwirtschaftlichen, wirtschaftlichen, wissenschaftlichen, technischen, sozialen und kulturellen Prozesse der Ernährung. Ein Großteil der Genialität dieses Werkes besteht in eben dieser Definition, die angemessene Würde für die Gastronomie fordert, und dies mittels einer Sichtweise, die auf gesundem Menschenverstand und der Fähigkeit, unsere befremdliche Gegenwart vollständig zu erfassen, aufbaut.

Diese Multidisziplinarität möchte ich voll und ganz und bedenkenlos übernehmen. Im Bewusstsein meiner Grenzen versuche ich von der Definition von Brillat-Saravin auszugehen, indem ich mir den ersten Satz und die Struktur aneigne. Indem ich mein Denken dem Chaos öffne, den folkloristischen Ansatz zurückweise und mich weder dem Spiel noch dem Genuss verweigere. Eine Sichtweise, die vielmehr Spiel, Genuss und auch Ernstes berücksichtigt und sich an alte und neue Disziplinen erinnert.

[26] Jean-Anthèlme Brillant-Savarin, *Fisiologia del gusto,* Opportunity Books, Mailand 1996, S. 57.

Dies erfolgt im Sinne der Ereignisse der letzten zwei Jahrhunderte nach der *Physiologie des Geschmacks* und erfordert wichtige Überlegungen – um auf einen Aphorismus von Brillat-Savarin zurückzukommen – bezüglich der Frage, wer wir sind, d. h. was wir essen.

Tagebuch 5 Alice

Viele enge Freundschaften entstehen zufällig an den Tischen von Restaurants, bei Tafelrunden, geselligem Zusammensein bei Tisch, die eine Art von Wahlverwandtschaft unter den Gastronomen entdecken lassen. Diese werden dann mit den Jahren aufgebaut und führen zu fruchtbarer Zusammenarbeit, vorteilhaftem Austausch von Ideen und faszinierenden menschlichen Abenteuern. So geschehen mit Alice Waters, die in den Vereinigten Staaten von Anfang an eine starke Verbundenheit mit den damals heranwachsenden Ideen von Slow Food fühlte, die ich vertrat. Ich lernte sie während meiner ersten Reise nach Kalifornien im Februar 1988 kennen, da ich unbedingt darauf bestanden hatte, ihr Restaurant *Chez Panisse* zu besuchen, das von allen als das Beste im Umkreis von San Francisco beschrieben wurde. Es war überall in den Vereinigten Staaten berühmt, weil Alice, neben der wundervollen Küche den Ehrgeiz der jungen, kalifornischen Gastronomieszene (und auch den der gesamten Vereinigten Staaten) geweckt hatte, zusammen mit einem motivierten und tiefen Respekt gegenüber Umwelt und den Kenntnissen dieser Erde.

Die Küche von *Chez Panisse* wurde stark von ihren Erfahrungen in Frankreich und Italien beeinflusst, war aber auch eng mit der örtlichen landwirtschaftlichen Produktion und den Kenntnissen verbunden, die von den zahlreichen Einwandererfamilien in diesen Teil der USA gebracht und verbreitet wurden. Die kompromisslose Qualität ihrer Gerichte brachte einen sehr persönlichen Stil hervor, der von Anfang an die sinnlich wahrnehmbaren Eigenschaften der Rohzutaten als das Wesentliche erachtete; das ist eine sehr seltene Sache in der Heimat der industrialisierten Landwirtschaft und des Fast-Food.

Alice stammt aus der fruchtbaren Alternativszene, die Ende der 60er-Jahre in Berkeley existierte, einer Bewegung, die unter anderem die Wiedergewinnung einer gewaltlosen und harmonischen Wechselbeziehung mit der Natur forderte. Aus diesem Grunde war ihr Restaurant vom Anfang an auch ein Treffpunkt für den damals entstehenden Umweltschutz. Schon immer aß man im *Chez Panisse* ausschließlich Zutaten aus biologischer Landwirtschaft, die von regionalen Äckern stammen. Man kann wohl behaupten, dass sie die wichtigste Antriebspersönlichkeit der Biobewegung in den Vereinigten Staaten war: sie und einige Freunde haben in den 70er-Jahren angefangen, die Idee einer saubereren Landwirtschaft zu unterstützen. Die hervorragenden Ergebnisse, die sie erzielt haben, kann man heutzutage an der großen Beachtung der für die Nachhaltigkeit und den Stand der Bioproduktion Kaliforniens erkennen.

Ich kann versichern, dass bei ihr zu essen eine wundervolle gastronomische Erfahrung ist. Sie beeindruckt wegen der Feinfühligkeit und Aufmerksamkeit, mit der sie kocht, aber vor allem wegen der Reinheit des Geschmacks: sie hat die Fähigkeit, den Geschmack des Gemüses zu unterstreichen, wie ich es selten in der Welt erlebt habe. Die Mischung zwischen kulinarischer Technik auf hohem Niveau und einer buchstäblich besessenen Auswahl der Produkte bezogen auf die Korrektheit des Herstellungsprozesses und die geographische Nähe der Lieferanten gewährleistet wunderbare Ergebnisse: auch der unscheinbare Geschmack einer Beilage grüner Bohnen erscheint fast wie ein Wunder der Natur, wirklich erstaunlich.

Aber Alice ist nicht nur eine geniale Köchin und Befürworterin nachhaltiger Produkte: im Laufe der Zeit habe ich einen weiteren Aspekt ihrer originellen gastronomischen Herangehensweise gesehen. Bin ich in San Francisco, kann ich nicht anders, als zu ihr zu kommen. So habe ich im Jahr 2000 mit ihr das kurz zuvor begonnene Projekt *Essbare Schulgärten* besucht. Die *Martin Luther King jr Middle School* von Berkeley ist eine Mittelschule mit fast 1000 Schülern: viele von ihnen stammen aus Lateinamerika oder sind Farbige, und man kann wirklich nicht behaupten, es handle sich hier um eine Eliteschule. Aber diese Jugendlichen sind, was die Schule betrifft, trotzdem glücklich: Alice hat in der Schule *Martin Luther King* das verwirklicht, was ich bis heute für das wahre Meisterwerk ihrer gastronomischen Karriere halte.

Es handelt sich allgemein definiert um einen Schulgarten, d. h. einen von den Kindern angebauten Garten, wo sie die Grundlagen der Landwirtschaft erlernen und vor allem die Möglichkeit haben, die Gemüsesorten, ihre Eigenschaften und ihre Qualität kennen zu lernen. Der geniale Aspekt der Projektes besteht darin, dass diese Jugendlichen nicht nur die Chance haben, sich innerhalb eines städtischen Milieus, in dem die Essgewohnheiten normalerweise jede Art von gastronomischer Kenntnis entbehren, der Herstellung der eigenen Speisen anzunähern, sie werden auch an die Küche herangeführt, indem sie lernen das Angebaute weiter zu verarbeiten. Daher der Name *Essbare Schulgärten*.

Es ist eine Tatsache, dass die Jugendlichen und Kinder der ärmsten amerikanischen Stadtschichten nicht mehr zu Hause essen; ihre Eltern kochen nicht und es gibt keine gemeinsamen Momente bei Tisch. In diesen Familien wird nicht mehr gemeinsam zu Mittag gegessen, das Essen wird bereits fertig oder beim Fast-Food nebenan gekauft: eine gänzliche *Tabula Rasa* gastronomischer Kenntnisse und die Auswirkungen auf die öffentliche Gesundheit zeigen sich sehr bald. Das Projekt *Essbare Schulgärten* ist ein Weg diesen Jugendlichen das Kochen schmackhafterer Speisen beizubringen, ihren Geschmack und ihre Sensibilität zu entwickeln. Ein Modell, dass man unbedingt weltweit nachahmen sollte. Ein Beispiel für das Interesse an gastronomischen Themen, die jede Schule einführen sollte und dies nicht nur in Extremfällen, in denen, wie in den äußeren Bezirken der US-Großstädte, die Situation fast nicht mehr zu retten ist.

Alice Waters war für mich in diesem Sinne ein Vorbild: sie hat eine Formel gefunden, die funktioniert und die auf eine spielerische und lustige Art und Weise den Kindern gastronomische Kenntnisse beibringt.

Somit ist sie nicht zufällig Vizepräsidentin der internationalen Slow Food-Bewegung geworden: mit ihrer Karriere als Köchin verwirklicht sie einen Ansatz, der von den traditionellen Formen des Kochberufs abweicht, der über die Arbeit in einem Restaurant hinausgeht und über alle Grenzen multidisziplinärer Gastronomie hinweggeht. Sie ist eine bedeutende Persönlichkeit, in deren Alltag die gesamte Komplexität eines Gastronomen integriert ist. Sie begründete eine neue Art mit Essen umzugehen und dies gerade in der Nation, die uns einige der größten Irrtümer in der Ernährungsgeschichte der Menschheit brachte mit schwerwiegenden Folgen für den gesamten Planeten.

Tagebuch 6 Die Gruppe von Florenz

Am 4. und 5. Februar 2003 wurde ich eingeladen, an der ersten Sitzung der *Commission on Future of Food* teilzunehmen. Es handelte sich dabei um eine Arbeitsgruppe[27], die auf Initiative der Region Toskana gegründet und damit beauftragt wurde, ein *Manifest für die Zukunft der Nahrung* zu verfassen, das dann im Rahmen der nächsten Versammlungen der WTO vorgestellt werden sollte. Es

[27] Liste der Teilnehmer an der ersten Versammlung der *Commission on Future of Food;* Debbi Barker, Mitglied des Vorstandes und Chair des Komitees für Landwirtschaft im International Forum on Globalization, USA; Marcello Buiatti, Berater der Region Toskana im Bereich der Ogm, Direktor der Abteilung für tierische und genetische Biologie »Leo Pardi«, Universität Florenz, Italien; Christian Deverre, Inra (Nationales Institut für Forschung im Bereich Landwirtschaft), Frankreich; Peter Einarsson, Europäische Gruppe Ifoam (Internationale Föderation der Bewegungen im Bereich der biologischen Landwirtschaft), Ökologischer Verein der schwedischen Bauern, Schweden; Elena Gagliasso, wissenschaftliche Koordinatorin von Legambiente, Dozentin am Institut für Philosophie und Eplatemologie der Universität Rom, Italien; Bernard Geier, vertreten durch Louise Luttikholt, Koordinator der politischen Richtlinien der Ifoam, Deutschland; Arturo Compagnoni, International Board der Ifoam, Italien; Edward Goldsmith, Autor, Herausgeber und Gründer von »The Ecologist«, Großbritannien; Benny Haerlin, Stiftung Future Farming, war internationaler Koordinator für die Initiative gegen die Ogm von Greenpeace, Deutschland; Colin Hines, Teilnehmer auch als Vertreter von Caroline Lucas, Verfasser von *Localisation: a global Manifest,* fellow von Ifg, er war der Vorstand der internationalen wirtschaftlichen Einheit von Greenpeace, Großbritannien; Vicky Hird, Teilnehmerin auch als Vertreterin von Tim Lang, Direktor der Politik von

war das erste Mal, dass ich eine offizielle Einladung bekam, um meinen Beitrag als Gastronom zu leisten und mich mit einigen der bedeutendsten Forscher auseinander zu setzen, die weltweit als aktive Globalisierungsgegner und Umweltschützer tätig sind. In der gelungenen Absicht der Organisatoren sollte dieses erste Treffen dazu dienen, sich kennen zu lernen und eine Diskussion bezüglich der anzuwendenden Strategien einzuleiten, mittels derer auf dem ganzen Planeten eine vollkommene Rückkehr zur Selbstbestimmung auf dem Gebiet der Ernährung machbar wäre: d. h. Rückkehr zum Recht der Wahl, welche Art von Landwirtschaft man betreiben möchte, und wie man sich bzw. mit wie viel man sich im Rahmen eigener wirtschaftlicher Möglichkeiten und traditioneller Kenntnisse ernähren möchte.

Die erste Wirkung der Versammlung war sehr sonderbar: wir waren in der Cavourstrasse in Florenz in einem äußerst prunkvollen Palastsaal des Sitzes der Region Toskana versammelt und befanden uns praktisch hinter verschlossenen Türen. Der Glanz des Ortes war an sich schon ein wenig verwirrend, da er einen besonderen Stil von Festlichkeit vermittelte, der fast übertrieben war, und dies trotz der Ernsthaftigkeit der Versammlung. Die Mitglieder der Gruppe vermittelten den Eindruck, sich alle sehr gut zu kennen: im Endeffekt waren sie Teil der Elite weltweiter Aktivisten und hatten schon verschiedene Gelegenheiten gehabt, sich zu treffen und zusammen zu arbeiten.

Sustain – The Alliance for Better Food and Farming, Großbritannien; Frances Moore Lappe, Autorin von *Diet for a small Planet,* Präsidentin des Center for Living Democracy, USA; Jerry Mander, Präsident des Board des Ifg, Mitglied des Vorstands des Ifg, USA; Mark Ritchle, vertreten durch Kristen Corselius, Institute for Agriculture and Trade Policy, USA; Peter Rosset, vertreten durch Raj Patel, Food First, USA; Vandana Shiva, exekutiver Direktor der Research Foundaion for Technology, Science and Ecology/Navdanya, India; Riccardo Simoncini, als Vertreter von Yolanda Kakabadse, der World Convention Unit, wissenschaftlicher Koordinator des Projektes im Bereich der Landwirtschaft Aembach, Italien. Die folgenden Personen waren nicht in Florenz anwesend, wurden aber in alle darauffolgenden Tätigkeiten eingeschlossen: Miguel Altieri, Gerald Assouline, Wendell Berry, Konnie Cummins, Tewold Egziabber, Bernward Geier, Zac Goldsmith, Andrew Kimbrell, Evelyn Fox Keller, Tim Lang, Caroline Lucas, Mark Ritchie, Anita Roddiek, Peter Rosset, Jan Douwe Van der Pioeg.

Ich hingegen kannte nur wenige der Teilnehmer, auch weil meine Bewegung sich bis zu diesem Zeitpunkt ein wenig von den offiziellen Bewegungen der Globalisierungsgegner und Umweltschützer ferngehalten hatte. Wir hatten es vorgezogen, in Form zielorientierter und sehr konkreter Projekte (wie zum Beispiel der Förderkreise[28]) praktisch tätig zu werden, und unser Umweltbewusstsein als Gastronomen war zudem noch sehr jung: ein wenig gesunder Respekt und die Überzeugung, es wäre besser, die Zeit in konkrete Tätigkeiten zu investieren als in Worte, hatten uns von diesem Kreis fern gehalten.

Natürlich weckte höchstwahrscheinlich die Tatsache, dass fast niemand mich persönlich oder die durch mich vertretene Bewegung kannte, bei den anderen auch ein gewisses Misstrauen, das mit dem Vorurteil gegenüber dem italienischen Gastronomen verbunden war: sympathisch, Feinschmecker, ein wenig hedonistisch, großer Kenner der wunderbaren Speisen seines Landes. Es ist ebenso wahrscheinlich, dass dieses Vorurteil durch das ausgezeichnete Buffet mit den von Slow Food geretteten und geschützten Produkten im unterem Stock des Saales, in dem die Versammlung stattfand, nur verstärkt wurde.

Die Versammlung wurde von den ein wenig apokalyptischen Tönen Edward Goldsmiths eingeleitet, der sofort die Eingeladenen mit einer Prophezeiung einer noch wenige Jahrzehnte langen Lebensdauer der Erde schockte. Die Art, mit der der Gründer der Zeitschrift »The Ecologist« begann, war vielleicht ein wenig zu beladen mit einer übertriebenen Rhetorik; tatsächlich entfernte sich Goldsmith aber gar nicht so sehr von der Wahrheit, wenn man die heutige Situation unseres Planeten in Betracht zieht. Darauf folgten nur Aussagen und Anklagen nach Manier der Umweltschützer: die häufigste Anklage bezüglich der Zukunft der Nahrungsmittel war der Schaden, der von den industriellen Landwirtschaftssystemen und den Ungerechtigkeiten der internationalen Handelsbeziehungen verursacht wurde.

[28] Vgl. vor allem S. 188–191.

Ich hörte aufmerksam zu, erwartete aber auf irgendeine Weise auch den Moment, an dem begonnen würde, von Nahrungsmitteln zu sprechen.

Verstehen wir uns nicht falsch: nicht, dass darüber nicht gesprochen wurde. Ich bin überzeugt, es ist wichtig, die Herstellungssysteme der Welt zu analysieren und nach ihrer Qualität zu fragen, ihre Nachhaltigkeit zu untersuchen und sich zu bemühen, dass alle Kulturen und Gesellschaften der Welt sie respektieren. Wenn man die Dinge nicht auch aus gastronomischer Sicht betrachtet, begeht man den gegenläufig gleichen Fehler, den die Gastronomen begehen, wenn sie über Nahrungsmittel sprechen, ohne zu wissen, woher sie kommen und sich dabei auf Unterhaltungen über den Geschmack beschränken. Mir kam es so vor, als fehlte eine gegliederte Anschauung der Realität und dass dadurch die Gefahr bestand, die Fehler von Minimalisten oder Fachidioten zu begehen. Um es nochmals zusammenzufassen: ein Gastronom, der kein Gespür für die Umwelt hat, ist dumm; aber ein Umweltschützer, der kein gastronomisches Gespür zeigt, ist traurig und unfähig, die Kulturen kennen zu lernen, in denen er tätig werden möchte. Daher ist der Ökogastronom vorzuziehen.

So kann man behaupten, dass mein Beitrag irgendwie das Gleichgewicht der Versammlung gestört hat. Gemäß der Logik hätte ich mit derselben Wortwahl der anderen von der ökologischen Anschauung von Slow Food sprechen sollen. Vielleicht hätte ich einfach loben sollen, was wir konkret machen, um die biologische Vielfalt zu retten. Natürlich vergaß ich nicht, die anderen über unsere Projekte zu informieren, aber ich richtete meine gesamte Rede auf das Recht auf Genuss aus, indem ich im Wesentlichen über Gastronomie sprach. Die grundlegende Aussage war folgende: der Genuss ist ein Menschenrecht, weil er physiologisch bedingt ist und es unmöglich ist keinen Genuss zu verspüren, während man isst. Jeder, der sich von den Lebensmitteln ernährt, die ihm zur Verfügung stehen, verspürt Genuss, indem er an die besten Möglichkeiten denkt, diese Lebensmittel geschmackvoll zu machen.

Die traditionellen Kulturen haben ein riesiges Erbe an Rezepten, Zubereitungen, Verarbeitung der einheimischen und leicht zugänglichen Nahrungsmittel hervorgebracht. Dies gilt auch für die heutzutage am meisten von der Unterernährung betroffenen Regionen der Welt. Denken wir nur daran, was die gastronomische Kultur Indiens darstellt. Diese gastronomischen Kenntnisse sind eng mit der biologischen Vielfalt verbunden und tragen sowohl zu ihrer Nutzung als auch zu ihrem Schutz bei. Zusätzlich vermitteln sie ein Gefühl von Genuss: sinnlich und so wir wollen auch intellektuell, weil sie das Symbol einer identitätsstiftenden Kultur sind.

Den Genuss abzulehnen, weil man meint, er habe nur mit Prasserei zu tun, ist ein gewaltiger strategischer Fehler. Sogar die FAO, die ihn immer als zweitrangig im Verhältnis zur Not, die es zu lösen gibt, ansah, revidiert heutzutage diese Position. Es ist unvorstellbar, armen Ländern Lebensmittel schenken zu wollen, die sich außerhalb ihres Kontexts befinden; man kann nicht glauben, auf korrekte Art und Weise eine Entwicklung der Landwirtschaft einleiten zu wollen, indem man ihrem Ursprung externe Elemente oder dem lokalen Ökosystem vollkommen fremde Elemente zuführt. Jeder Interventionsversuch dieser Art würde misslingen oder noch größere Schäden anrichten.

Als die Gruppe mich von Genuss sprechen hörte, nahm ich ihren Gesichtsausdruck deutlich wahr – und mein Eindruck wurde von einem meiner Mitarbeiter bestätigt, der auch an dem Treffen teilnahm: ihr Vorurteil gegenüber dem gierigen Genießer hatte sich bestätigt. Aber das war nur die erste Reaktion. Da es sich zum Glück um sehr intelligente und offen denkende Persönlichkeiten handelte, begann nach der ersten vielleicht eine wenig amüsanten Kollision, eine dynamische Diskussion, die von Vandana Shiva unterstützt wurde (bei dieser Gelegenheit entstand eine große freundschaftliche Beziehung und Zusammenarbeit mit ihr). Sie sprach über die Wichtigkeit der Gastronomie im Verhältnis zum Schutz traditioneller Pflanzenvielfalt. Ihre absolut richtige These besagt, dass wir nicht die Bauern dazu bewegen können, bei ihren traditionellen Pflanzen zu bleiben oder diese einzuführen, wenn wir ihnen nicht gleichzeitig auch beibringen, wie man sie gebrauchen und zubereiten kann. Sogar Goldsmith stimmte mir mit einem ansteckenden Lächeln und mit derselben Wortwahl, mit der er die Apokalypse prophezeit hatte, zu, indem er zugab, noch nie daran gedacht zu haben. Das Ergebnis war, dass im *Manifest zur Zukunft der Nahrung,* das im Anschluss an die anderen Versammlungen verfasst und in der Toskana während des Meetings von San Rossore im Juli 2003 vorgestellt wurde, am Ende der Einleitung folgendes vermerkt war:

> »Der gesamte Konvertierungsprozess der Lebensmittelproduktion, im kleinen Umfang für die lokalen Bündnisse zur spezialisierten Herstellung im großen Umfang für den Export, hat auch den Verfall der Traditionen, Kulturen, der Freude an der Zusammenarbeit und der Genüsse der Tischgemeinschaft mit sich gebracht. Sie wurden jahrhundertelang mit den lokalen Kreisen und gemeinschaftlichen Märkten in Verbindung gebracht. Dadurch wurde die Erfahrung der direkten Produktion von Lebensmitteln vermindert. Es schwand die Freude, gemeinsam zu feiern, die erzeugten Lebensmittel in den jeweiligen Landstrichen unter den Einheimischen aufzuteilen.[29]«.

Ich hielt es für einen kleinen Sieg, dass die Verteidigung des Rechtes auf Genuss in dieser Schrift auch ihren Platz gefunden hatte. Man muss dazu sagen, dass es nicht leicht gewesen war, aber nach den ersten ratlosen Reaktionen fand eine intensive Zusammenarbeit bei der Abfassung eines Dokumentes statt, das meines Erachtens seitens der Mächtigen dieser Erde noch nicht zur Genüge wertgeschätzt worden ist. Wir von der Gruppe, jeder in seinem Bereich und mit seinen Tätigkeiten, sind dabei, diese Arbeit fortzusetzen. Wir sind nach wie vor der festen Überzeugung, dass es an der Zeit ist, Alternativen zu schaffen, um die Zukunft der Nahrung zu verändern und zu sichern. Und in dieser Gruppe befinden sich auch einige Gastronomen.

[29] Vgl. auch den *Anhang.*

Tagebuch 7 Genuss und Gesundheit

Im Herbst 2001 litt ich an Beschwerden an der Leber und wurde deshalb auch ins Krankenhaus eingeliefert. Es war eine lange und langweilige medizinische Prozedur, die zum Glück ziemlich ermutigende Ergebnisse mit sich brachte. Sie bot mir die Gelegenheit, am eigenen Leib eine Wahrheit zu erfahren, von der ich seit langer Zeit fest überzeugt war. Dieser unglückliche Zufall ist eine echte Erfahrung für mich als Gastronom geworden und vermittelte mir die ganze Tiefe und Komplexität des kulinarischen Genusses, der im Allgemeinen als ungesundes und krankheitserregendes Tun angesehen wird. Die Tatsache, dass ich mich infolge meiner Krankheit sehr stark einschränken musste, vor allem, was den Konsum von Alkohol anging, auf den ich bis heute verzichten muss, hat mir beigebracht, meine Beziehung zum Essen und Trinken zu verfeinern. Dies bedeutet, dass ich viel sensibler geworden bin und verstanden habe, die Kenntnisse, die ich mir bei der Weinverkostung geschmacklich angeeignet hatte, für andere Produkte zu nutzen. So habe ich zum Beispiel die Vielfalt und Komplexität von Parfums und Teesorten entdeckt (eine ganze Welt, die sich mir erschloss); ich habe mich auf die Unterschiede zwischen den verschiedenen Obst- und Gemüsesorten konzentriert, den Getreidesorten mehr Bedeutung beigemessen und auch den Behandlungen, die das Korn durchgemacht hat, bevor es zu Pasta oder Brot wurde.

Praktisch sind meine Sinne schärfer geworden und fähiger, Nuancen wahrzunehmen. Ich habe eine definitive Trennlinie hinsichtlich eines Lebensabschnitts gezogen, in dem ich mich des Essens vielleicht zu sehr erfreut habe und dabei manchmal den wahren Sinn des Geschmacks außer Acht ließ und damit denen Recht gab, für die Genuss und Gesundheit zwei Gegenpole sind. Ich habe aber verstanden, dass dieser Antagonismus gar nicht existiert: es handelt sich nur um Übung und Zurückhaltung, um das rechte Maß. Man könnte mir vorwerfen, dass man nicht krank zu werden braucht, um zu einer solchen Erkenntnis zu gelangen. Gut, darauf kann ich antworten, dass keine Erfahrung sinnlos ist und mir sogar die Krankenhausküche einiges über die Gastronomie vermittelte. Ich versuchte mich in der kritischen Bewertung jener kollektiven Küchen, ich schrieb sogar Rezensionen darüber (auch wohlwolllende), als handle es sich um Restaurants, und noch einmal wurde mir klar, dass Essen zwar maßvoll aber niemals kasteiend sein muss. Im Übrigen ist es unverständlich, warum fast weltweit an Orten, in denen man zwingend (Justizvollzugsanstalten, Krankenhäuser und ähnliche) verbleiben muss, Essen immer als zweitrangig erscheint, als pure Nahrungsaufnahme ohne Geschmack und gastronomische Sensibilität, ohne Zusammenhang mit der Region, den Jahreszeiten (und daher nicht frisch) und jeder Art von Natürlichkeit.

Aus dieser Erfahrung bin ich zu der Überzeugung gelangt, dass gutes Essen auch ein gutes therapeutisches Hilfsmittel sein kann, eine Art, um Beschwerden aller Art, seien sie körperlicher oder geistiger Natur, zu lindern oder erträglicher zu machen. Ich habe daher meine Ärzte aufgefordert, die Wechselbeziehung zwischen Genuss und Gesundheit näher zu betrachten, da diese nie wissenschaftlich behandelt wurde, weder von den Ernährungswissenschaftlern noch von den Ärzten im Allgemeinen. Ich muss sagen, dass ich unter ihnen auch intelligente Leute getroffen habe, die meine Provokationen auf konstruktive Art und Weise wahrgenommen haben.

In der Tat besaß die Ernährung schon immer eine medizinische Bedeutung und zwar in allen Kulturen, auch in den weniger entwickelten: wer weiß, wie es dazu kam, dass sich dann alles auf die Ernährungswissenschaft verlagerte, die Nahrungsmittel ernährungswissenschaftlich einteilt, ohne je nach dem Geschmack zu fragen, nach ihrer wohltuenden Wirkung, betrachtet man sie als ein Ganzes, das sowohl die Aspekte der Ernährung als auch die des Genusses einschließt. Der Gastronom muss sich demzufolge auch medizinisch bilden und es ist wünschenswert, dass der Arzt damit anfängt, eine gastronomische Sensibilität zu entwickeln. Ich bin der Überzeugung, dass daraus neue und interessante Therapiemöglichkeiten und Diäten entstehen könnten, die Ergebnisse erzielen, die auch einem Wissenschaftler großartig erschienen.

2 Die neue Gastronomie: Definitionen

Die Gastronomie ist das durchdachte Wissen von allem, was sich auf den Menschen bezieht, der Nahrung zu sich nimmt; sie ist ein Auswahlkriterium, weil sie verstehbar macht, was Qualität bedeutet.

Sie bewirkt, dass man intellektuellen Genuss verspüren und sich ein genießerisches Bewusstsein aneignen kann. Der Mensch ist Kultur, wenn er sich ernährt: die Gastronomie ist Kultur, zuerst materiell und dann immateriell.

Die Wahl ist ein Menschenrecht: die Gastronomie bedeutet Wahlfreiheit. Der Genuss ist ein Recht aller Menschen und muss als solches auch verantwortungsvoll sein: die Gastronomie ist kreatives, kein destruktives Handeln. Das Wissen ist ein Recht aller, aber auch eine Pflicht: die Gastronomie ist Erziehung.

Die Gastronomie gehört zu folgenden Wissensbereichen:

- zur *Botanik,* zur *Genetik* und zu anderen *Naturwissenschaften,* aufgrund der Klassifizierung der Nahrungssubstanzen, die sie zum Schutz durchführt;
- zur *Physik* und *Chemie* aufgrund der Auswahl der besten Produkte und der Erforschung ihrer Bearbeitung;
- zur *Agrarwissenschaft, Viehzucht* und *Agronomie* aufgrund der Erzeugung guter und unterschiedlicher Rohprodukte;
- zur *Ökologie,* weil der Mensch beim Produzieren, Verteilen und Verspeisen der Nahrung mit der Natur in Berührung kommt und sie zu seinem Vorteil verändert;
- zur *Anthropologie,* weil sie die Erforschung der Menschheitsgeschichte und seiner kulturellen Hintergründe betreibt;
- zur *Soziologie,* mit deren Hilfe die gesellschaftlichen Verhaltensweisen des Menschen erfassbar werden;
- zur *Geopolitik,* da Völker sich ausbilden oder kämpfen auch und vor allem, um die Ressourcen unseres Planeten zu nutzen;
- zur *Volkswirtschaft* aufgrund der Ressourcen, die sie bereitstellt und der Tauschmittel, die sie zwischen den Nationen festlegt;

> zum *Handel* aufgrund des Versuchs, Konsumgüter zum besten Preis zu kaufen und zu verkaufen;
> zur *Technik, Industrie* und dem *Savoir Faire* bei der Suche nach neuen Möglichkeiten, die Nahrungsmittel weiterzuverarbeiten und angemessen aufzubewahren;
> zur *Küche* aufgrund der Kunst der Zubereitung der Speisen und ihrer schmackhaften Gestaltung;
> zur *Physiologie* aufgrund der Fähigkeit, die Sinneswahrnehmungen zu entwickeln, damit sie das Gute erkennen;
> zur *Medizin* aufgrund der Erforschung der gesündesten Ernährungsmöglichkeiten;
> zur *Erkenntnistheorie,* weil sie es uns durch Neubetrachtung wissenschaftlicher Methoden und Erkenntniskriterien ermöglicht, den Weg der Nahrung vom Feld zum Tisch und umgekehrt zu analysieren und uns hilft, diese globalisierte und komplexe Welt besser zu verstehen. Das heißt, zu wählen.

Die Gastronomie ermöglicht es, besser leben zu lernen, als es mit den zur Verfügung stehenden Mitteln möglich ist, und sie hilft bei der Bemühung, die eigene Existenz zu verbessern.

Die Gastronomie ist die Wissenschaft, die das Glück erforscht. Durch Essen und Trinken, einer universellen und direkten Sprache, Element der Identität und Tauschware, kann sie sich als eine der mächtigsten Formen der Friedensdiplomatie erweisen.

2.1 Über Botanik, Naturwissenschaften und Genetik oder Über biologische Vielfalt und das Saatgut

Wenn jemand die Möglichkeit hätte, die großartigen Gemälde von Bartolomeo Bimbi, die den Reichtum der botanischen Gärten von Cosimo III. de Medici darstellen, oder einige der seltenen ikonographischen Tafeln von Giorgio Gallesio, in einem der nur hundertsiebzig originellen Stücke seines monumentalen Werkes *Pomona Italiana,* zu bewundern, so würde er in jenen Gemälden und Zeichnungen eine in Vergessenheit geratene, verschwundene biologische Vielfalt erkennen.

Giorgio Gallesio war zum Beispiel eine wirklich einzigartige Persönlichkeit: er lebte von 1772 (Finale Ligure) bis 1839 (Florenz), war Bauer, Staatsanwalt, Abgeordneter, öffentlicher Funktionär und Diplomat. Vor allem aber ist er bekannt geworden, weil er für die Botanik einen genialen Beitrag leistete; insbesondere durch seine Gründung der Pomologie, der Obstbaukunde, in Italien, jener Sparte der Botanik, die zu jener Zeit in Europa schon weit verbreitet war.

Die *Pomona Italiana* bestand in einem sehr ehrgeizigen und nie vorher gewagtem Verlagsprojekt: fünfundzwanzig Jahre lang bereiste Giorgio Gallesio die Halbinsel, von Norden nach Süden, mit der Absicht, persönlich die wichtigsten Obstsorten aufzuschreiben, zu beschreiben und zu kategorisieren. Daraus entstand ein sehr umfangreiches Werk von einundvierzig Skripten, mit mehr als 160 bunten Tafeln in wundervoller Schönheit und einer exakten Wirklichkeitstreue[30].

Durch Bilder und Schrift vermittelt uns die *Pomona Italiana* eine Darstellung des genetischen Erbes der Früchte und Zitrusfrüchte Italiens am Anfang des 19. Jahrhunderts. Der dokumentarische Wert dieses Werkes für wissenschaftliche Studien ist unermesslich, vor allem für diejenigen, die sich um Bewahrung und Verbesserung der genetischen Ressourcen der Früchte bemühen. Ein wichtiger Beitrag zur Kenntnis unserer biologischen Vielfalt, die von der Geschichte zahlreicher Arten erzählt, uns Verständnis für in Vergessenheit geratene Arten vermittelt und uns auch klar macht, wie einfach dieses Vergessen zustande kommen kann.

In unserem Zeitalter ist das Problem der Klassifizierung von Obst- und Gemüsesorten sehr aktuell und von einer gewissen Dringlichkeit. Der starke Druck zur landwirtschaftlichen Produktivität auf industrieller Grundlage hat zu einer schnellen Selektion von Pflanzen- und Tierarten geführt. Aus Sicht der Natur, aber

[30] Um sich ein Bild zu machen, kann man die Webseite *www.pomonaitaliana.it* besuchen.

auch auf Grund der Kreuzungen, bis hin zu »Schöpfungen« genetisch veränderter Organismen, die erforscht wurden, um den neuen Produktionsprozessen zu entsprechen. Die quadratischen Peperoni von Asti und zahlreiche Maissorten aus Lateinamerika zum Beispiel haben den Kreuzungen oder aber produktiveren Sorten Platz machen müssen. Sogar der *Millennium Ecosystem Assessment Report* berichtet von der massiven Verminderung der biologischen Vielfalt auf unserem Planeten, die bereits stattgefunden hat, und die exponentiell fortläuft. Unter den Hauptgründen, die der Bericht anführt, werden eben diese modernen landwirtschaftlichen Systeme angeführt.

Im Sammelband *Fatal Harvest*[31] werden einige Daten bezüglich des Verlustes der biologischen Vielfalt nicht nur in den USA zitiert: 80,6 % der Tomatensorten sind zwischen 1903 und 1983 ausgestorben; dasselbe gilt für 92,8 % der Salatsorten; 86,2 % der Apfelsorten und, immer für dieselbe Zeitdauer, 90,8 % von Mais und 96,1 % von süßem Mais. Von den mehr als 5.000 Kartoffelsorten werden nur vier hauptsächlich in den USA für kommerzielle Zwecke angebaut; zwei Erbsentypen machen 96 % der amerikanischen Plantagen aus und sechs Typen von Mais 71 % des Ganzen.

Die internationalen Großunternehmer des Saatgutes versuchen um jeden Preis ihr Saatgut auf dem Markt zu behaupten: die von Bauern durchgeführte natürliche Auswahl, die traditionell nach jeder Ernte erfolgte, indem man die Samen, die bessere Pflanzen hervorgebracht hatten, auf eine Seite legte, wird bis auf Regionen, die wegen ihrer landwirtschaftlichen Methoden als »rückständig« angesehen werden, fast nicht mehr angewandt. Das Saatgut kauft man heutzutage jährlich denjenigen ab, die ertragreiche Sorten entwickelt haben: Quantität um jeden Preis und Widerstandsfähigkeit gegen die Unkrautvernichtungsmittel, die oft von denselben Herstellern angeboten werden. Bis hin zur Genmanipulation, Höhepunkt dieser unnatürlichen Entwicklung: zwölftausend Jahre langsamer Auswahl von Seiten der Bauern sind in

[31] Andrew Kimbrell (Herausgeber), Fatal Harvest, The Tragedy of Industrial Agriculture, Island Press, Washington 2002

weniger als 50 Jahren kommerzieller Interessen wegen ausgelöscht worden.

Dieser Saatgutmarkt bringt weltweite Absurditäten mit sich. Wie in der Region von Saskatchewan in Kanada, wo der Bauer Percy Schmeiser in den letzten zehn Jahren einen langen, anstrengenden und legalen Kampf gegen das internationale Großunternehmen Monsanto geführt hat, weil er angeklagt wurde, zu Unrecht genetisch modifiziertes Saatgut entwendet zu haben. Er wurde wegen Verstoß gegen das Patent angeklagt, das das amerikanische Großunternehmen für eine Art von genmanipuliertem Raps besitzt, aber seiner Behauptung nach war sein Feld durch den Anbau des Nachbarfeldes[32] verseucht worden.

Dies ist nur eines von vielen Beispielen, so wie in der Region von Karnataka in Indien, wo sich mehr als sechshundert Bauern im Jahr umbringen (in ganz Indien sind es Tausende von Fällen), weil sie den Schulden nicht mehr gewachsen sind, die sie machen müssen, um jedes Jahr Saatgut und chemische Erzeugnisse kaufen zu können.

Oder in Mexico, wo man die entlegensten landwirtschaftlichen Regionen durchreist – die Wiege biologischer Vielfalt des Mais – die üppige, fast wildwachsende Feldlandschaft, überall von Werbeplakaten unterbrochen und durchzogen. Es geht um Coca-Cola oder um die internationalen Großunternehmen des Saatguts, die »Wunder-« Maissorten bewerben (die Tatsache, dass man Maiswerbung macht, ist doch in gewissen Regionen von Mexiko an sich schon befremdlich).

Saatgut ist offensichtlich das Geschäft, auf das die internationalen Großunternehmen der Agrarindustrie setzen, um den Markt zu kontrollieren. Dazu muss unabhängig von ethischen Werturteilen, seien sie in Bezug auf Genmanipulation gesundheitlich oder ökologisch, gesagt werden, dass sie die heimtückischste und

[32] Vgl. Percy Schmeiser, *David vs. Goliath*, in *Il Cibo e l'impegno 2*, »I quaderni di Micromega«, S. 123 (Nachtrag zu »Micromega«, Nr. 5, 2004).

mächtigste Waffe einer Handelsstrategie sind, die sich den gesamten Produktionssektor aneignen will, indem sie mit dem Kern des Lebens selbst beginnt: den Samen.

Der Rückgang an biologischer Vielfalt wird in Hinblick auf die Handelsziele internationaler Großunternehmen strategisch; mit der biologischen Vielfalt, d.h. mit den Rohprodukten, gehen auch alle damit verbundenen Kenntnisse, Techniken und Wirtschaftsbranchen verloren. Dieser Verlust übersteigt sehr wohl den rein biologischen Aspekt.

In diesem Zusammenhang wird insbesondere den Naturwissenschaften und der Genetik eine extreme Bedeutung auch aus gastronomischer Hinsicht beigemessen: der Beitrag, den sie leisten können, mithilfe der Einrichtung von Germoplasmadatenbanken, Erforschung und Klassifizierung der vorhandenen Sorten, indem man der Forschung eine andere Ausrichtung gibt, die sich von übertriebener Produktivität deutlich unterscheidet, dieser Beitrag bildet ohne Zweifel die Grundlage für die Zukunft unserer Nahrung. Innerhalb dieser Branchen im Sinne des Schutzes und der Verbesserung der traditionellen Sorten oder der alten genetischen Technologien in der Landwirtschaft zu handeln (indem man jedes Jahr die besten Samen auf die Seite legt und sie einpflanzt), ist eine primäre Notwendigkeit. Wenn die Orientierung des privaten Lebens in diese Richtung sich als schwierig erweist, müssen diejenigen, die öffentliche Gelder für die Forschung bereitstellen, den ersten Schritt wagen, indem sie zum Beispiel mit den Bauern gemeinsam forschen. In diesem Zusammenhang kann eine neue Handlungsmöglichkeit ausprobiert werden, die den Bau einer Brücke von der so genannten »offiziellen« Wissenschaft hin zu traditionellem Wissen schlägt.

In Frankreich wurden bereits Projekte dieser Art mit interessanten Ergebnissen begonnen. Es ist daher wichtig, diese mit höchster Aufmerksamkeit zu beobachten und, wenn möglich, sie anderswo zu wiederholen; vor allem dort, wo die Bedeutung der traditionellen Kenntnisse noch sehr stark ausgeprägt und vom schnellen Aussterben bedroht ist – wie es in den südlichen Ländern unseres Planeten der Fall ist.

2.2 Über Physik und Chemie oder Über Techniken zur Erhaltung des Geschmacks

Der Gebrauch des Feuers zur Zubereitung von Speisen ist eine Tätigkeit, die den Menschen von den Tieren unterscheidet. Im Gegensatz zu den anderen Lebewesen der Schöpfung kocht der Mensch und sammelt nicht nur das, was sich in der Natur befindet. Das Feuer (und demzufolge alle anderen Techniken der Zubereitung von Speisen) bedeutet den ersten kulturellen Übergang im Rahmen des Prozesses, der die Nahrung selbst in einen kulturellen Faktor verwandelt.

Aber vor allem hängt die Wirkung des Feuers auf die Rohprodukte auch mit den Gesetzen der Physik und Chemie zusammen. Die Materie verändert sich, um essbar, erhaltbar, transportierbar und so angenehm wie möglich zu werden. Um bei diesem Beispiel zu bleiben, so kocht, räuchert und sterilisiert das Feuer, in dem es sehr hohe Temperaturen erzeugt. Die Gesetze, die diese Prozesse steuern, waren Jahrhunderte lang unbekannt und einfach durch den kulinarischen Empirismus bewiesen wurden, aber mit den Fortschritten der Wissenschaft hat man begonnen, den Entdeckungen Platz zu machen.

Infolge der Industrialisierung haben sich die Nahrungsbedürfnisse der Fabrikarbeiter, die wenig Zeit zum Kochen hatten, verändert (die Arbeitszeit war damals viel länger und heutzutage beklagen wir uns, dass wir keine Zeit haben, um uns etwas zum Essen zuzubereiten!). Gleichzeitig hat sich mit der Industrialisierung auch die Nahrungsmittelindustrie entwickelt, die mit Einsatz der Chemie in der Lage war, in Massenproduktion jederzeit verwertbares Essen in Dosen herzustellen.

Die Verbindung von neuen Forderungen mit neuen Entdeckungen im Bereich der Agrartechnologie hat eine enorme Entwicklung der Nahrungsmittelindustrie mit sich gebracht, aber der Einsatz von Chemie hat sich später oft als zu leichtsinnig erwiesen und Nahrungsskandale, neue Krankheiten und, was Nährwerte und Geschmack der Lebensmittel angeht, eine Verarmung unserer Ernährung verursacht.

Das goldene Zeitalter der angewandten Chemie auf die Lebensmittelherstellung geht auf die zweite Hälfte des 19. Jahrhunderts zurück: Julius Maggi mit seinen Pulversuppen und dem Fleischbrühwürfel; Justus von Liebig (derselbe, der die chemischen Düngemittel erfand) mit dem Fleischextrakt; Hippolyte Mège-Mouriès und die Margarine; Carl Knorr und andere Pulverbrühen; Rudolph Oetker mit seiner Hefe; Wilhelm Haarmann, der die Vanille erfunden hat; Francesco Cirio in Italien, der in Turin in einem kleinen Labor auf der Piazza della Repubblica mit der Erzeugung von Konserven begann (wo bis heute ein schlecht erhaltener Grabstein an ihn erinnert). Zur gleichen Zeit wurden auch Coca-Cola, Kaugummi und Dosenananas erfunden. Wer weiß, wie viele unter diesen Erfindern sich dessen bewusst waren, was für revolutionäre Auswirkungen ihre Entdeckungen haben würden: sie haben die industrielle Erzeugung der Lebensmittel am Fließband in Gang gebracht. Dies führte zur darauffolgenden Industrialisierung der landwirtschaftlichen Techniken.

Die derzeitige Branche der Lebensmittelindustrie ist allgemein bekannt: sie produziert jede Art von essbaren Dingen, stellt sogar traditionelle Gerichte neu vor und lässt die Nahrungsmittelkulturen reisen, zumindest, was ihre selbstverständlichsten Erscheinungen betrifft. Im Supermarkt kann man tiefgekühlte Pizza kaufen, mexikanische Soßen, halbfertigen Zutaten für *Burritos,* einen fertigen *Cacciucco* oder eine *Paella,* die man dann nur mehr in der Pfanne wärmen muss, Suppen, Fleischbrühen und Gemüsesuppen aus aller Welt. Aber es gibt auch neu erfundene Produkte: Schokoladesnacks, Chips und Scheibletten. Diese Erfindungen der Industrie sind irgendwie zu ihrem Symbol geworden, die bunten Warenzeichen sind wichtiger als der Inhalt und die Produkte können schwerlich aufgrund ihres Aussehens, Geruches oder Geschmackes auf irgendwas Natürliches zurückgeführt werden.

Obwohl diese Entwicklung ursprünglich als sehr gewinnbringende Antwort auf ein gesellschaftliches Bedürfnis der in den Fabriken tätigen Familien entstanden ist, hat sie in Wirklichkeit die Regeln der Nahrungsmittelverarbeitung vollkommen umgedreht und ging auf so unnatürliche Art und Weise vor, dass Erfindungen nötig wurden, um den vorher so gewaltsam (Austrocknung, Gefriertrocknung und Tiefkühlung...) behandelten Rohprodukten wiederum einen gewissen Anschein von Natürlichkeit und eine Erinnerung an ihren ursprünglichen Geschmacks zu verleihen. Es gibt in der Natur nichts, das an die Geflügelnuggets erinnert, die in den Fast-Food Restaurants verkauft werden. Man kann sie nicht mit den Tieren in Verbindung bringen, ihre Form ist vollkommen künstlich und das Rohprodukt, das sie zusammensetzt, hat einen Geschmack, der schwerlich mit dem des Hühnerfleisches zusammenhängt. Dies ist einerseits auf die Auswahl des Fleisches – Reste und wenig wertvolle Teile – zurückzuführen und andererseits auf die ultraintensive Viehzucht und die Bearbeitung, der das Fleisch ausgesetzt wird: ein Fließband, an dem man hackt, sterilisiert, Verdickungen, Emulsionssubstanzen und Stabilisatoren hinzufügt, thermisiert und schlachtet, um einzufrieren. Hier kommt die Chemie ins Spiel, die aus dem Nichts einen Geschmack, einen Geruch und eine Beständigkeit schaffen kann. Die Industrie der künstlichen und natürlichen Aromastoffe und der verschiedenen ergänzenden Substanzen, die wir auf der Liste der Zutaten vorfinden, ist gleichzeitig blühend und imaginär. Eine der seltenen Beschreibungen hat Erich Schlosser in *Fast Food Nation* niedergeschrieben:

> Die Anlage von International Flavors & Fragrances von Dayton ist ein riesiger hellblauer Bau mit einem modernen Komplex von Büros auf der Vorderfront... In den Fluren verbreiten sich wundervolle Gerüche ... und auf den Tischen und Regalen der Labore befanden sich Hunderte von Glasfläschchen ... Die langen auf den weißen Etiketten vermerkten Namen waren mir, wären sie auch in mittelalterlichem Latein geschrieben gewesen, unbekannt. Es handelte sich um sonderbare Bezeichnungen von Substanzen, die hier vermischt, gegossen und in Neue verwandelt wurden, wie Zaubertränke... Das Labor für Snacks und Salzprodukte, die im Herd zubereitet werden, ist verantwortlich für den Geschmack der Pommes Frites, der Maisblätterteigpastete, des verpackten Brotes, der Crackers, der Getreidesorten für das Frühstück und für das Haustierfutter. Das Süßwarenlabor erzeugt den Geschmack von Eis, Keksen, Bonbons, Zahnpasta, Mundspülmittel und Entsäurungssubstanzen... IFF ist nicht nur weltweit der größte Hersteller von Aromastoffen, son-

> dern erzeugt auch vier der meist verkauften Parfums der USA: Beautiful von Estée Lauder, Happy von Clinique, Polo von Ralph Lauren und Eternity von Calvin Klein... Alle Aromastoffe werden durch dieselbe Prozedur hergestellt: die Manipulierung ungebundener chemischer Substanzen zur Herstellung von besonderen Gerüchen[33].

Der Mensch ist in der Lage, den Geschmack vom Produkt zu trennen, und macht es somit möglich, es zu seiner Verwendung und für seinen Konsum neu zu kombinieren. Der industrielle Prozess der Lebensmittelherstellung respektiert das Rohprodukt und seine ursprünglichen Eigenschaften überhaupt nicht, weil er imstande ist, im Labor die gleiche Beständigkeit, das gleiche Aussehen und den gleichen Geschmack wieder herzustellen. Die Etiketten der Lebensmittel erscheinen somit unverständlich. Nun sehen wir mal, was den Aprikosengeschmack im Eis ausmacht: Eptylacetat, Santalileacetat, phenypropylischer Alkohol, Amylphenylacetat, Phenyletyldimentilkarinol, Benzylformiat, Geranilisobutirrat, Methylisobutirrat, Butylpropinat, Eptylpropinat.

Diese Verbindungen verbergen sich oft unter der Bezeichnung von natürlichen oder künstlichen Aromastoffen. Die Tatsache, dass einige dieser Aromastoffe als natürlich definiert werden, heißt nicht, dass sie es wirklich wären. Es bedeutet nur, dass sie ausgehend von einer natürlichen Grundlage gewonnen werden. *Wie* sie gewonnen werden, mithilfe mehr oder weniger künstlicher und nicht immer gesunder Prozeduren, zählt für den Menschen nicht: für das Gesetz sind sie »natürlich«. »Wenn das Mandelaroma (Benzaldehyd) aus natürlichen Rohstoffen gewonnen wird, wie Pfirsich- oder Aprikosenkerne, so enthält es Spurenelemente von Blausäure, einem tödlichen Gift[34]«.

Heute haben Studien über die Auswirkungen der Aromastoffe und der anderen chemischen Produkte etwas Licht ins Dunkel gebracht; diese Produkte auch in mikroskopischen Quantitäten auf Dauer das ganze Leben lang zu sich zu nehmen, setzt uns einer

[33] Eric Schlosser, *Fast Food Nation,* Marco Tropea, Mailand 2002, S. 137.
[34] *Ibid.,* S. 142.

anderen Form von Verschmutzung aus, deren Auswirkungen noch nicht vollkommen geklärt sind. Man spricht von Zunahme von Allergien, kleinen, mittleren und großen Vergiftungen, wenn auch selten tödlich, von krebserregenden Substanzen, die erst entdeckt wurden, nachdem sie Jahre lang ruhig und ohne Grenzen konsumiert worden waren (wie zum Beispiel die Sudan I genannte Substanz). Es steht fest, dass der Geschmackssinn sich an diese Produkte zu gewöhnen droht; sie erhöhen die Wahrnehmungsschwelle unserer Sinne, indem sie uns die natürlichen Produkte als reizlos erscheinen lassen und dadurch die Geschmacksformen vereinheitlichen. Dadurch vergeht uns die Lust, die natürlichen Verschiedenheiten zu probieren, die für unseren Geschmack abwechslungsreich, üppig und sehr befriedigend sind. Auf der kulturellen Ebene haben dann die Zusatzstoffe den Geschmack in ein Marketinginstrument verwandelt, sodass man von einem wirklichen Nahrungsdesign sprechen kann, das ausgehend von Marktforschungen den Geschmack eines Produktes und das Produkt selbst verändert, den industriellen Produktionsprozess daran anpasst und dann das Rohprodukt auswählt, das sich wirtschaftlich am meisten auszahlt. Praktisch wird der Prozess umgedreht, demnach der Mensch, um sich zu ernähren, von den Nahrungsmitteln ausgeht, die er in der Natur vorfindet, und dann versucht, ihren Geschmack zu verbessern. Hier hingegen geht man vom Geschmack aus, den man erzielen will, der Rest ist relativ.

Chemie und Physik sind Teil der modernen Gastronomie, weil sie uns die Möglichkeit bieten können, dem Geschmack den richtigen Stellenwert wiederzugeben. Der Geschmack ist zweifelsfrei sehr eng mit dem Rohprodukt verbunden. Sie können dazu dienen, auf nachhaltige Art die industrielle Nahrungsherstellung zu managen, zu bewirken, dass man keine gesundheitsschädlichen Lebensmittel herstellt und dadurch auch diejenigen ausfindig machen kann, die es mit dem Nahrungsdesign übertreiben. Sie helfen uns dabei, zu berichten, was zum Beispiel im Verwandlungsprozess vom Huhn zum *Nugget* geschieht: was unser Essen wirklich ist, um nicht weiterhin, wie seit nunmehr einem Jahrhundert, einen regelrechten Schwindel mit den Konsumenten zu treiben.

Wie die Entwicklung dieser beiden Wissenschaften dem Menschen das Wunder ermöglichte, ein Lebensmittel nach seinem Willen zu zerlegen und neu zu erzeugen, so können diese auch dazu dienen, der Nahrung ihre Natürlichkeit und ihren ursprünglichen Geschmack zurückzugeben. Sie können traditionelle Techniken der Aufbewahrung und Umwandlung erforschen, um der Nahrung die angemessene Würde zu verleihen und sie höchstmöglich zu verbessern. All das ohne Veränderungen zugunsten von Massenproduktionen, ohne sie den ursprünglichen Produktionsgemeinschaften wegzunehmen, um sie zu patentieren oder sich zu bemühen, sie künstlich wieder herzustellen, mit allen Risiken, die daraus folgen können.

Wenn die Chemie sich wieder in den Dienst der Gastronomie stellt, – wie es war, als die Verarbeitungsprozesse der Lebensmittel weniger wissenschaftlich abliefen und das empirische Verständnis die Hauptrolle in der natürlichen Zubereitung der Speisen einnahm, – werden wir Gesundheit, Wissen und Geschmack sichern können.

2.3 Über Landwirtschaft und Ökologie oder Über die Techniken zur Erzeugung nachhaltiger Lebensmittel

Die Landwirtschaft hat sich in den letzten fünfzig Jahren nach und nach industrialisiert und die Einführung von Pestiziden und chemischen Düngemitteln hat sehr bald den Wert der Nahrungsmittel und der Umwelt gefährdet. Die Schädigungen des Menschen an der Natur, die in der Einführung dieses Buches beschrieben werden, beweisen, dass sie zum Teil der modernen Nahrungsmittelproduktion zuzuschreiben sind. Die Verminderung der biologischen Vielfalt hat ein unerhörtes Niveau erreicht und schreitet unaufhaltsam voran.

Schon Brillat-Savarin ordnete die Landwirtschaft in die Disziplinen ein, die zur Gastronomie gehören. Mit der Verbreitung der industriellen Methoden wurden die beiden Disziplinen voneinander getrennt, indem man Ernte, Verarbeitung und Konsum der Nahrung voneinander separierte. Die Landwirtschaft blieb einzig mit der Agrarindustrie verbunden und dies nur deshalb, weil es eine Industrie war. Wir sind daher an den absurden Punkt gelangt, an dem die Kinder Geflügelkroketten essen, aber noch nie ein lebendes Huhn gesehen haben, und gar nicht wissen, wie es überhaupt aussieht.

Somit wurde die Verbindung des Menschen mit der Erde durch Nahrung unterbrochen, die bis zur Nachkriegszeit bestanden hatte. Wer auf dem Land lebte, konnte immer noch sehen, woher die eigene Nahrung stammte, auch diejenigen, die seit weniger als zwei Generationen in die Stadt gezogen waren. Die gastronomischen Kenntnisse wurden fast automatisch von Generation zu Generation übertragen. Heutzutage gibt es diese so genannte Nabelschnur von überlieferten Kenntnissen nicht mehr und wie noch nie zuvor werden Herstellung und Konsum als voneinander entfernt erfahren, wobei auch eine tiefe, gegenseitige *Kluft* von Kenntnissen besteht. Dieser Mangel an Kenntnissen bringt viele von uns dazu, uns mit Fast-Food zu ernähren, ohne sich dabei eine Frage zu stellen.

Und dennoch sagt uns der Menschenverstand, dass ein Gastronom und auch derjenige, der sich nicht so nennen möchte, wissen möchte, was er isst: Herkunft, ausgeführte Behandlungen und einbezogene Menschen. Das Interesse an der landwirtschaftlichen Welt, an ihren Entwicklungen und Veränderungen müsste zu den Prioritäten aller gehören, die sich ernähren: »Essen ist eine landwirtschaftliche Tätigkeit«, wie es Wendell Berry, Bauer, Dichter und Essayist aus Kentucky[35], sehr treffend zusammengefasst hat. Doch ist es für viele Menschen nicht so: wir schaden dadurch nicht nur uns selbst, indem wir falschen Geschmack oder falsche Nahrung zu uns nehmen, sondern wir werden auch zu Komplizen der Zerstörung unseres Planeten aufgrund der Verbreitung von nichtnachhaltigen landwirtschaftlichen Methoden.

[35] Wendell Berry, *The Pleasures of Eating,* in Id., *What are People For?,* North Point Press, San Francisco 1990.

Der Gastronom muss über landwirtschaftliche Kenntnisse verfügen, weil er seine Nahrungsmittel kennen will und weil er die landwirtschaftlichen Methoden fördern, die biologische Vielfalt, den Geschmack und die damit verbundenen Kenntnisse wahren möchte. Da wir unseren Planeten massiv zerstört haben, ist es klar, dass der Gastronom über ein Umweltbewusstsein, d.h. über ökologisches Wissen, verfügen sollte. Ich möchte in diesem Zusammenhang nochmals darauf zurückkommen, dass ein Gastronom ohne Umweltbewusstsein einfach dumm ist, da er so manipulierbar ist und einfach zusieht, wie unser Planet, aus dem er seine Arbeit schöpft, zum Untergang verurteilt ist. Ebenfalls könnte man sagen, dass ein Ökologe, der nicht auch ein wenig Gastronom ist, eine traurige Person sein muss, die nicht fähig ist, die Natur zu genießen, der die Freude am Essen abhanden gekommen ist und die somit indirekt dazu neigt, die Schäden am Ökosystem bestehen zu lassen, indem sie sich einfach falsch ernährt.

Ich möchte Landwirtschaft und Ökologie in einer einzigen Disziplin vereinen, weil ich sie für zusammengehörig halte: wer anbaut und Viehzucht betreibt, arbeitet mit der Natur und darf sie weder ausnutzen noch töten. Gleichzeitig muss die Welt der Umweltschützer unbedingt verstehen, dass die Gastronomie die Kunst ist, die Nahrungsmittel im Einklang mit der Umgebung herzustellen, und dass biologische Monokulturen aus diesem Grunde nicht tragbar sind: auch wenn man keine chemischen Produkte einsetzt, kann man die Umwelt zerstören, indem man die biologische Vielfalt (die Wäldchen, die anderen Pflanzen) ausschaltet, und dies auf Kosten einer einzigen massenweise angebauten Art. Dasselbe geschieht, wenn man in ein vorhandenes Ökosystem fremde Sorten einführt: sie können auch biologisch sein, *organic,* wie man im Englischen sagt, aber sie bleiben der Umgebung fremd und können schwerwiegende Auswirkungen mit sich bringen. Wer anbaut, darf auch den Geschmack nicht vergessen. Wenn ein Produkt nicht gut ist, ist es egal, ob es biologisch ist; wenn es nicht gut ist und nicht zur lokalen Kultur gehört, kann es im Notfall auch nutzen, aber es kann nicht dauerhaft das Problem des Hungers oder der Verschmutzung lösen.

Landwirtschaft und Ökologie müssen eine einzige Sache sein und somit sind beide auch Gastronomie, d. h. die einzige nachhaltige Methode für die Herstellung unserer Nahrungsmittel; eine komplexe Disziplin, die es möglich macht, die Komplexität, die das Nahrungssystem ausmacht, zu managen und zu harmonisieren. In Wahrheit sprechen wir hier von einer Wissenschaft, die bereits besteht, definiert wurde und die meiner Meinung nach der richtige Weg in eine nachhaltige Zukunft ist: die Agrarökologie.

Die Agrarökologie ist eine junge Wissenschaft, die sich schon einiger Schulen rühmt, aber im Wesentlichen von der Voraussetzung ausgeht, dass die Ökosysteme in ihrer Beschaffenheit alle Mittel besitzen, um sich von innen heraus selbst zu regulieren. Anbauen und Viehzucht betreiben erfordert die sanfte Manipulierung der Umwelt, indem man die einheimische biologische Vielfalt, die traditionelle Kultur und die Rhythmen der Natur respektiert. Miguel Altieri, Professor für Agrarökologie an der Universität Berkeley, definiert dies treffend folgendermaßen:

> Nach Meinung meiner Schule ist die Agrarökologie eine Wissenschaft, die sehr stark von der traditionellen Bauernwissenschaft beeinflusst wird. Wir erkennen diese Wissensformen als echte Wissenschaft an und verleihen ihnen die gleiche Würde wie allen anderen Wissenschaften. Die Agrarökologie sucht nach einem Ursprung des Dialogs zwischen verschiedenen Wissenssphären, zwischen den traditionellen Kenntnissen und der westlich geprägten Wissenschaft, indem sie diesen den gleichen Stellenwert zuspricht. Es geht nicht darum, den Wert der bäuerlichen Kenntnisse durch die wissenschaftlichen Methoden zu beweisen, sondern darum, die verschiedenen Begriffe zu verbinden, um sie in spezifischen Interventionssituationen anzuwenden.
>
> In vielen Gegenden unseres Planeten kategorisieren die Bauern zum Beispiel den Boden nach seinem Geschmack, indem sie ihn probieren. Die Wissenschaft misst zum gleichen Zweck den PH-Wert: dies muss aber nicht als Beweis für die Richtigkeit der bäuerlichen Art benutzt werden, sondern es geht darum, die beiden Methoden, so wie sie sind, anzuerkennen, um zwischen ihnen eine Synthese herzustellen.
>
> Aus dieser Synthese stammen die Leitprinzipien der Agrarökologie, die nicht allgemein geltende Rezepte formuliert, sondern die Menschen dazu anregt, den Erfordernissen der Umwelt gemäß

> nützliche Technologien auszuwählen, ohne dass sie aufgezwungen werden. Eines dieser Prinzipien, um ein Beispiel zu nennen, ist die Vielfalt, die zahlreiche Formen annehmen kann: ein Agrarforst, die Polykultur, den Kreislauf. Die Technik ist nicht so wichtig, ich wiederhole, es geht um das Prinzip: die Idee ist in diesem Falle die, dass die eingesetzte Vielfalt ökologische Prozesse vorantreibt, die das Ökosystem dazu befähigen, sich selbst zu regulieren und automatische Prozesse zu erzeugen, wie die Nährstoffwiederverwertung oder den Kampf gegen schädliche Insekten und Krankheiten[36].

Die Landwirtschaft und die Ökologie gehören zur Gastronomie, weil sie uns helfen, zu verstehen, woher unsere Nahrung stammt und uns dabei unterstützen, sie so gut wie möglich zu erzeugen. Gleichzeitig sucht man nach Geschmack, Respekt für die Natur und biologischer Vielfalt. Die traditionellen und die modernen Kenntnisse müssen miteinander verbunden werden, um das Höchstmaß an Produktion auf möglichst nachhaltige Weise zu gewährleisten. Eine Gastronomie, die über die nötigen Kenntnisse verfügt und fähig ist, mit Landwirtschaft und Ökologie zu kommunizieren, kennt auch ihre Grenzen und kann natürliche Ressourcen finden, um in den Krisenregionen des Planeten eine Entwicklung zu gewährleisten, die nicht die Umwelt zerstört. Gleichzeitig kann sie die derzeitige Implosion der Agrarindustrie korrigieren.

2.4 Über Anthropologie und Soziologie oder Über Identität und Tausch

Als primäres kulturelles Element eignet sich die Nahrung sehr gut zur Erforschung der Kulturen und Identitäten.

Die Anthropologie ist die Wissenschaft von der Kultur und als solche findet sie in der Nahrung ein fruchtbares Thema: die beste Darstellung der Gesellschaft und das beste Mittel, um ihre Eigenschaften zu interpretieren. Dafür gibt es zahlreiche literarische Beispiele: von Levi-Strauss mit *Das Rohe und das Gekochte* bis zu Marvin Harris mit *Wohlgeschmack und Widerwillen.* Umgekehrt

[36] Carlo Petrini, *Dialogo sulla Terra,* in »La Stampa«, 3. Juni 2004.

verliert das Studium der Gastronomie ohne eine anthropologische Perspektive die eigentliche Bedeutung, die Nahrung für den Menschen hat, und verfällt in den Fehler, Ernährung nicht für ein *Continuum* zu halten, das sich entwickelt, sondern eher für eine Liste von fixen Regeln, die zusammenfassend die verschiedenen Kulturen ausmacht.

Die Soziologie, die das gesellschaftliche Leben von Menschen, Gruppen und Gesellschaften erforscht (demnach also die Identitäten und Austauschformen zwischen den verschiedenen Gesellschaften und Kulturen oder aber wie sich die Identitäten entwickeln und aus gastronomischer Sicht ihre ernährungswissenschaftliche Darstellung) vermittelt ausführliche Daten und analytische Instrumente, die der Gastronomie nützlich sind und derer man sich bedienen kann, um eigene Untersuchungen einzuleiten.

Die Anthropologie und die Soziologie unterstützen uns, die Komplexität der menschlichen Entscheidungen besser zu erfassen und gleichzeitig helfen sie uns aus geschichtlicher Perspektive unsere derzeitige Situation durch Austausch, Aufschub und gesellschaftliche Konflikte, die unsere gastronomische Identität und die Ernährungssysteme definiert haben, zu verstehen; man kann weiter nach möglichen Lösungen suchen, um das globale Gleichgewicht wieder herzustellen, indem man im Voraus die Tendenzen erahnt.

Durch sie lernen wir die Überlebensstrategien des Menschen kennen und in Anbetracht der Weltlage traditionelle Kenntnisse und Wissen neu zu schätzen, die uns von Anpassung und Einklang mit der Natur erzählen. Anders als seine Vorgänger hat Levi-Strauss in diesem Zusammenhang die riesige empirische Wissensmenge, die rationales Denken ausmacht, dokumentiert, um zu beweisen, dass sie nicht zufällig oder irrational war. Dazu hat er sich auch der Gastronomie bedient.

Darüber hinaus beweist die Kosmologie primitiver Völker, dass auch ohne wissenschaftlichen Beweis die universellen Gesetze erfasst wurden, dank Alltagsempirie. Die Sami[37] zum Beispiel

[37] Vgl. *Tagebuch 14*, S. 226–229.

glaubten schon vor 2000 Jahren, dass die Erde um die Sonne kreist, lange Zeit bevor Galileo zum Widerruf seiner Theorie gezwungen wurde. Aber auch einfache Notlösungen, die ausgedacht wurden, um keinen Hunger zu leiden oder um das Beste aus dem Wenigen an Nahrung herauszuholen, gehören dazu: die Anthropologie ist, gemeinsam mit der Ethnologie, auch das Studium traditioneller Kenntnisse und oft wird sie wegen ihrer Dokumentationen zur einzig verfügbaren Quelle, um an bereits in Vergessenheit geratene Kenntnisse zu erinnern.

Andererseits berichten Soziologie und Anthropologie auch von den Gründen, aus denen einige Speisen anderen vorgezogen werden und erinnern uns an einige grundlegende Gesetze, die von den Menschen anscheinend vergessen wurden:

> Sogar für einen Allesfresser hat es durchaus einen Sinn, nicht alles zu essen, was sich verdauen läßt. Manche Nahrungsmittel sind kaum die Mühe wert, die es kostet, sie herzustellen und zuzubereiten; für manche gibt es billigeren und nahrhafteren Ersatz; manche kann man sich nur um den Preis eines Verzichts auf nützlichere Dinge einverleiben. Den Nährwert betreffende Vor- oder Nachteile bilden einen grundlegenden Posten in der Rechnung – in bevorzugten Nahrungsmitteln sind durchweg mehr Energien, Proteine, Vitamine oder Mineralien pro Portion gespeichert als in Nahrung, die gemieden wird. Aber es gibt auch andere Vor- und Nachteile bei Lebensmitteln, die unter Umständen wichtiger sind als ihr Nährwert und darüber entscheiden können, ob sie gut oder schlecht zu essen sind. Manche Nahrungsmittel sind höchst nahrhaft, werden aber abgelehnt, weil ihre Produktion zuviel Zeit und Mühe kostet oder weil sie selber zu ungünstige Auswirkungen auf die Böden, auf Fauna, Flora und auf andere Umweltaspekte haben[38].

Also: der simple Grund keiner »ungünstigen Auswirkungen« auf die Umwelt sollte uns daran erinnern, dass wir auf diesem Planeten etwas falsch machen, weil die Kosten die Vorteile übersteigen.

Die Anthropologie und die Soziologie gehören zur Gastronomie, weil sie voneinander abhängende und interfunktionelle Wis-

[38] Marvin Harris, *Wohlgeschmack und Widerwillen,* Klett-Cotta/dtv, München 1995, S. 9 f.

senschaften sind; weil sie die Kultur des Menschen studieren und sich der Gastronomie bedienen können, um ihre Thesen zu beweisen. Auf die gleiche Art wendet sich die Gastronomie diesen beiden Wissensbereichen zu, um das Verständnis der Ernährungssysteme, der Geschichte der Ernährung, des produktiven Erbes und der Weiterverarbeitung der Rohprodukte in einer bestimmten Kultur zu verbessern.

2.5 Über Geopolitik, Volkswirtschaft und Handel oder Über Globalisierung

Nie war es so offensichtlich wie heute, dass Geopolitik, Volkswirtschaft und Handel einen wesentlichen Teil des gastronomischen Wissens ausmachen müssen. Im so genannten Zeitalter der Globalisierung nimmt der Handelsverkehr in alle Richtungen zu, es steigert sich die Komplexität und die Ernährungsmodalitäten werden dadurch stark beeinflusst. Des Weiteren sieht es so aus, als wäre der Handel zur neuen Gottheit geworden, an die man glauben soll: die Bevorzugung eines Lebensmittels gegenüber einem anderen, geschichtlich betrachtet an geoklimatische und wirtschaftliche Faktoren gebunden, ist nach und nach durch Marktregeln ersetzt worden. Die traditionelle Küche, die sich einstmals mit faktischen Grenzen von Territorien und den Beziehungen, die sich unter den verschiedenen Gesellschaften bildeten, auseinandersetzen und mit ihnen harmonisieren mussten, verschwindet heute fast. Der Grund ist die Entstehung eines konsumistischen Modells, das infolge der massiven Industrialisierung und der Globalisierung von Handelsbeziehungen zur Distanzierung von der landwirtschaftlichen Welt führt.

Man kann die Geschichte des Menschen durch eine Geogeschichte des Geschmacks rekonstruieren, in der sich kulinarische Modelle durchsetzen, die verschiedene Regionen unseres Planeten charakterisieren. Diese Modelle sind das Ergebnis der Verwendung von lokalen Ressourcen, des Aufeinandertreffens und der Verschiedenheiten der Zivilisationen, der Herrschaft der Einen über die Anderen infolge von Konflikten und der verschiedenen Formen von Kolonisation. Fast alle Kriege wurden mehr oder weniger freiwillig geführt, um fruchtbares Land zu besitzen, das potentielle Reserven von Nahrung und Reichtum sein kann. Einige behaupten, dass sogar der Konflikt zwischen Israel und Palästina kein ausschließlich religiöser sei, sondern 1967 durch Unstimmigkeiten in der Kontrolle der Wasserquellen in einer sehr trockenen Region des Planeten entstand.

Heutzutage finden viele Kriege nur auf Handelsniveau statt, zum Beispiel haben internationale Agrargroßunternehmen und die Nahrungsmittelindustrie nun die Rolle übernommen, die einst von den Nationalstaaten gespielt wurde. So ist es kein Zufall, dass Globalisierungsgegner sich sehr stark mit den Themen Landwirtschaft und Nahrung beschäftigen. Daher wurde diese Bewegung erstmals im Rahmen der Protestaktion von Seattle 1999 während des Treffens der WTO in der Presse gelobt. Auf unserem Planeten widmen sich die Hälfte der Menschen der Landwirtschaft und die Handelsgesetze unserer globalen Welt stellen viele der ärmsten Wirtschaftssysteme, die noch größtenteils auf Landwirtschaft aufbauen, stark auf die Probe. Die Einmischung multinationaler Saatguthersteller in diese Kulturen wird immer massiver und zerstörender, weil sie auf extrem aggressiven Handelsstrategien aufbaut und sich des Weiteren auf ein Zollsystem und ein Subventionssystem stützt, die weltweit großes Ungleichgewicht verursachen. Der reiche Westen produziert zu viel und zu teuer: um den Wettbewerb der Ärmsten abzuwehren, stellt er unüberwindliche Handelsbarrieren auf, die künstliche Preise diktieren.

Die westliche Subventionspolitikpolitik für produzierte Mengen hat einerseits die ärmsten Wirtschaftssysteme in die Knie gezwungen und andererseits die Zerstörung des Planeten finanziert. Die Beiträge (die in den USA sehr viel Einfluss haben, während sie in Europa, aufgrund einer vor kurzem durchgeführten Revision der Agrarpolitik der Union an Bedeutung verloren haben und das System weniger stark verbiegen) dienen den Bauern des reichen Westens, die eine industrielle Landwirtschaft führen, um im Preiswettbewerb mit den ärmeren Ländern, die normalerweise billiger produzieren, zu bestehen.

Jahrelang war das Ergebnis die Finanzierung von qualitativ minderen Produkten, die so billig wie möglich sein sollten, ohne dabei auf Qualität zu achten. Das Modell industrieller Landwirtschaft ist hart verteidigt worden, obwohl es sich schon länger als untragbar herausstellte. Die ärmsten Länder wurden in unrealistischer Weise angehalten, das gleiche Entwicklungsmodell zu verfolgen und dies mit unglaublichen Schäden für biologische Vielfalt und traditionelle Kultur. Diese Länder sind somit *Dumping* Opfer, d. h. Opfer der Invasion übermäßiger Produktionswellen der reichen Länder, die in der Heimat durch Subventionen unterstützt und dann billig verkauft, wenn nicht sogar als Entwicklungshilfe verschenkt werden. Dieser Prozess schadet der lokalen landwirtschaftlichen Produktion. Gerade diese politischen Richtlinien führen dazu, dass in vielen Gegenden Afrikas, in denen Hungersnot herrscht, die Möglichkeit verschwindet, Nahrung, die vorhanden wäre, herzustellen, wenn man auf die einheimische Landwirtschaft setzen und sie als mögliche Entwicklungsmöglichkeit anerkennen würde. Man hat vielmehr die verlogene Abhängigkeit gegenüber der reichen Welt unterstützt, die Hilfe durch große Spenden bietet. Die Tatsache, dass die USA genmanipuliertes Material, das aufgrund des Einfuhrverbotes in Europa unverkauft bleibt, versendet – Getreide, Mais und anderes Saatgut mit zerstörten Körnern, unbrauchbar für die Saat, gibt wohl Aufschluss über die wirklichen philanthropischen Absichten der Spender. Und die Tatsache, dass einige afrikanische Länder anfangen, diese Hilfeleistungen zurückzuweisen, beweist die Nutzlosigkeit dieser Hilfe und ihre negativen Auswirkungen auf die Entwicklung lokaler Landwirtschaft.

Kommerzielle Interessen haben die Oberhand über alles gewonnen und die globalen Ungerechtigkeiten sind unzählig. Ein Gastronom mit ökologischem Feingefühl, der sich bemüht mit seinen Entscheidungen auch soziale Gerechtigkeit zu fördern, kann einem solchen System gegenüber nicht gleichgültig bleiben, da es sich dabei um einen globalen wirtschaftlich-finanziellen Übergang zum Agrarbusiness handelt. Wie ich bereits angeführt habe, hat dieses System so viele Schäden verursacht und verursacht sie noch immer, dass man ihm absolut ablehnend gegenüberstehen muss.

Durch Geopolitik und Wirtschaft hat man nicht nur eine interessante geschichtliche Sicht auf die Entstehung des Geschmacks und der Nahrungsmittelkulturen, sie ermöglichen auch die Erfassung komplexer Dynamiken, die das derzeitige Weltsystem ausmachen und alle Ungerechtigkeiten, Widersprüche und Paradoxien aufzeigen. Der Handel zum Beispiel, der nach Brillat-Savarin ein »Versuch ist, Konsumgüter zum besten Preis zu kaufen und so günstig als möglich zu verkaufen« und in der Geschichte das wichtiges Moment des Aufeinandertreffens von Kulturen war, ist heute mehr zu einem Machtmittel geworden oder aber zu einer Kampfwaffe im Rahmen der globalisierten Welt. Die Untersuchung dieser Dynamiken bildet die Grundlage dafür, die Definition der sozialen Nachhaltigkeit der produktiven und kommerziellen Modelle auszuarbeiten, und somit auch die Bedingungen für ihre Verwirklichung.

2.6 Über Technik, Industrie und Savoir Faire oder Über Produktionsweisen

Die traditionellen Kulturen haben die verschiedensten Methoden entwickelt, um die Nahrungsmittel zu verändern und zu erhalten, indem sie die wenigen – oder vielen – Elemente nutzten, die ihnen zur Verfügung standen, (oder indem sie sich darum bemühten, deshalb würde ich hier gerne den Begriff »Industrie« verwenden, in einer Bedeutung, die nicht nur auf die Industriebranche zutrifft).

Es ist somit offensichtlich, dass die Lebensmittelproduktion ein Thema der Gastronomie ist, aber es ist gut, es wegen der Entwicklung der letzten fünfzig Jahren nochmals zu unterstreichen: ein revolutionärer Prozess, der einen Dualismus zwischen der traditionellen Küche und den industriellen Herstellungsmethoden hervorgebracht hat.

Die kulinarischen Techniken sind nach und nach aus vielen Haushalten und aus dem allgemeinen Wissensbestand der Gemeinschaft verschwunden. In vielen Fällen bleiben die professionellen Köche die einzigen Erben dieses Wissens, des Savoir Faire, das sich im Laufe von Jahrhunderten praktischer Tätigkeit entwickelt hat. Indem die althergebrachten Kenntnisse durch die Industrialisierung in immer zentralisiertere Produktionsstandorte verlagert wurden und unsere Lebensmittel in Serie hergestellt wurden, wobei man sehr komplexe Techniken nutzt (diese ersetzen nach und nach die traditionellen und sind zu Hause nicht nachahmbar, man denke zum Beispiel an die Industrie der Aromastoffe), sind uns die Kenntnis und die Fähigkeit, unsere Nahrungsmittel zu verarbeiten, abhanden gekommen. Im Gegensatz zu den traditionellen Methoden hat sich nach und nach die Vorherrschaft der industriellen Lebensmitteltechnologie durchgesetzt. Die traditionellen Methoden wurden fast als selbstverständlich angesehen, weil sie zum allgemeinen kulturellen Volkserbe gehörten, und waren somit von keinem wissenschaftlichen Wert, bis sie dann seltener wurden und fast verschwanden, weil andere als wir unsere Nahrungsmittel produzieren. So ist heute für viele das Kochen vor allem zu einer Tätigkeit geworden, bei der man etwas aufwärmt, das schon fertig gekocht und tiefgekühlt ist.

Die Vorherrschaft der Technik versteht man, wenn wir den akademischen Stellenwert der Gastronomie im Verhältnis zur Lebensmitteltechnologie betrachten: letztere kann sogar an Universitätsfakultäten von Jugendlichen studiert werden, an denen sie lernen, sich zu spezialisieren, um Spitzenbeamte der Industrie zu werden. Wenn wir das Augenmerk auf die Universitäten richten, so wurde die Gastronomie bis heute nur mit ihren folkloristischen Hintergründen dargestellt oder höchstens als anthropologisches oder ethnographisches Untersuchungsthema; während die Lebensmitteltechnologie, die weltweit an Hochschulen unterrichtet wird, im Dienste der Industrie Spezialisten hervorbringt.

Tatsächlich ist das Erbe der traditionellen Kenntnisse sehr reich und wertvoll, was die Nahrungsverarbeitung und die einfachen Tätigkeiten zur alltäglichen Zubereitung angeht, die in allen landwirtschaftlich geprägten Gesellschaften ausgeprägt vorhanden sind und die es auch noch in den Städten gab, bevor die standardisierten Modelle der Lebensmittelindustrie ihre Vorherrschaft erlangten. Die Instrumente und das nötige Geschick zur Durchführung dieser Tätigkeiten sind nach jahrhundertelanger Praxis dabei zu verschwinden und erweisen sich vielfach als unersetzlich. Auch große Küchenchefs erkennen dies an, indem sie in den Augen derer, die diese Themen oberflächlich betrachten, riskieren, übertrieben genau zu erscheinen oder indem sie die Ausführung scheinbar einfacher Aufgaben verweigern.

Ein Meister der kulinarischen Kunst, Fulvio Pierangelini vom Restaurant *Gambero Rosso* in San Vincenzo in Versilia, hat mir gestanden, dass er dem Geschick im Umgang mit dem Rohprodukt eine sehr große Bedeutung beimisst. Denn gerade die Unmittelbarkeit, die zwischen der handelnden Person und dem Material selbst entsteht, zeigt uns die Fähigkeit auf, aus den sinnlichen Eigenschaften das meiste herauszuholen. So erzählte mir Pierangelini zum Beispiel, dass er nach einigen Probetagen einen jungen Assistenten gefeuert hatte, der eigentlich gute Referenzen von bedeutenden Restaurants nachweisen konnte. Dieser Junge wollte den Fisch nicht schneiden und dabei die Hände bewegen, wie ihm Pierangelini beigebracht hatte. Aus Bequemlichkeit und Passivität schnitt er stur in einem Winkel zur Arbeitsplatte, der völlig verschieden war von dem, den ihm Pierangelini gezeigt hatte. Pierangelini schalt ihn mehrmals wütend, bis er ihn dann einfach aus der Küche jagte. Es machte ihn furchtbar wütend – dies seine Worte – dass der Junge sich für die schlecht ausgeführte Arbeit einfach entschuldigte, indem er sagte, Schneiden bedeutet Schneiden und es gäbe da keine Unterschiede.

Man könnte einen Sushilehrer, der erst nach jahrelanger Ausbildung in der Küche die Erlaubnis erhält, vor dem Kunden einen Fisch zu schneiden, fragen, wer von den beiden Recht hatte.

Oder man kann versuchen, zu Hause Sushi zuzubereiten, um dann die Auswirkungen des eigenen ungeschickten Schneidens auf den Geschmack des Endergebnisses festzustellen.

Oft gehörten diese Kenntnisse ausschließlich zum Wissen der Frauen, welche die Hauptakteure in der Küche waren: heute ist dies nicht mehr so. Pierangelini erzählt mir, dass in seiner Küche kein Mann es wagt, Salat und Gemüse zu putzen oder zu waschen: das ist Aufgabe der Frauen, weil sie sich anders bewegen als die

Männer. Wir können es Anmut oder Talent nennen, aber in der Tat behandelt Pierangelini seine älteren Küchengehilfinnen mit Hingabe. Er hat mir diese Anekdote mit einem Hauch von Verzweiflung erzählt, weil eine von ihnen dabei war, die Arbeit aufzugeben und in Rente zu gehen. Er befürchtete, dass keine andere das Gemüse für die Küche so vorbereiten konnte wie sie es tat, mit ihren »mechanischen« und sicheren Gesten, aber einer Anmut und einer Präzision, die nur jemand hat, der Feingefühl besitzt«.

Das Erbe dieser Gesten, dieser Geschicklichkeit, dieses ungeschriebenen und unbeschreibbaren Savoir Faire muss erhalten werden und verdient es, dass forschungsdienliche Teile davon anerkannt werden, zumindest für eine Bestandsaufnahme vor seinem vollkommenen Verschwinden. Dazu ist es erforderlich und dringlich, alle zur Verfügung stehenden Technologien (zum Beispiel die visuellen Technologien und die Informatik) einzusetzen, um in einer Art Wissensbank Handlungsabläufe und Traditionen zu verewigen und einzutragen.

Wenn es offensichtlich ist, dass die Produktionstechniken einen wesentlichen Bestandteil der Gastronomie bilden, muss nochmals unterstrichen werden, dass die moderne Gastronomie sich auch mit den althergebrachten Wissensformen befassen muss. Mit ihren praktisch-manuellen Fähigkeiten, die hier provokant als Ausdruck von Savoir Faire bezeichnet werden und zu den wissenschaftlichen Disziplinen gehören: vorerst mit der Zielsetzung ihrer Erhaltung; des Weiteren, um wertvolle Alternativen zum gegenwärtigen nicht-nachhaltigen Modell neu aufzutun und vorzuschlagen. Das alles, um auch auf einem kulinarisch-produktiven Niveau diese »Grundlage für einen Dialog unter den verschiedenen Disziplinen« (die der offiziellen Wissenschaften und der traditionellen Wissensformen) wieder aufzunehmen, für die Miguel Altieri im Rahmen der Agrarökologie plädiert.

Praktisch geht es darum, alle Herstellungsweisen zu untersuchen und jeder Herstellungsform die gleiche Anerkennung zuteil werden zu lassen, damit die für die Menschheit schädlichen Formen zugunsten der geretteten guten Formen, die uns noch viel beizubringen haben, aufgegeben werden.

2.7 Über die Küche oder Über Haus und Restaurant

Als Küche bezeichnet man sowohl einen Raum mit Tisch, Wasserstelle oder Wärmequellen, als auch die Kunst, die Lebensmittel zu lagern, zuzubereiten und zu kochen. Es gibt einige Autoren, die sie als Sprache bezeichnen[39]: sie besitzt die Worte (die Produkte, die Zutaten), die sich nach den Regeln der Grammatik (den Rezepten), der Syntax (den Menüs) und der Rhetorik (den Tischsitten) zusammenfügen. Wie die Sprache enthält und drückt die Küche die Kultur derer aus, die sie ausüben und ist der Hüter der Traditionen und der Gruppenidentität. Sie entwickelt ein Selbstbild und kommuniziert auf eine stärkere Art als die Sprache selbst, weil die Nahrung direkt zu unserem Organismus gehört: die Nahrungsmittel der anderen zu essen ist leichter und direkter als deren Sprache zu sprechen. Aus diesem Grunde ist die Küche der beste Ort des Austauschs und wechselseitigen Einflussnahme.

Die Geschichte der Küche wurde in den Rezeptbüchern der Adeligen aufgezeichnet und dies hat zu einer fiktiven Trennung zwischen Gastronomie und bloßer Ernährung geführt. Dabei waren diese beiden Bereiche immer schon eine Einheit, denn die Küche der Adeligen schöpfte immer voll und ganz aus den volkstümlichen und bäuerlichen Traditionen, obwohl sie als untergeordnet galten. Auf jeden Fall wurde die Küche der Adeligen durch ihre Köche und den geschichtlichen Quellen, die uns überliefert wurden, aufgezeichnet. Nach 1789 verließen die Köche und Köchinnen infolge der Französischen Revolution die Höfe der Adeligen und es entstanden die Restaurants. Die Küchenchefs wurden zu den Erben der offiziellen Küche. Außerdem wurde in den Privathäusern für weitere zwei Jahrhunderte die alltägliche Tätigkeit des Kochens fortgesetzt, in einer Küche, die offen war zum Feld und zum Garten, zum Markt, zum kleinen Provinzladen oder zum Laden des jeweiligen Viertels.

[39] Massimo Montanari, (Herausgeber), *Il mondo in cucina. Storia, identita', scambi,* Laterza, Rom-Bari, 2002

Aber auch hier gab es aufgrund des Aufstiegs der Industrialisierung und der Industrie riesige Veränderungen, durch die Gaststätten mit Preisen entstanden, die für viele Schichten der Bevölkerung immer zugänglicher wurden. Zusammen mit der Globalisierung und dem Austausch von Produkten und kulinarischen Modellen hat diese Situation auch dazu geführt, dass die alltägliche Kunst in Geld verwandelt wurde. In den reichen Ländern werden die Hausküchen weniger aufgesucht und man kocht weniger, weil man Fertigspeisen kauft, sei es in Form von Fertiggerichten und Fast-Food-Gerichten, sei es in Form eines üppigen Abendessens in einem Restaurant der Nouvelle Cuisine oder Cuisine Fusion: hier geht es nicht mehr um Status, die gesellschaftliche Entwicklung hat alle Schichten aus den Küchen entfernt.

Sogar die Gastronomen – und auch ich bin ein Beispiel dafür – haben sich mit der Zeit von der Küche entfernt. Wenn Pellegrino Artusi, um sein Hauptwerk *Von dem Wissen des Kochens und der Kunst des Geniessens* zu verfassen, noch jahrelang mithilfe der treuen Marietta kochte, indem er die Rezepte, die er sammelte, selbst ausprobierte, so hat der Gastronom seit dem Zeitalter von Brillat-Savarin und Grimod de La Reynière immer mehr die Rolle eines Kritikers oder sogar eines Richters übernommen. Er geht in ein Restaurant, schaut sich nicht mal die Küche an, verkostet das Endgericht, das Ergebnis einer komplexen Arbeit und spricht seine Werturteile aus. Ich selbst, und das ist meine Grenze, kann auch nicht auf vollkommene Weise kochen. Aber ich bin mir des Respekts und des wissenschaftlichen Interesses bewusst, die kulinarische Kenntnisse verdienen. Ich weiß, dass ich sie berücksichtigen muss, wenn ich ein Gericht in einem Restaurant beurteilen möchte: deshalb will ich auch immer den Koch und sein Team kennen lernen, die Küche besuchen und das Personal sehen, während es arbeitet. In diesem Bewusstsein und unter Berücksichtigung der Weltlage stellt sich erneut ein dringendes Problem: das des Erhalts von Rezepten, kulinarischem Geschick, von Familienköchinnen und Gaststätten (oder verwandten Formen).

Betrachten wir nur die allgemeine Situation, so sieht es heutzutage so aus, als würde alles über den Tod der Küche sprechen.

Aber in Wirklichkeit geht es darum, die Kenntnisse und das Savoir Faire, das es noch gibt, zurückzugewinnen, sie sich anzueignen, zu erhalten und weiterzugeben. Die Globalisierung in der Küche wird zu einem großen Paradoxon[40]: die Adeligen von damals strebten einen gewissen Universalismus an, sie konnten sich »eine gute Tasche und ein gutes Pferd« leisten, d.h. sie hatten Zugang zu den landwirtschaftlichen Produkten, die auch sehr weit von ihrem Standort entfernt waren. Ihre Küche war oder versuchte mindestens eine universelle Küche zu sein, in dem Sinne, dass es unendliche einheimische Varianten eines Gerichtes gab. Der Name und die Zutaten waren im Allgemeinen im ganzen Lande immer dieselben. Die Globalisierung war ein Luxus der Reichen.

Heutzutage hingegen ist die Globalisierung mit den einheitlichen Industrieerzeugnissen ein Vorrecht der mittleren und niedrigen Gesellschaftsschichten: eine Errungenschaft, die uns allerdings dazu gebracht hat, sehr schlecht zu essen, indem wir uns von Fließbandprodukten ernähren und gastronomischen Werten wenig Bedeutung beimessen. Unabhängig vom Reichtum muss heutzutage jeder, der sich besser ernähren will, nach lokaler Vielfalt suchen, indem er sich mit den nicht globalisierten Traditionen befasst. Die moderne Globalisierung hat auf genau gleiche Art die Standardisierung der bedeutendsten Ernährungsstile verursacht und gleichzeitig eine neue Vielfalt hervorgebracht, sie hat der Wiederentdeckung der Ernährungsidentitäten neue Bedeutungen zugewiesen. Die einheimische Küche zum Beispiel ist eine gegenüber der Geschichte der Küche sehr junge Entdeckung und erreicht immer mehr Faszination und Bedeutung, je mehr die Welt dazu tendiert, sich kulturell zu standardisieren.

Für viele wird die Küche, sei es als häuslicher Raum als auch als Kunstform, zum Gegenpol im Verhältnis zu den vorherrschenden Lebensstilen, irgendwie zu einer Form gastronomischen Widerstands und Schutz der Vielfalt.

[40] Vgl. ID., *Il cibo come cultura.*

Die Küche ist, all jenen zum Trotz, die sie für tot erklären, der Ort, an dem man sich ernährt, eine Kultur formt und beibehält, die aus einer großen Menge Menschen besteht, die kontinuierlich gleiche Tätigkeiten ausführen und untereinander kommunizieren. Wie groß auch die Entfernung zwischen ihnen sein mag, so heißt kochen Gesten wiederholen, Zutaten verbinden, Varianten intuitiv erkennen: sie ist der Raum des Gedächtnisses und der Identität.

Die Küche ist der (physische und mentale) Raum der Gastronomie. Ein Raum in dauernder Entwicklung, der nur in Gefahr gerät, wenn er aufgegeben wird. Das würde eine Verrohung unserer Zivilisation bedeuten, die wir uns auf keinen Fall leisten können. Es ist notwendig, der Küche ihren richtigen Stellenwert zu geben und sie zum Thema wissenschaftlicher Untersuchung zu machen; es ist notwendig, dass die Gastronomen und alle anderen auf sie zurückkommen, indem sie von ihrem eigenen Heim ausgehen. Es geht nicht unbedingt darum, in der Praxis kochen zu lernen, sondern sich den theoretischen Wert der Küche, den Wert ihres kulturellen Erbes und das Bewusstsein anzueignen, dass es ohne Küche schwierig ist, eine Gastronomie zu haben. Als ich den Küchenchef Alain Ducasse fragte, welche seine Definition von Gastronomie wäre, antwortete er mir:

> Auf ein Produkt schauen und versuchen, seinen ursprünglichen Geschmack, den Geschmack desjenigen, der es angebaut, gezüchtet oder erdacht hat, zu respektieren, indem man die korrekte Zubereitung, die richtige Garzeit und die angemessene Beilage einsetzt. Die Botschaft der Gastronomie muss für alle klar und transparent sein, um das schätzen zu können, was uns die Natur gegeben hat. Es ist der Respekt vor dem Produkt.

Dies kann man einzig und allein mithilfe eines guten Rohprodukts erzielen und natürlich nur durch eine Küche, die das respektiert. Die Botchaft der Natur muss bis zum Ende »transparent« bleiben. Nur die Küche kann das leisten.

2.8 Über die Physiologie des Geschmacks oder Über das Sinnesvermögen

Der Geschmack, ein Begriff, der heutzutage sehr an Bedeutung verloren hat und verwendet wird, um Bücher, Veranstaltungen, Programme, Dorffeste zu benennen, weil er eine große Medienresonanz besitzt, ist vor allem ein physiologischer Faktor. Geschmack bezeichnet nicht nur das, was gut zum Essen ist, sondern auch das, was gut zum Denken ist. Oft meint man eher seine kulturelle Bedeutung, d. h. das Ergebnis der Vorlieben einer gesellschaftlichen Gruppe, vor allem aber ist er einer unserer fünf Sinne. Gemeinsam mit den anderen Sinnen erlaubt uns der Geschmackssinn, auf objektive oder zumindest auf vergleichbare Art ein Nahrungsmittel zu verkosten und zu bewerten. Es ist wahr, dass es zahlreiche Faktoren gibt, die die Wahrnehmung eines guten oder schlechten Geschmacks beeinflussen. Der Geschmack bezeichnet die Kenntnis der Geschmacksformen, bezogen auf das gesamte künstlerische und intellektuelle Erbe einer Kultur. Aber wenn wir uns auf das reine Sinnesvermögen beschränken und alle anderen, wenn auch sehr interessanten Bedeutungen des Begriffes ignorieren, so gibt es keine Bemessung und der Geschmack kann wissenschaftlich definiert werden. Diese Definition ergibt sich durch die Tätigkeit des Probierens. Ein Beispiel dafür ist, was mit dem Wein geschieht, wo sich Bezeichnungskategorien gebildet haben, um das auszudrücken, was man mit dem Auge oder dem Geruchs- und Geschmackssinn wahrnimmt. Dasselbe kann man mit jedem beliebigen Nahrungsmittel machen. Eine nicht zu unterschätzende wissenschaftliche Grundlage, die heute wissenschaftlich auf eine komplette und beweisbare Art definiert wird.

Im Übrigen besteht der offensichtlichste und weniger wissenschaftliche Beweis in einer allgemeinen Erfahrung von uns allen, die von der Macht (diese wurde sehr wohl wissenschaftlich bewiesen) des Gedächtnisses unseres Geschmacks- und Geruchssinnes geleitet wird, das in uns Menschen das beständigste ist: es gibt Geschmacksformen und Gerüche, die uns unmittelbar an

Abschnitte unseres Lebens erinnern, die wir vergessen hatten. Ich zum Beispiel an das, sicherlich nicht zarte, aber für mich als piemonteser Gastronom typische Aroma, das sich in der Luft verbreitet, wenn man die mit *Brus* beschmierten Brotscheiben auf den Ofen legt. *Brus* ist eine Creme, die man erhält, wenn man Käse aufweicht und ihn in festen Zeitabständen mit Milch oder Rum besprüht. *Brus* ist ebenso wenig gängig wie die Öfen und die Zubereitungsart, indem man *Brus* auf einer Brotscheibe erwärmt, aber als ich Kind war, war es keine Seltenheit, sie als Jause zu essen und dieser herbe Geruch ist bis heute fester in mein Gedächtnis eingebrannt als Ereignisse von damals. Dasselbe gilt für meine Vorliebe für das Saure und Süßsaure.

In der warmen Jahreszeit kochte meine Mutter die *Giardiniera* aus Gemüse oder den *Carpione,* beides Gerichte mit Essig, und seitdem ist dieser Geschmack fest in meinem Gedächtnis unbewusst an die angenehmen und wichtigen Momente meines Lebens gebunden; es handelt sich dabei um Momente, die ich gar nicht ohne diesen Bezug zu ihrem Geruch und Geschmack imstande wäre zu erzählen.

Der Geschmacksinn ist das wichtigste Werkzeug des Gastronomen und hängt einzig und allein von ihm ab. Ich will damit sagen, dass die sinnliche Wahrnehmung eine Fähigkeit ist, die geübt und ausgebildet werden muss. Die sinnliche Welt des modernen Menschen hat sich wie noch nie verschlechtert: die chemischen Aromastoffe verwirren, lassen das Sinnesvermögen verkümmern, indem sie dauernd die Schwellen unserer Wahrnehmung erhöhen und uns mit Geschmack und Aromastoffen bombardieren, die in der Natur gar nicht vorkommen. Unsere Sinne als unvergleichliches Instrument, um unsere Umgebung und uns selbst bis ins Detail kennen zu lernen, haben eine schwerwiegende Regression erfahren und dies aufgrund der Lebensrhythmen, nach denen wir zu leben gezwungen werden und die uns zahlreicher Sinneswahrnehmungen berauben, mit denen wir die Welt geschmacklich erfahren. Die Anreize vermehren sich und die Wahrnehmung wird zu wählerisch, bis sie nur mehr die in dem Moment notwendigen Geschmacksempfindungen aufnimmt. Aber das Sinnesvermögen kann trainiert werden, wie wir oben erwähnt haben, und dies ist der Auftrag des Gastronomen.

Ich werde noch etwas hinzufügen: in einer Welt, in der die »Aberkennung des Sinnesvermögens zur Abstumpfung unserer Fähigkeit zu hören, zu sehen, zu berühren, zu schmecken und zu riechen führt«, wird die Übung der Sinneswahrnehmung »ein Akt des Widerstands gegen die Zerstörung der Geschmacksformen und gegen die Auslöschung der Kenntnisse[41]«. Sie wird zu einem echten politischen Akt, weil sie von den Mechanismen ausgeht, welche die Reizübertragung und die Konditionierung regeln und man somit in die Lage versetzt wird, die Realität zu managen und zu kontrollieren: wenn die Aufmerksamkeit höher ausgebildet ist, ist das Risiko geringer, dass man Wahrnehmungstäuschungen ausgesetzt ist; wenn das Verständnis der Wahrnehmungen ausgeprägter ist, werden Zufriedenheit und Lustgefühl gesteigert. Die Sinne können zum Mittel der Auswahl, des Selbstschutzes und des Genusses werden: sie geben unserem Tun in allen Bereichen einen Sinn. Der Gastronom kann in dieser Hinsicht als ein Privilegierter gelten, der eine Wahl treffen kann und der mit dieser Wahl, die von einer Sensibilität geleitet wird, die sich nicht von der industriellen Zivilisation ablenken lässt, die Zukunft lenken kann.

Diese wiedergewonnene sinnliche Wahrnehmungsfähigkeit ist das wichtigste, fast primitive Instrument, um sich im eigenen politischen Tun zu orientieren, um gegen ein System anzukämpfen, in dem die Maschine zum einzigen Herren geworden ist: »Maschinen stellen falsche Münzen her und versuchen uns davon zu überzeugen, dass es Geld ist. Das Laborwissen gibt kein Leben …« … und keinen Geschmack, »aber die Darstellung von Leben im Rahmen des Welthandels. Die agrarwirtschaftlichen Produkte der Industrie sind nichts anderes als ein maschinelles Zerrbild des Lebens, Auswirkung der Zerstörung gesellschaftlicher Beziehungen in der Landwirtschaft und das künstliche Surrogat des Austauschs zwischen Mensch und Natur«[42].

[41] Vgl. *Terra e Liberta'/Critical Wine, Derive Approdi,* Rom 2004, S. 7.
[42] *Ibid.*, S. 23.

Daher ist in dieser Hinsicht eine fortwährende Bildung notwendig, die in frühester Jugend beginnt und das ganze Leben fortgesetzt wird. Eine Bildung, die nur der Gastronom erteilen und pflegen kann: er ist der einzige, der unter den Weltveränderern das Bewusstsein davon hat, dass man zu dieser Verwirklichung vom Geschmack ausgehen sollte, von der Suche nach dem Geschmack, von der Ablehnung aller seiner Trugbilder, wie der chemischen Aromastoffe, welche die höchste Errungenschaft – und zufällig auch die verborgenste – jenes Systems darstellen, das wir nicht wollen und das uns tagtäglich unsere menschlichen und natürlichen Fähigkeiten nimmt.

2.9 Über Medizin oder Über Gesundheit und Ernährung

Die Nahrung hat immer schon in allen, auch in den primitiven Gesellschaften, eine therapeutische Funktion ausgeübt und im kollektiven Bewusstsein eine pharmazeutische Komponente besessen. Küche assoziiert mit der für den Menschen positiven Wirkung von Lebensmitteln und den pharmakologischen Zusammensetzungen hat eine sehr alte Geschichte, die potentiell mit der Entwicklung unserer Spezies zusammenhängt.

Der Ausgleich zwischen den Nährstoffen erfolgte ohne die vielen Berechnungen, die heutzutage die Ernährungswissenschaften dauernd durchführen. In Gesellschaften, wo die Kost fleischarm war, wurde die Zufuhr von Proteinen zum Beispiel durch den Konsum von Insekten gewährleistet (in Mittelamerika und in einigen Teilen von Afrika ist der Verzehr von Insekten heute noch sehr verbreitet).

Oft jedoch ist es den traditionellen Gesellschaften dank empirischen Wissens gelungen (d. h., »Dieses Nahrungsmittel hat mir gut getan, als ich krank war, daher kann es dazu dienen, jene Krankheit mit diesen gegebenen Symptomen zu heilen oder zu lindern«), ein ganzes Wissenssystem zusammenzufügen, in dem jedem Nahrungsmittel therapeutische Eigenschaften zugeschrieben werden. In diesem Zusammenhang fallen mir viele Beispiele ein: Die Kraho Indios aus dem brasilianischen Cerrado haben kämpfen[43] müssen, um das Saatgut der Maisart Pohumpei zurückzugewinnen, die eng mit ihrer Kosmologie verbunden war, aber auch eine pharmakologische Funktion besaß. Dieser Mais war vor allem ein Geschenk, das die Gottheit Frau-Stern ihrem Volk gebracht hatte. Eine Legende erzählt, wie sie einem Jungen im Traum erschien, ihm zeigte, wo man Pohumpei finden konnte, und ihm beibrachte, wie er anzubauen war. Es war die Geburt der Landwirtschaft für die Kraho. Zum symbolischen Wert dieses Produktes, das ausgerottet war und in einer Germoplasmadatenbank in Brasilien wiedergefunden wurde, kommt die Tatsache, dass, wie die Alten sehr gut zu erzählen wissen, die noch grünen und weichen Kolben gepflückt werden, um die sogenannten Energie-Suppen für schwangere Frauen und ihre Männer zuzubereiten. Während der letzten Schwangerschaftswochen und den ersten Wochen nach der Entbindung ernährt sich das Ehepaar ausschließlich von Pohumpei-Suppen, die auch Kost für schwache Kinder sind. Das Produkt ist heute so selten, dass es als fast heilig gilt, und seine Vorzüge als Heilmittel werden gelobt.

In Europa hingegen galten die Frauen als Hüterinnen des heilkundlichen Wissens über wildwachsende Pflanzen, zumindest, bevor die Inquisition sie als Hexen abstempelte: ein unglaublich großer Wissensbestand ist mit ihnen verschwunden und erst heute kann man versuchen, es dank der Entwicklungen der Heilpflanzenkunde, wieder aufzubauen. In diesem Zusammenhang kann man die Schule von Salerno[44] anführen, um zu verstehen, warum

[43] Vgl. Carlo Bogliotti in *http://www.slowfood.it/img_sito/PREMIO/vincitori2003/pagine_it/Brasile_03.html*

[44] Die Gründung der Schule von Salerno geht wahrscheinlich auf das IX. Jahrhundert zurück, aber es war vor allem im Rahmen der Kulturpolitik von Kaiser Friedrich II., dass sie große Bedeutung erlangte und zum bedeutendsten Forschungs- und Bildungszentrum der medizinischen Disziplinen im Westen wurde. Sie stand in direktem Kontakt und unter dem Einfluss der arabischen Tradition. Es war vor allem das *Regimen sanitatis salernitanis,* eine Werk populärwissenschaftlichen Charakters, das sehr große Verbreitung erfuhr und Jahrhunderte lang eines der bedeutendsten medizinischen Handbücher war.

eine gute Ernährung immer schon als Grundlage guter Gesundheit angesehen wurde. Brillat-Savarin und die ersten Gastronomen bemühten sich darum, die Reihenfolge der Gänge zu beraten, damit das Essen so angenehm wie möglich sein konnte, aber auch damit sich der Körper darauf vorbereiten konnte, sie auf die gesündeste Art aufzunehmen und zu sich zu nehmen.

Es ist interessant anzumerken, dass bäuerliche Gesellschaften diese traditionellen Kenntnisse über Ernährung und Gesundheit schneller verlieren als Gesellschaften von Jägern und Sammlern. Dieser Verlust erfolgt gleichzeitig mit dem Sesshaftwerden, der Bevölkerungszunahme und den Wechselwirkungen zwischen schlechter Ernährung und Infektionen. Darüber hinaus führt das Sesshaftwerden zu einer Entwicklung der medizinischen Wissenschaften und der Ernährungswissenschaften. All das hat in den modernen Konsumgesellschaften, in denen der Drang nach gesunder Ernährung ein immer auffälligerer Faktor ist, seinen deutlichen Höhepunkt erreicht. Andererseits haben sich die Lebensmittelerkrankungen in den letzten Jahren weiter verbreitet: die Hauptgründe dafür sind auch in diesem Falle sesshafter Lebensstil und Einmischung der Lebensmittelindustrie, die Vielfalt und Qualität unserer Ernährung bemerkenswert herabgesetzt haben. Die Übergewichtigen werden in den USA zu einem nationalen Problem und auch in Europa gibt es viel mehr übergewichtige Kleinkinder als in der Vergangenheit.

In diesem wirklich problematischen Zusammenhang, in dem einerseits schlechte Ernährung, andererseits Übergewicht herrschen und die Küche scheinbar vom Aussterben bedroht wird, scheinen die Ernährungswissenschaften jedoch sehr erfolgreich zu sein, vor allem was die Einschaltquoten angeht – öffentlicher Erfolg, die Sucht, unbedingt abnehmen zu wollen, den ästhetischen Vorbildern der Medien zu entsprechen, sich »gesund und ausgewogen« zu ernähren. Zieht man die Ratschläge der Ernährungsexperten hinsichtlich wissenschaftlicher oder ideologischer Ausrichtung innerhalb perspektivischer Studien und Vorträge in Betracht, so kann man bisher keinen Nutzen erkennen. Die verschiedenen (kalorienarmen) Diäten sind in wissenschaftlicher Hinsicht alle wertlos, vor allem auf einen langen Zeitraum bezogen[45].

Aber die Öffentlichkeit will Diäten: es erscheint paradox, ist aber Realität. In den USA kosten die Beratungsgespräche bei Ernährungsspezialisten und diätetische Produkte mehr als Nahrungsmittel.

Viele Entwicklungsländer fangen an, sich des Übergewichts und aller Ernährungskrankheiten, die wir im reichen Westen sehr wohl kennen, bewusst zu werden. Trotzdem versucht man nicht, den Lebensstil und die Ernährung zu ändern: die Ernährungswissenschaft wird zum Allheilmittel gegen alles Böse und erlangt großes Ansehen (ein Ansehen, das die Gastronomie immer noch nicht hat), obwohl sie des Öfteren gefährliches Einverständnis mit dem Agrarbusiness aufzeigt, was sie verdächtig erscheinen lassen könnte.

Die Ernährungswissenschaft hingegen sollte als eine Disziplin der Gastronomie verstanden werden, weil sie ohne eine gastronomische Perspektive keine Lösung für die derzeitigen Weltprobleme der Ernährung bieten kann. Eine detaillierte Untersuchung der Ernährung, nicht nur in wissenschaftlicher Hinsicht mit Untermauerung durch die humanistischen Disziplinen wie Geschichte und Anthropologie, verbunden mit der Aufwertung der traditionellen Kenntnisse, hat eine gastronomische Perspektive.

Wenn die Ernährungswissenschaft nur dazu dient, umgehend die Auswirkungen der Agrarindustrie auf unsere Gesundheit zu korrigieren, so kann sie, bleibt sie weiterhin Teil der medialen Massenüberflutung, die sie aufrechterhält und fördert, nur noch weitere Fehler begehen und weitere Probleme verursachen.

Die Gastronomie ist daher in dem Sinne Medizin, als dass sie uns als komplexe Wissenschaft die richtige Ernährung lehrt: Vielfalt, Qualität, Genuss und Mäßigung. Auch in diesem Falle kann eine Mischung traditionellen Wissens mit moderner Medizin nur gesundheitliche Vorteile mit sich bringen.

[45] Udo Pollmer, *Voltar pagina*, in »Slow«, Nr. 34 (Oktober 2002) *(http://editore.slowfood.it/editore/riviste/slow/IT/34/voltarpagina.html)*

2.10 Über Erkenntnistheorie oder Über die Auswahl

Die Erkenntnistheorie ist der Teilbereich der Philosophie, der sich kritisch mit der wissenschaftlichen Kenntnis auseinandersetzt und das Ziel verfolgt, die Sprache, die Methoden, die Strukturierung der Begriffe in Theorien zu analysieren und dazu Geltungskriterien festzulegen. Indem er bis jetzt die verschiedenen Teilbereiche der Gastronomie kennen gelernt hat – die nach offizieller Definition wenig wissenschaftlich sind, aber dem Verfasser dieses Werkes nach sehr wohl wissenschaftlichen Wert besitzen – ist dem Leser sicher klar geworden, dass wir in mehr als nur einem Fall nicht versäumten zu betonen, wie wichtig, im Gegensatz zum offiziellen wissenschaftlichen Wissen, die Wiederaufnahme, die Katalogisierung, die Untersuchung und der Vergleich mit den traditionellen Wissensbeständen sind.

Die Erkenntnistheorie wird daher zur gastronomischen Disziplin – der Gastronom muss auch einen erkenntnistheoretischen Ansatz vertreten – und dies von dem Moment an, in dem sie sich auf das Verhältnis zur offiziellen Wissenschaft »anderer« Disziplinen bezieht, die als unentbehrlich gelten. Die Wissenschaft der Bauern, der Gemeinschaft der Erzeuger, Fischer und Köche hat den gleichen Wert wie die edelsten Disziplinen, ist ein Bereich des menschlichen Wissens – den einige als »materielle« Kultur ansehen – und sollte daher nicht vernachlässigt werden. Ihr besseres Verständnis erlaubt einerseits, ihren Wert festzulegen und andererseits, sie im Verhältnis zu anderen Methoden des modernsten wissenschaftlichen Wissens, kritisch und hoffentlich auch funktionell zu betrachten. Kurz ausgedrückt, erhofft man den »interdisziplinären Dialog«, den Prof. Miguel Altieri der Universität Berkeley[46] anstrebt, um die Agrarökologie operativ und erfolgreich zu machen. Dies muss in allen Bereichen der Gastronomie erfolgen: von den Naturwissenschaften zur Viehzucht und Landwirtschaft; von den Verarbeitungsmethoden der Rohprodukte zu den handwerklichen und instrumentellen Techniken; von den Austausch- und Kontaktformen unter den Gesellschaften zur Küche und Medizin.

In erster Linie bekämpft der erkenntnistheoretische Ansatz das intellektuelle Vorurteil, nach dem die Diskussion über Gastronomie und Ernährung nur eine minderwertige wissenschaftliche Übung sei, wenn nicht purer Zeitvertreib. Dieses Vorurteil führte sogar Brillat-Savarin dazu, seine erste Ausgabe der *Physiologie des Geschmacks* nicht mit seinem Namen versehen, was alle seine Nachfolger beeinflusste.

Wenn uns die Erkenntnistheorie mit leicht verzerrter Auslegung die Möglichkeit bietet, den Wert dieser Wissensformen zu verstehen, so gilt sie als eine Etappe auf dem Weg zur gastronomischen Wahrheit. Sie erlaubt uns somit einerseits die Realität der Nahrung in der Welt darzustellen und, aufgrund dieser Interpretation, eine noch größere intellektuelle Anstrengung zu unternehmen. Sie wird von einem geübten Sinnesvermögen und gastronomischen Kenntnissen unterstützt und hilft uns, die Verhaltensweisen im Leben und die Entscheidungen des Alltags in Bezug auf Nahrungshandeln zu entscheiden. Die Untersuchung des gastronomischen Wissens (oder der Wissenschaft) in Bezug auf Nahrungshandeln ist ein methodologischer Weg, der sich nicht an den klassischen Geboten des Wissens orientiert. Im Gegensatz dazu vermittelt sie uns die Entscheidungsfähigkeit, indem sie einen intellektuellen Ansatz definiert, der offen ist für die extreme Komplexität der Welt unserer Lebensmittel.

Der Wert unserer Nahrungsmittelauswahl ist auch ein sehr mächtiges und kommunikatives Potenzial des Menschen. Sich auszusuchen, was man kauft und isst, gilt in einer Welt, die sich vor allem an Profit orientiert, als ausgeprägter politischer Akt unseres Lebens.

Die Verantwortung des Gastronomen besteht darin, sich in diesem Bereich zu bilden.

Er muss nicht Botaniker, Physiker, Chemiker, Soziologe, Bauer, Koch und auch nicht Arzt werden. Er muss diese Disziplinen nur soweit verstehen, dass er weiß, was er isst. Er muss alle

[46] Vgl. Das Tagebuch 10, S. 153–159.

erwähnten Berufe sofern sie das Essen betreffen ein wenig verkörpern. Er muss vor dem Vergleich mit dem Spezialisten, der ihn zum Schweigen zwingt, keine Angst haben. Es ist nützlich, etwas von Botanik zu verstehen, um eine Pflanzenart zu erkennen. Man weiß, wie, wo und von wem sie angebaut und wie sie aufbewahrt und gekocht wurde. Man kennt auch die gesundheitlichen Vor- oder Nachteile und kann das Essen bewusster genießen. Dafür braucht man kein perfekter Biotechnologe zu sein und genetisch manipulierte Organismen zu sich zu nehmen, die gegenüber Bauern und Umwelt eine Ungerechtigkeit bedeuten. Die genetisch manipulierte Nahrung wurde mit Sicherheit von der Nahrungsmittelindustrie drastisch verändert, wurde armselig in einem Topf aufgewärmt und ist extrem geschmacksarm.

Der Gastronom muss wählen können, darin besteht sein Auftrag. Er muss die richtige Wahl treffen können und sich in der Welt der feinen und komplexen Nuancen der Nahrungsmittel auskennen. Deshalb werden wir im nächsten Kapitel versuchen, eine Definition der Qualität zu erarbeiten. Es geht uns um die Qualität, die gekauft, untersucht, vermarktet, entwickelt und gelehrt werden muss. Ohne Regeln diktieren zu wollen, aber um uns zum Nachdenken anzuregen, was für eine Macht wir haben, wenn wir uns ernähren. Dies erfolgt, ohne dass wir unsere natürliche Neigung zum Genuss und zum Spiel widerrufen oder herabwürdigen. Wir werden gerade von diesem Element des Genusses und des Guten ausgehen. Dies ist auch die erste und direkteste Sinnesempfindung, die die Nahrung in uns auslöst. Nach dem Guten zu suchen ist das erste Mittel, worüber wir verfügen, um eine saubere, faire und nachhaltige Nahrungsmittelherstellung zu fördern.

III Die Qualität als Zielsetzung

Der Begriff »Qualität« gehört heute gemeinsam mit »Genuss«, »typisch« und »traditionell« zu den am meisten missverstandenen beim Reden über Nahrungsmittel. Es verbreitet sich eine allgemeine Sensibilität bezüglich der Themen rund um Nahrungsmittel. Die Qualität wird geltend gemacht und alle, die in der Lebensmittelbranche tätig sind, berufen sich auf sie und verwenden sie als Mittel, um ein Produkt zu vermarkten.

Diese zunehmende Beliebtheit des Qualitätsbegriffes ist ein Phänomen der letzten Zeit. Wir können behaupten, dass dies, seit dem Ende der 80er Jahre, größtenteils aufgrund der Lebensmittelskandale Rinderwahn, Vogelgrippe und vieler anderen Gefahren geschehen ist, die zyklisch im agrarindustriellen System auftreten. Ein Teil des Verdienstes – oder vielleicht der Schuld? – an der Verbreitung dieses Begriffes hängt sicher mit dem relativen Erfolg traditioneller Produktionen zusammen (diese sind das Ergebnis eines Herstellungsprozesses, der mehr am Geschmack und an der Originalität des Endergebnisses interessiert ist). Es waren vor allem die Skandale, die den mittelständischen Konsumenten darauf aufmerksam machten (dies wird auch durch den jüngsten Erfolg einiger kleinerer Hersteller bewiesen, die gegen den Strom schwimmen), indem sie das allgemeine Bewusstsein trafen. Diese Skandale wurden in privaten Haushalten bekannt, beeinflussten die Bauern in der Umgebung und vermittelten beim Einkaufen Angst und Unsicherheit – diese ist auf einen schwerwiegenden Informationsmangel zurückzuführen. Keine Aktion der Medien zugunsten der Qualität war erfolgreicher, aber bald verwendeten alle diesen Begriff mit seinen unzähligen Bedeutungen in den verschiedensten Bereichen.

In der ersten Hälfte der 80er Jahre bedeutete »Qualität« vor allem, das Augenmerk auf die Herstellungsmethoden und die hohe sinnlich wahrnehmbare Beschaffenheit zu richten. Qualität wurde in Zusammenhang mit einer elitären Auffassung von Gastronomie auch sehr stark mit dem Begriff des *Status Symbols* verbunden. Gegen Ende des Jahrhunderts jedoch haben die Bemühungen im Sinne der Demokratisierung des Begriffes infolge der Skandale (und des Markterfolges des »Typischen« und »Traditionellen«) eine neue Bedeutung hervorgebracht. Diese findet vor allem viele Befürworter unter den Herstellern und identifiziert Qualität mit der Sicherheit im hygienisch-medizinischen Bereich (oder identifiziert bestenfalls die Qualität mit »typisch« und »traditionell«). »Dieses Produkt schadet der Gesundheit nicht, tötet nicht, d.h. es handelt sich um ein Qualitätsprodukt«; oder »Dieses Erzeugnis ist typisch für unser Land und unsere Stadt, d.h. es ist ein Qualitätsprodukt«.

Es handelt sich hierbei um eine sehr oberflächliche Auffassung, die man sehr leicht mit den intellektuellen Tendenzen des technokratischen und oberflächlichen Denkens in Zusammenhang bringen kann. In dem Moment, in dem es zu einer Notwendigkeit wurde, Qualität zu definieren, hat man es mit oft oberflächlichen Berechnungen, Maßen und quantifizierbaren Mindestanforderungen versucht. Das eklatanteste Beispiel stammt aus der Europäischen Gemeinschaft, die in einer sehr einschränkenden Regelung Anfang der 90er Jahre eine Antwort auf die Lebensmittelskandale gefunden hat. Es handelt sich hier um die so genannte HACCP (Hazard Analysis and Critical Control Point), die Risikoanalyse und die Kontrolle der kritischen Punkte.

HACCP ist eine von der NASA 1959 ausgearbeitete Methode, um die Integrität der Lebensmittel in den Raumschiffprojekten zu gewährleisten. 1994 wurde diese Methode von der EG als Richtlinie für die Lebensmittelherstellung verwendet und dann 1999 der italienischen Gesetzgebung angepasst. Es handelt sich hierbei um Vorschriften und Verfahren zur Analyse der Risiken von Lebensmittelverseuchung, vom Roh- bis zum Endprodukt. Diese Methode ist sehr einschränkend und detailliert und kann von der

Lebensmittelindustrie nur durch große und angemessene Investitionen angewandt werden. Von den kleinen Herstellern kann sie jedoch nicht eingesetzt werden und vor allem nicht von denen, die traditionelle oder handwerkliche Methoden und Mittel benutzen. Das Hauptergebnis der HACCP bestand in einem unerträglichen, bürokratischen Mehraufwand, einer beträchtlichen Kostensteigerung, um die Vorgaben zu erfüllen, einer Standardisierung der Herstellung zugunsten der Lebensmittelindustrie und einer zunehmend schikanösen Macht der Kontrollorgane. In harte Opposition dagegen traten die Vereine – an vorderster Front auch Slow Food – und viele Kleinproduzenten, was die Europäische Gemeinschaft dann zu einer gemäßigten Auffassung führte. In diesem Zusammenhang wurden angemessene Abweichungen festgelegt und zwar für die Herstellungsweisen, die sich in struktureller Hinsicht nicht an die hygienisch-medizinischen Vorgaben anpassen können. Sie entsprechen eben nur den Eigenschaften der industriellen Herstellung der Lebensmittel[47].

Das Abdriften dieser Idee der Nahrungsmittelqualität – wodurch sofort das Ergebnis erzielte wurde, diese Idee mit der Sicherheit (oder Tradition) gleichzustellen – ist noch weiter vorangeschritten. Es wurden komplexere Kalkulations- und Definitionsversuche des Begriffs Qualität gewagt. Diese Versuche wurden aufgegeben, sobald sie durch diese Definition mit einer Vielzahl von Variablen konfrontiert wurden. Wie muss ein Käse beschaffen sein, um den Qualitätskriterien zu entsprechen? Unversehrt, gut gelagert, gesund, sauber, duftend, mit dem angemessenem Fett- und Salzgehalt und der richtigen Menge von trockenem Restanteil? Bei der Verkostung kann er langweilig oder gar schlecht schmecken: die Qualität kann nicht berechnet werden, da es keine objektive Qualität gibt.

Es gibt aber eine Qualität, die aus dem Vergleich entsteht: müssen wir uns also mit dem Relativismus begnügen?

[47] Zum Thema Haccp siehe u. a.: Carlo Petrini, *Slow Food,* S. 103 ff.

Keinesfalls. Qualität kann man beschreiben. Man kann auch versuchen sie nach allgemeinen Anforderungen zu definieren, wobei diese Kriterien von Fall zu Fall unterschiedlich ausgelegt werden. Qualität ist ein komplexer Begriff. Sie hängt mit der gastronomischen Komplexität zusammen und hängt somit von zahlreichen Parametern ab. Man muss sie einfach annehmen und nutzen lernen. Die Subjektivität der Qualität muss der Orientierung dienen und nicht Verwirrung stiften.

Wir können mit der Behauptung anfangen, dass Qualität ein Bemühen des Produzenten und des Käufers ist und somit eine ständige Suche, eine politische und zivile Tätigkeit (dies mag provokant klingen, aber ich werde diese Behauptung näher erklären). Um aus ihrer Relativität heraus zu kommen, bedarf Qualität eines fortwährenden Bildungsengagements in den Bereichen Ernährung und Geschmack, Respekt gegenüber der Erde, der Umwelt und der Menschen, die Lebensmittel produzieren.

Vielleicht können wir von hier aus allgemeine Kriterien ableiten oder wenigstens die Ursprungskriterien, nach denen wir unsere gastronomische Wahl treffen und uns für den Kauf eines Nahrungsmittels entscheiden. Die Suche basiert gerade auf diesen drei Ideen. Diese bilden auch die drei unerlässlichen Voraussetzungen, denen nach ein Produkt als qualitativ hochwertig gilt. Von ihnen kann man ausgehen, um die persönlichen und kollektiven Vorzüge und somit auch die relative Qualität zu erörtern.

Es handelt sich hierbei um die Begriffe *gut, sauber* und *fair*. Sie hängen miteinander zusammen und sind unentbehrlich.

Tagebuch 8 Die Geschmacksformen meiner Erinnerung

In meiner langen Erfahrung als Gastronom habe ich Hunderte von Interviews gegeben, sei es als Kritiker, sei es als Präsident von Slow Food. Ich muss sagen, dass ich bei all diesen Gelegenheiten sehr oft nach meinem Lieblingsgericht oder Mittagessen gefragt wurde. Das ist wirklich ein Ohrwurm und zeigt auch, wie oberflächlich die gastronomische Kultur und der gastronomische Journalismus geworden sind, und wie stark sie auf diesen beiden Elementen beharren: auf Rezepten und guten Adressen. Die Frage stört mich nicht wenig, vor allem, wenn ich mich im Interview darum bemühe, die Komplexität der gastronomischen Wissenschaft zu beschreiben.

Mit der Zeit habe ich gelernt, toleranter zu sein, darüber hinweg zu sehen und einfach zu antworten, dass meine Vorlieben vom Ort und von der Situation abhängen, in der ich mich befinde. Auf jeden Fall bleibt die Frage ein unbequemes Stereotyp, die der Neugierde des Gastronomen und der Ernsthaftigkeit des Themas nicht gerecht wird.

Was den individuellen Geschmack angeht, darf man die erworbene Bildung des Gastronomen niemals unterschätzen. Sie ist stark individuell geprägt und hat Wurzeln, die auf die Kindheit von jedem von uns zurückgehen. Gerade dies macht das Abenteuer ›Nahrung‹ so schön, weil es für jeden eigene Wurzeln besitzt. Sie gehen immer auf seine Heimat, seine Familie und seine Lieben zurück. Ich komme zum Beispiel aus dem südlichen Piemont und habe in den Jahren der Nachkriegszeit, zwischen 1949 und 1958, meine erste Erfahrungen damit gemacht, Lebensmittel kennenzulernen. Diese Zeit ist vom Nationalen Institut für Ernährung als der Zeitraum anerkannt worden, in dem die Italiener am besten aßen. Dies hing nicht mit Üppigkeit oder Reichtum zusammen, sondern mit der Qualität der Lebensmittel.

Ich komme aus einer proletarischen und kleinbürgerlichen Familie und habe meine Wurzeln in einer Nahrungskultur, die man ökonomisch gesehen noch als geprägt durch die Beschaffung des Lebensunterhaltes bezeichnen kann. Diese Kultur wurde von meiner Großmutter verkörpert. Die Geduld meiner Großmutter bei der Zubereitung der beliebtesten Speisen, war unter den Frauen jener Zeit verbreitet. Sie besaßen die Fähigkeit, mit den wenigen Zutaten, die ihnen zur Verfügung standen, unvergessliche Gerichte zuzubereiten und dies auch in Situationen wirtschaftlicher Not.

So blieben einige Geschmacksformen in meinem Gedächtnis. Es handelt sich dabei um die ersten wahren Anhaltspunkte, die an besondere Momente gebunden sind und alles bestimmen, was danach kommt.

Ich erinnere mich an die Zwischenmahlzeit mit der *Soma d'aj,* einer auf dem Herd gerösteten Brotscheibe, auf die man vorher eine Knoblauchzehe und ein wenig Salz und Öl gegeben hat. Für die Kinder ist diese Mahlzeit um 4 Uhr nachmittags schwer, niemand würde heutzutage eine solche Zwischenmahlzeit zubereiten, aber das war meine erste Erfahrung mit dem Knoblauch, der für die Kinder immer schon als heikel galt. Dann folgt das Sonntagsgericht, die Fleischravioli (die man im Piemont Raviole nennt), die mit den Resten der Woche gefüllt waren. Meine Großmutter füllte sie auch mit Reis, und die Leichtigkeit der Pasta verlieh dem Ganzen eine einzigartige Konsistenz und den Resten eine unglaubliche Schmackhaftigkeit: es war das wahre Festessen.

Ein weiteres Gericht gehörte zur Armenküche. Ich habe es nirgendwo anderes gesehen als hier: den Milchreis als Abendbrot, wenn man aus der Notwendigkeit eine Tugend macht. Und schließlich erinnere ich mich an die *Rolatine,* kleine Fleischstücke, in denen eine Füllung von Eiern, Gemüse, Käse und geriebenem Brot war und die mit der typischen grünen Soße aus dem Piemont serviert werden.

Es ist bemerkenswert, dass diese Gerichte, die zu meiner DNA gehören, heute praktisch gar nicht mehr zubereitet werden. Sie finden sich nur noch in wenigen Restaurants, wo man sich bemüht, die gastronomische Tradition wenigstens philologisch wieder aufleben zu lassen. Diese Geschmackserfahrungen sind in meinem Kopf, aber es ist mir nur einige Male passiert, dass ich sie danach nochmals wiedergefunden habe.

Dieselbe Verwirrung verspüre ich, wenn ich kein gutes Brot mehr auf unseren Tischen finde, sondern weiße Brötchen ohne Geruch und Geschmack, ohne den Geschmack der Brötchen, an die ich mich erinnere: die mit Sauerteig und Hefe zubereitet waren. Der üppige Verbrauch von Brot zu Tisch ist typisch für die gastronomische Geschichte der Italiener, die von der bäuerlichen Welt geprägt ist. Ich habe immer darüber gelächelt, wenn mir die Leute in Frankreich sagten, dass die Italiener als Vorspeise Brot und Wasser essen. Es gehört einfach zu unserer Art und heute leide ich unter dem Mangel an gutem Brot und bin beeindruckt, wenn ich in Kalifornien überall ausgezeichnetes Brot serviert bekomme.

Die Nahrungsmittel verändern sich mit der Zeit und so auch die Traditionen, die gar nicht so unveränderlich sind. Das Gedächtnis des Geruchs und Geschmacks eines Gastronomen aber ist vergleichbar mit einer Bank oder einem Archiv von Wissen und Geschmack, das ihn sein ganzes Leben lang begleitet. Deshalb ist die kontinuierliche Übung der sinnlichen Wahrnehmung von Nutzen für den Gastronomen und für die Kultur, zu der er gehört: je bewusster dieses Gedächtnis ist, desto weniger wird sich die gastronomische Kultur in der Zukunft verlieren.

1 Gut

Wenn man in der Definition des Qualitätsbegriffs davon ausgeht, dass ein Qualitätsprodukt gut sein muss, so bleibt man immer noch relativierend. Gut ist das, was schmeckt – und was schmeckt, gehört in den Bereich der sinnlichen Wahrnehmung. Sie wird sehr stark von persönlichen, kulturellen, historischen, gesellschaftlich-wirtschaftlichen und zufälligen Faktoren beeinflusst. Objektivität ist da schwierig. Nur wenn wir auf Objektivität und die Suche nach einer festen Regel verzichten, verstehen wir, was gut bedeutet. Gastronomisch gesehen besitzt ein gutes Produkt einen gewissen Grad an *Natürlichkeit*, dessen Besonderheiten respektiert werden. Es vermittelt wiedererkennbare und angenehme Empfindungen, mittels derer es man in einem bestimmten Moment, an einem bestimmten Ort und in einer bestimmten Kultur beurteilen kann. Was für mich gut ist, ist nicht automatisch für einen Londoner, einen mongolischen Hirten, eine brasilianische Sambatänzerin, einen thailändischen Arzt gut und noch weniger für einen Massai aus Tansania. Und könnte ich in hundert Jahren ein Gericht noch einmal probieren, könnte es sein, dass es mir auch nicht mehr schmeckt. In der Definition des Guten sind zwei subjektive Faktoren ausschlaggebend: der persönliche Geschmack, der zum Bereich der Sinne jedes Einzelnen gehört, und das kulturelle Wissen, das mit der Umwelt, der Geschichte der Gemeinschaft, dem praktischen Können und den Orten zusammenhängt.

1.1 Das Sinnesvermögen

Das sinnliche Wissen ist in der klassischen Bedeutung des Begriffs wissenschaftlich. Es hat eine zwar flüchtige, aber doch objektive Grundlage. Es ist unsere Art mittels des Sinnesvermögens wahrzunehmen: ein physisches, physiologisches und natürliches Vermögen, das in einer gesunden Person vorhanden ist.

Die Erforschung des menschlichen Körpers auf der einen Seite und die Dechiffrierung des Schmeckens auf der anderen Seite hat uns Erklärungsmöglichkeiten für die Funktion unserer Sinne gegeben, dafür, wie die Wahrnehmung erfolgt und wie sie kognitiv verarbeitet wird. Es wurden Geschmacksformen, Farben, durch Tastsinn Wahrzunehmendes, Töne und primäre Geruchsformen entdeckt.

Die ernsthafte Verkostung eines Lebensmittels geht über die genaue Beschreibung seiner durch die Sinne wahrnehmbaren Eigenschaften hinaus. Sie findet statt, bevor man überhaupt ein Werturteil aussprechen kann. Diese sinnlichen Eigenschaften hängen mit dem Seh-, Tast-, Geruchs- oder Geschmacksinn zusammen. Perfektionisten bemühen sich sogar darum, den Einfluss des Gehörsinns auf die Herausbildung des gesamten Geschmacks zu erfassen. Diese Übung kann als eine Art von Ästhetik der Lebensmittel[48] bezeichnet werden. Dadurch wird ein kulturelles Element eingeführt, obwohl die Ausgangsbasis objektiv bleibt. Es verändert sich nur der Wert, dem man dann einem Geschmack oder Geruch beimisst.

[48] Alberto Capatti und Massimo Montanari, *La cucina italiana. Storia di una cultura,* Laterza, Rom-Bari 1999, S. 99.

Die Geschichte der Küche zeigt uns die Wandelbarkeit des Guten: seine großen Veränderungen im Laufe unserer Geschichte, die manchmal sogar einen Umsturz der Werturteile bedeuten. Die alten Römer liebten die Garum über alles, eine Soße, die aus in Öl und verschiedenen Gewürzen eingelegten Fischinnereien zubereitet wurde. Diese Beilage würden wir verabscheuen, wenn sie noch zubereitet würde. In Thailand hingegen gibt es eine ähnliche Soße, die in der Volksküche sehr verbreitet und geschätzt ist. Es gab Zeiten in der Geschichte, in denen das Süßsaure vorherrschte, andere, in denen man das Süße bevorzugte oder noch andere, in denen man riet, das Süße, Salzige und Saure gleichzeitig zu verwenden. In diesen Zeiten der Geschichte galten Gewürze und Finesse im natürlichen Geschmack als gut. In anderen hingegen bevorzugte man die Wiederspiegelung des ursprünglichen Lebensmittels im Endprodukt.

In diesem Fall könnte man die Wandelbarkeit als evolutionär bezeichnen. Sie ist stets mit den Bedingungen der Umgebung verbunden und bejaht die objektive Art, Geschmacksformen zu erkennen: die sinnliche Grundlage unserer Haltung gegenüber der Nahrung. Historisch gesehen war diese Grundlage noch nie so gefährdet wie heute. Die menschliche Sinneswahrnehmung wird beeinträchtigt durch die Vielzahl der Reize, den Zeitdruck, dem wir ausgesetzt sind, um auszuwählen und wahrzunehmen, gewissen industriellen Herstellungsmethoden, die natürliche Geschmackformen verändern, um uns zu täuschen. Letztere können auch unsere Sinne verkümmern lassen, die an sich schon zu vielen Anreizen ausgesetzt und schlecht ausgebildet sind.

Das Sinnesvermögen zu trainieren und es fortlaufend zu üben gilt als gastronomische Hauptätigkeit. Es ist das erste und wichtigste Instrument, um Qualität zu erkennen. Ohne die Möglichkeit, den Geschmack aus der Objektivität heraus zu entdecken, erlangen wir kein Wissen. So verlieren wir den Genuss und die Möglichkeit, direkt oder indirekt die selbstbestimmte Wahl von Produkten zu treffen. So verzichten wir von Anfang an auf Qualität und müssen gezwungenermaßen den Verkäufern vertrauen.

Man sollte nie zu viel Vertrauen haben: hier hat die wiedergewonnene und ausgebildete sinnliche Wahrnehmung eine wichtige politische Rolle. Die Verrohung unserer Sinne bedeutet die Anerkennung des vorherrschenden Modells. Man will uns nicht froh und befriedigt, sondern als passiven Teil der Maschine, die dem Profit und dem Abgrund zusteuert. Unsere Abstumpfung ist das Ergebnis und gleichzeitig auch Grund für das Fortschreiten dieses Systems, dieser Denk- und Herstellungsweise, die nichts mehr mit der Nahrung zu tun hat. Die eigenen Sinne wiederzufinden, ist der erste Schritt in Richtung eines neuen Systems, das den Menschen respektiert: als Bauer, Produzent, Konsument von Lebensmitteln und Ressourcen, als politisches und moralisches Wesen. Die eigenen Sinne wiederzufinden heißt, das eigene Leben zurückzugewinnen und gemeinsam mit anderen eine bessere Welt hervorzubringen, in der alle das Recht auf Genuss und Wissen haben.

1.2 Der Genuss

Der Genuss besteht aus Geschmack und Wissen. Genuss verändert sich je nach dem ob wir reich oder arm, satt oder hungrig sind, im Wald oder in einer Metropole leben. Allen gibt der Geschmack das Recht, ihre alltägliche Nahrungsaufnahme zum Genuss zu machen.

Nicht immer hat diese Natürlichkeit den wirtschaftlichen Kriterien von Kosten und Nutzen entsprochen. Laut Marvin Harris kann dies ein Vorteil sein. Wie hingegen Jean-Louis Flandrin behauptet[49], bedeutet eine Speise zu sich zu nehmen nicht automatisch, dass man sie schätzt. Für die Reichen galt schon immer die Anti-Wirtschaftlichkeit als Kriterium der Nahrungsauswahl[50]; je seltener ein Produkt, desto teurer und besser ist es. Die heutzu-

[49] Jean-Louis Flandrin, *Il gusto e la necessità*, Il Saggiatore, Mailand 1994.
[50] Alberto Capatti und Massimo Montanari, *La cucina italiana. Storia di una cultura*, Laterza, Rom-Bari 1999.

tage weite Verbreitung des Reichtums – vielleicht nicht absolut betrachtet, aber zumindest bezüglich der Nahrungskosten – verbunden mit dem zunehmenden Unwissen über sinnliche Wahrnehmung, hat zum gleichen anti-wirtschaftlichen Kriterium geführt, das umgekehrt proportional und unbewusster ist als die elitäre Zurschaustellung dieser Nahrungsauswahl. Und es ist auch nicht sehr vorteilhaft: je billiger ein Produkt ist, desto mehr esse ich davon, egal, ob es den Genuss schmälert oder mir, dem Ökosystem oder denen, die es produzieren, Schaden zufügt.

Unabhängig von all diesen anthropologischen und wirtschaftlichen Betrachtungen bleibt der Genuss immer Hauptfaktor, um die Qualität eines Nahrungsmittels festzustellen. Er hängt von Kultur und wirtschaftlicher Situation ab. In Anbetracht dieser Faktoren hat der Gastronom die Aufgabe, das Gute für die Welt von heute zu definieren.

Wie bereits erwähnt, kann man nie eine allgemein anerkannte Definition von »gut« erreichen. Die Vielfalt der beeinflussenden Faktoren erlaubt keine Verallgemeinerung. Die Untersuchung des Guten bleibt notwendigerweise auf eine einzige Kultur und soziale Gruppe beschränkt. Sie begrenzt räumlich, kulturell und sozial und konfrontiert uns, ohne dafür Beweise zu brauchen, mit der gesamten Komplexität der multidisziplinären Wissenschaft der Gastronomie. Aber eben durch diese Komplexität und kulturelle Vielfalt, so sie vollständig und offen angenommen werden kann, können viele unbedeutende und relativierende Faktoren aus dem Weg geräumt werden. Wir können somit als Ausgangspunkt nach den übergreifenden Elementen suchen, die in allen Kulturen vorhanden sind. Eines davon kann zum Beispiel die Vorliebe für das Künstlerische oder das Natürliche sein: für mich ist das ein guter Ausgangspunkt. Makrokriterien dieser Art und Faktoren aus anderen Bereichen überlagern einander.

Es soll eine weitere Vorbemerkung angeführt werden: meine Gedankengänge berufen sich auf die Geschichte unseres Geschmacks, ich möchte klarstellen, dass ich absolut jede Form von Eurozentrismus ablehne. Ich lehne es auch ab, unsere gastronomische Kultur über andere zu stellen.

Ich gehe von unserer gastronomischen Kultur aus, weil wir mehr historische Quellen zur Verfügung haben und viele Forscher diese Dynamiken deutlich erfassten. Beispielsweise konnte bewiesen werden, dass sich im Lauf unserer Geschichte das Zünglein an der Waage immer zur Seite der Künstlichkeit oder der Natürlichkeit neigte. Die Künstlichkeit wurde in der altrömischen, mittelalterlichen Küche und in der der Renaissance bevorzugt. Hier galt sie als eine kombinierende Kunst zur höchstmöglichen Veränderung des natürlichen Geschmacks der Speisen. Auch wenn man zeitlich weniger weit zurückgeht, findet sich dieser Wechsel von künstlich und natürlich in den letzten Entwicklungen der *haute cuisine*. Mitte der 70er Jahre setzte sich dann die *nouvelle cuisine* durch, die vor allem auf das handwerkliche Geschick des Chefs setzte. Es galt als Schlüsselelement für den Erfolg eines ausgezeichneten und guten Gerichtes. In dieser Zeit ist das Rohprodukt im Verhältnis zum Guten herabgewürdigt worden: nach den Befürwortern der *nouvelle cuisine* kann man auch unter den schlechtesten Voraussetzungen mithilfe des handwerklichen und kreativen Geschicks des Kochs etwas Ausgezeichnetes hervorbringen.

Nach nur einem Jahrzehnt, ab den 80er Jahren, setzten sich neue Chefs wie Alain Ducasse durch. Er beeinflusste eine Schule, die im Wesentlichen das Ziel verfolgte, ausgezeichnete Rohprodukte zu suchen. Sie galten als das Einzige und Unbestreitbare, worin sich mittels des Geschicks des Küchenchefs die Originalität der Geschmacksformen in all ihrer Pracht ausdrückte. Später folgte der Aufstieg der spanischen Schule von Ferran Adrià, der mit der handwerklichen Kreativität eines Seilakrobaten die Künstlichkeit wieder in die Küche einführte. Veränderliche Zusammensetzungen, die nicht auf das ursprüngliche Erscheinungsbild der Zutaten zurückzuführen sind und Geschmacksformen, die auch nicht dem äußeren Erscheinungsbild und Gerüchen entsprechen. Dieses dauernde und immer provokativere Spiel hat in den Händen des einzig wahren Erneuerers Adrià aus gutem Grund einen intellektuellen Sinn gefunden (ihn als Genie zu bezeichnen wäre keine Übertreibung). Bei den meisten seiner Nachahmen ist es jedoch zu einer sterilen, konfusen und geschmacklosen Übung geworden.

Heute ist die Diskussion zwischen dieser Tendenz der Technisierung in der Küche und der Wiederaufnahme der traditionellen Küche und der Arbeit der Küchenchefs, die sich von kultureller Ehrlichkeit (im Sinne der originellen, natürlichen Geschmackformen) führen lassen, sehr stark im Gange. Die Spannung zwischen diesen beiden Welten ist stark und der Ablauf wird von der globalisierten Welt angetrieben, wobei er fast verschwindet.

Es wird immer deutlicher, dass jede Bewegung in eine bestimmte Richtung innerhalb unserer Gesellschaft umgehend eine Gegenbewegung hervorruft. Sobald das Fast-Food-Restaurant allgegenwärtig wurde, hat auch Slow Food seinen Sinn gefunden; als die Globalisierung die Vereinheitlichung des Geschmack gezeigt hat, kamen sofort Gegenreaktionen auf, welche die lokale Kultur und Vielfalt wertschätzen. Wird die Künstlichkeit zum Trend? Als Antwort entsteht sofort die Wiedergeburt der Natürlichkeit. Und dazwischen gibt es immer mehr Schnittmengen: die Fusion-Küche, zum Beispiel, die das Ziel verfolgt, verschiedene Produkte und Nahrungstraditionen zu vermischen, ohne sich dabei territoriale oder kulturelle Grenzen zu setzen. Sie kann einerseits in den Abgrund der Pfuscherei führen, wie schon ihr Name sagt *(con-fusion)* und den Wert der Rohprodukte verzerren. Andererseits kann sie auch ein ausgezeichnete Ergebnis hervorbringen und neue kulturelle Anreize der Entwicklung des kollektiven Geschmacks hinzufügen. Somit werden neue Produkte bekannt, indem man mit Respekt angemessene Zusammenstellungen hervorbringt.

In dieser chaotischen und wandelbaren Situation ist es notwendig, eine Meinung zu Gunsten des natürlichen Geschmacks zu vertreten. Denn im Sturm der Anreize, denen wir ausgesetzt sind, muss Geschmack vor allem als Genuss und Wissen klar bestimmt werden. Sich der Künstlichkeit zu verweigern, bedeutet hier Verantwortung zu übernehmen und sich auf die Realität zu beziehen. Nur wenige artifizielle Schöpfungen können ein Wissen rechtfertigen, das den Geschmack vernebelt (wie im Falle von Ferran Adrià). Der Rest ist eine dauernde Herausforderung, um den Kontakt zur Realität nicht zu verlieren, weil gerade der seit langer Zeit eine schwerwiegende Krise durchmacht.

1.3 Die Natürlichkeit

Wenn wir die Eigenschaften fast aller industriellen Lebensmittelproduktionen in Betracht ziehen – die vom technisierten und unnatürlichen Denkmodell beeinflusst sind – bleibt die Frage der Rohprodukte und ihres Wertes. Diese erfolgt jenseits jeder Diskussion über den Wert der im industriellen Bereich eingesetzten Techniken. Das Rohprodukt ist der Ausgangspunkt einer guten Speise.

Das Rohprodukt und sein Wert: die Mindestanforderung, auf die wir uns stützen, um ein Axiom aufzustellen, nach dem der Wohlgeschmack eines Produktes proportional zu seiner Natürlichkeit ist.

Die natürliche Integrität des Rohproduktes macht es möglich, den Wohlgeschmack zu pflegen und wahrzunehmen.

Hier ist es notwendig, den Begriff des Natürlichen zu bestimmen. Natürlich bedeutet nicht biologisch (obwohl biologisch natürlich heißt): die Begriffe sind nicht notwendigerweise gleichbedeutend. Man spricht in diesem Zusammenhang vom Gesamtsystem und von der Herstellungsmethode als Ganzem. »Natürlich« bedeutet, dass man nicht zu viele fremde und künstliche Elemente im Verhältnis von Ökosystem / Mensch / Rohprodukte / Verarbeitungsprozess verwendet. Man verzichtet auf Zusatzchemikalien und chemische Konservierungsmittel, auf künstliche oder als natürlich bezeichnete Aromastoffe. Des Weiteren lehnt man den Einsatz von Technologien ab, die die Natürlichkeit des Verarbeitungsprozesses, der Viehzucht, des Anbaus und der Küche verzerren. Die Rohprodukte müssen gesund und schadlos sein und nicht chemisch oder intensiv behandelt werden. Sie müssen mit Verfahren behandelt werden, die ihre ursprünglichen Eigenschaften erhalten. Die Qualität einer Käsesorte zum Beispiel hängt eng mit der Qualität der dafür benutzten Milch zusammen. Der Käse wird im gleichen Maß besser, wie es das Futter des Tieres ist, von dem die Milch stammt. Dasselbe gilt für das Fleisch: es wird in dem Maß besser indem es die natürlichen Bedingungen sind, unter denen das Tier gezüchtet wurde. Das bedeutet Verzicht auf

Wachstumsbeschleuniger, kalorienreiches Futter oder Antibiotika. Das Tier darf nicht unter Stress gesetzt werden, sein Wohlergehen muss respektiert werden, d. h., es muss im Laufe seiner Aufzucht so natürlich wie möglich leben: ausreichender Platz im Stall, besser noch auf der Alm, kurze Transportwege, diese nur wenn nötig, ohne dabei die LKWs mit Tieren zu überladen. Keine Gewaltanwendung. Dies heißt nicht nur, dass man mit den Tieren nicht falsch umgeht, sondern es gewährleistet auch ein gutes Endprodukt. In der Tat beeinflussen Stress und traumatische Erfahrungen auf beträchtliche Art und Weise die sinnlich wahrnehmbare Qualität des Fleisches.

Aber bis zu welchem Punkt kann man sagen, dass menschliche Technik und der Eingriff des Menschen in den Begriff der Natürlichkeit passen? Denn jede auch noch so archaische landwirtschaftliche Technik greift in die Natur ein.

Dasselbe gilt für den Verarbeitungsprozess, da der Produktionsprozess unserer Nahrungsmittel nichts Kulturelles an sich hätte, wenn er nur natürlich ablaufen würde: unsere Nahrung würde sich dann gar nicht von der Nahrung der Tiere unterscheiden, die unverarbeitet fressen, was sie vorfinden.

In diesem wie in vielen anderen Momenten des Lebens sollte der gesunde Menschenverstand vorherrschen: eine Technik ist natürlich, wenn sie die Natur respektiert, sie nicht missbraucht, unausgewogen konsumiert und ihr Gleichgewicht irreversibel verändert. Wir können das Beispiel des Weines anführen: ist es natürlich, ein *Barrique* (Eichenfass) zu verwenden, um ihn im Weinkeller zu verfeinern? Es ist sicher natürlicher als die Verwendung eines Konzentrats, das die biochemischen Werte der Traube eines Jahrganges verzerrt. Die *Barrique*-Technik ist eine Weinkellertechnik, von der die Natürlichkeit des Weines nicht verändert wird. Dasselbe gilt für das Lichten der Weinreben (man entfernt einige Traubendolden, um die Konzentration des Zuckers in den restlichen zu fördern und dadurch die Qualität der Traube auf Kosten der Produktionsmenge zu verbessern): diese Technik könnte als ein Eingriff von Aussen interpretiert werden. Das Lichten ist jedoch natürlicher als der Einsatz eines Konzentrators oder chemischer

Pflanzenbehandlungen, weil es zu einer Arbeit und zu einem praktischen menschlichen Wissen gehört, das voll und ganz der Natürlichkeit der Dinge angepasst ist. Es beeinträchtigt keineswegs das Produktionsergebnis, sondern verbessert es, ohne die Böden und die Pflanzenwelt zu überlasten. Ein ähnliches Beispiel könnte man bezüglich der botanischen Kreuzungstechnik und der Verbesserung der Vielfalt durch Auswahlverfahren anführen. Letzteres wird von Bauern und Baumzüchtern nach jeder Ernte, Jahreszeit für Jahreszeit durchgeführt. Durch die Auswahl werden aus produktiven Gründen Hybride erfunden oder noch schlimmer genmanipulierte Sorten geschaffen (auch diese aus produktiven Gründen: der Leser wird wohl nicht an die Lüge glauben, dass diese das Problem des Welthungers lösen können? Aber darauf werden wird zurückkommen).

Somit finden wir eine weitere Grundlage zur Suche nach dem Wohlgeschmack: Das Produkt muss natürlichen Kriterien entsprechen. Dies gilt für seine gesamte Produktionsinhalte vom Feld bis auf unsere Tische.

1.4 Die Lust am Genuss

Gut ist, was schmeckt. Die Lust am Genuss war schon immer das Kreuz und das Vergnügen des Gastronomen. Einerseits kann man nicht bestreiten, dass man nach Wohlgeschmack sucht, um für sich und andere Genuss zu erfahren. Andererseits sind in Europa die Orte, an denen sich eine gastronomische Kultur entwickelt hat, auch die, an denen der katholische Einfluss am größten war und die allgemeine Moral dem Genuss feindlich gesinnt ist, indem sie diese mit dem Laster, der Sünde und der Verdammnis in Verbindung bringt. Auch der typische Aktivismus gewisser politischer Ideologien hat die Suche nach gastronomischer Lust am Genuss als Hingabe an die verdammungswürdigsten bürgerlichen Laster bezeichnet.

Der Genuss der Speise, nach dem man, auch wenn es an Nahrung mangelte, stets mit feinem Verstand gesucht hat, ist physiologisch und instinktiv bedingt und wird von unserer Kultur verdrängt. Die Gastronomie hat keinen wissenschaftlichen Status erhalten und galt auch nie als ernsthaft, weil sie eine Wissenschaft ist, die sich mit Geschmackserlebnis und Lust befasst.

Dieses Manko hat die Suche nach dem Wohlgeschmack verhindert und wurde zum bestmöglichen Komplizen der industrialisierten Lebensmittelherstellung, in der Qualität zweitrangig war und dann ganz verschwand (oder man setzte sie mit anderen Begriffen wie der hygienisch-medizinischen Sicherheit gleich). So wurden die meisten Menschen mit Aromastoffen, Geschmacksformen und künstlichen Wahrnehmungen überhäuft. Dadurch wurden sie unfähig, etwas Gutes auszuwählen, weil sie das Gute nicht mehr erkennen konnten. Die Ablehnung oder Unterdrückung der kulinarischen Lust haben für die meisten die Durchtrennung der Nabelschnur zwischen uns, der Erde und ihren Früchten zu einer schmerzlosen Erfahrung gemacht. Es handelt sich dabei um jenen dramatischen Riss, der Produzenten und Konsumenten voneinander entfernt und die letzteren vollkommen von den Produktionsphasen getrennt hat. Diese Trennung erfolgte eben dort, wo sich die Lust am Genuss entwickelt, der Geschmack seine Würde beibehält und die Grundlage das Wissen ist.

Das Lustprinzip ist grundlegend. Das Lustprinzip ist natürlich: es ist ein Recht aller Menschen, darüber haben wir bereits gesprochen. Dieses Prinzip ohne Doppeldeutigkeiten und psychoanalytische Implikationen geltend zu machen, ist vor allem ein Akt der Zivilisation. Der Genuss muss als Menschenrecht allen garantiert werden und es ist daher notwendig, Menschen dazu zu erziehen, ihn zu erkennen. Man muss die Bedingungen schaffen, um überall natürliche und gute Produkte herzustellen.

Diese Zielsetzung räumt sofort die falsche Anschauung aus dem Wege, nach der die Gastronomie das Vorrecht einer Elite ist und daher von der normalen Ernährung getrennt werden soll. Das würde bedeuten, dass nur diejenigen, die es sich auch finanziell leisten können, ein Anrecht auf Genuss haben und die anderen, die Armen, nur noch essen dürfen, um nicht zu verhungern und dabei kein Anrecht auf Genuss haben.

Es ist aber nicht so, denn die Lust am Genuss verbindet sich immer sehr eng mit dem Wissen und somit mit einem anderen Recht: das Recht auf die Kenntnis der sinnlich wahrnehmbaren Eigenschaften eines Rohproduktes auch nach seiner Verarbeitung; das Recht auf die Kenntnis des Verarbeitungsprozesses, um dessen Wert zu schätzen; das Recht auf die Kenntnis der Eigenschaften ähnlicher und vergleichbarer Produkte unterschiedlicher Herkunft und verschiedener Verarbeitungstechniken; das Recht, sich selbst und das eigene Feingefühl zu kennen, das den anderen mitgeteilt und mit ihnen geteilt wird.

Gesuchte und ausgedrückte Lust am Genuss ist ansteckend, sie gibt dem Körper seine ganze Vitalität zurück und spornt den Verstand dazu an, die Grenzen der alten, geregelten gastronomischen Ordnung zu überschreiten. Dies ist eine Herausforderung für alle Disziplinen (wie zum Beispiel der Ernährungswissenschaft), die mit der Nahrungsmittel zu tun haben und des öfteren, in ihre Spezialisierung verstrickt, behaupten, sie könnten auch ohne diese auskommen. Aber ohne sie hätten sie keine Daseinsberechtigung. Die Lust am Genuss muss weltweit Kindern, Erwachsenen und älteren Menschen beigebracht werden. Er ist der einzige Ansporn, um dem alltäglichen Tun des neuen Gastronomen einen Sinn zu geben. Man darf sich dabei nicht zu viel in die Privatsphäre zurückziehen. Es geht mehr um eine bewusste Lebensphilosophie, die jede gastronomische Tätigkeit, vom Anbau bis zur Tafelfreude, vom Einkauf bis zur Küche, von der Untersuchung des Nahrungssystems bis zur wissenschaftlichen Forschung durchdringt und leitet. Sie schließt auch die Entwicklungsprogramme für die Regionen mit Ernährungsproblemen ein.

Ich möchte hier vom Genuss als Philosophie des Wohlgeschmacks sprechen, die für das Gute arbeitet und es genießen kann.

1.5 Das Gute als Ziel

Gerade weil er subjektiv ist, kann der Wohlgeschmack als Trennungsmittel zwischen gesellschaftlichen Schichten und Völkern verwandt werden; er verursacht kulturelle Diskriminierungen seitens derer, die davon profitieren, den Wohlgeschmack nicht allgemein bekannt werden zu lassen, oder denken, sei es auch in guter Absicht, dass das eigene Gute das einzige und allgemein geltende Gute sei.

Wenn ich nach dem Guten suche, so suche ich nach meinem Guten, nach dem, was in meiner Kultur als gut gilt, aber gleichzeitig wünsche ich mir, dass alle auf dieser Welt das finden können, was in ihrer Kultur als gut gilt.

Die Italiener zum Beispiel haben viele traditionelle Hasengerichte. Für viele US-Bürger hingegen gilt es als unmenschlich und abscheulich, Hasen zu verspeisen, weil der Hase ein Haustier ist wie ein Hündchen. Es ist daher schwierig, einem US-Amerikaner zu erklären, dass der Grubenhase von Ischia, der traditionell gezüchtet wird, höhere sinnlich wahrnehmbare Eigenschaften hat. Vielen gilt der Hase nicht einmal als essbar! Dasselbe gilt für den bereits erwähnten *Brus.* Nicht einmal im ganzen Piemont wird er als gut angesehen. Für viele stinkt er! Vielleicht ist er objektiv gesehen gar nicht gut, aber er gehört zu meiner Kultur, zu meinem Gedächtnis und es gibt Techniken, ihn besser oder schlechter zuzubereiten. Die Jugendlichen aus dem Südpiemont zum Beispiel, wo der *Brus* heute noch in geringen Mengen hergestellt wird, besitzen keine kulturellen Koordinaten, um ihn wertschätzen zu können. Man kann sie aber dazu erziehen, wenn sie die Gründe seiner Herstellung erfassen und die Ursachen seiner authentischen sinnlich wahrnehmbaren Eigenschaften verstehen. Immerhin gehört er zur Kultur der Ortschaften, in denen sie geboren wurden. Natürlich kann man sie nicht dazu zwingen, ihn zu essen. Sein Geschmack ist am Aussterben, denn es ist wahr, dass sich Geschmack geschichtlich weiterentwickelt. Durch ihn wird die absolute Relativität des Wohlgeschmacks bestätigt.

In Burkina Faso traf ich einige Frauen, die Insekten verspeisten und bestimmte Larven nach den Lehren ihrer Mütter trockneten. Denn in einem so armen Land gelten Insekten und Larven als leicht auffindbare Quelle von Proteinen. Diese Frauen haben mir auch eine Tüte davon geschenkt. Aus Höflichkeit und vielleicht auch aus Neugierde musste ich eine dieser Raupen probieren. Objektiv gesehen, habe ich darin nichts gefunden, das meiner Kategorie von Wohlgeschmack entsprechen würde (obwohl ich ähnliche Larven bereits geröstet in Mexiko City verspeiste und sie schmackhaft fand). Für meinen persönlichen Geschmack sind diese Insekten schlecht, aber weil sie für jene Kultur wichtig sind und zur Kultur gehören, entsprechen sie auch den Kriterien der Natürlichkeit. Da diese Insekten Parasiten sind, gilt ihr Verzehr als Beitrag zur Landwirtschaft. Sie verbessern die Ernährung der Bewohner von Burkina Faso (die sie sehr schätzen) und daher *muss* ich sie als gut ansehen. Wie der *Brus* wohlschmeckend ist, so ist es auch der Grubenhase von Ischia, der vom Aussterben bedroht ist. Wiederum geht es um die absolute Relativität des Wohlgeschmacks: der Kultur nach, der Natürlichkeit und den sinnlich wahrnehmbaren Eigenschaften nach.

Wenn man diese Relativität voll anerkennt, bedeutet der Begriff in erster Linie Respekt gegenüber anderen Kulturen und der Vielfalt. Dieser Respekt muss jeden unterstützenden Versuch, jede Tätigkeit im Sinne des Austausches und jede Verkostung in einem anderen Land leiten.

Niemand hat das Recht, die Gerichte anderer nach seinem eigenen kulturellen Geschmack zu beurteilen. Wenn wir die kulinarische Beschreibungssprache für angemessen halten, wird sie zu einem Kommunikationsmittel. Um sie zu bewerten, muss man lernen, die Kategorien des Guten zu erkennen, die sie innerhalb einer Kultur als Sprache kodiert haben. Es ist notwendig, andere Sprachformen zu erlernen.

Dieser schwierig zu zollende Respekt ist das erste Hindernis und die erste Fehlerquelle in der Planung von internationalen Projekten im Bereich des Schutzes oder der Förderung von Erzeugnissen, Landwirtschaftsformen oder Menschengruppen, die an gewisse Nahrungsmittel gebunden sind. Im Allgemeinen sind NGOs, Vereine und Institutionen, die sich in diesen Bereichen engagieren, Ergebnis der westlichen Kultur. Sie dürfen ihre Denkweise und Genussart nicht aufdrängen. Auch nicht in guter Absicht. Slow Food bemüht sich weltweit mit seinen internationalen Förderkreisen, kleine Produktionseinheiten zu schützen. Des Weiteren arbeitet Slow Food mit viel Anstrengung und Bemühung an dem Verständnis für die Kulturen, in denen wir tätig werden wollen. Wenn wir arbeiten, um Nachhaltigkeit, Natürlichkeit und lokale Tradition zu fördern, so bemühen wir uns auch um die Qualitätsförderung. Wenn wir von einem falschen Begriff des Wohlgeschmacks ausgehen, so liegen wir vollkommen falsch.

Schließlich hat der Wohlgeschmack als Zielsetzung auch eine politische Bedeutung. Die Wiedererlangung unserer sinnlichen Wahrnehmung begründet eine neue Denkweise und eine neue Form der Tätigkeit und Reaktion. Der Respekt gegenüber den Kategorien anderer Kulturen (zur Erfassung des Wohlgeschmacks) macht unsere Kommunikation und Arbeit möglich. Diese führen zur Befreiung der Nahrungsherstellerbündnisse und sind wichtige Schritte in Richtung der wiedergefundenen Realität. Diese wird wiederum durch die Sinne als ein großes Netzwerk von Geschmacks- und Wissensformen wahrgenommen.

Dieser globalen Realität muss dann die einheimische Tätigkeit entsprechen, die darin besteht, sich im eigenen Heim zu ernähren. Der Wohlgeschmack kann überleben, wenn er sich der Vielfalt bewusst wird, die ihn weltweit umgibt. Diese Tätigkeit ist zwar nicht allgemein geltend, aber sie geht von geteilten Auswahlkriterien in einer komplexen Realität aus, die als solche angenommen wird. Der Wohlgeschmack ist das Ziel. Gleichermaßen gilt die Qualität als Ziel einer universell anerkannten neuen Sensibilität (oder sinnlichem Wahrnehmungsvermögen).

1.6 Ist es gut?

Das erste der drei unentbehrlichen und zusammenhängenden Definitionskriterien (gut, sauber und fair) ist *gut*. Es muss gut sein für den Geschmack und für den Verstand. Das Gute hat höhere sinnlich wahrnehmbare Eigenschaften. Die höchsten, die man erreicht, wenn man das natürliche Kriterium einhält. Das Bemühen des neuen Gastronomen besteht darin, sie zu respektieren, sie erkennen zu lernen, sie zu erzeugen, ihre Produktion in seiner Kultur zu fördern und ihnen immer den Vorzug vor anderen zu geben.

Es ist ein politisches Bemühen. Die Politik dient dazu, die Lebensqualität zu verbessern, und das Gute hat die gleiche Funktion. Wer der Meinung ist, Politik sei zu ernsthaft, um solche Diskussionen zu führen, dem antworten wir, wie ernsthaft das Gute ist. Es ist keine Ketzerei und man braucht sich dessen nicht zu schämen.

Das Gute ist der Respekt vor sich selbst und den anderen. Wir müssen darauf hinarbeiten, dass es ein allgemeines Recht wird. Das ist Teil der Aufgabe unserer Zivilisation. Das Gute zu fordern, führt zum Respekt vor der Erde und den verschiedenen Kulturen: zum Glück. Schreckt jemand vor der Demokratie des Guten zurück, ist dies nicht Sache des Gastronomen. Wenn die »Gutmenschen« (die egoistisch und verantwortungslos genießen und niemals auf den Genuss verzichten) über die Wertschätzung des Genusses empört sind, so ist dies allein ihr Problem, das besteht, solange das Gute, der Geschmack, das Wissen und der Genuss uns nicht im Namen dieser Angst und Empörung oder gar aus Profitgier weggenommen werden. In diesem Fall muss der Gastronom unbedingt eingreifen! Es geht hier um Glück für die Erde und ihre Bewohner.

Tagebuch 9 Die indischen Garnelen

Am 27. Dezember 2004 erwachte die Welt mit den Bildern einer apokalyptischen Katastrophe. Ein gewaltiges Erdbeben hatte wenige Kilometer vor der Küste Sumatras eine riesige sonderbare Welle verursacht, einen *Tsunami.* Dieser hat dann Tausende von Kilometern Küste in Indonesien, Bangladesh, Indien, Sri Lanka und sogar in Ostafrika heimgesucht. Hunderttausende von Menschen wurden getötet, Städte wurden dem Erdboden gleichgemacht. Wo sich früher menschliche Siedlungen befanden, blieb nur noch eine trostlose Ruinenwüste zurück. Menschenleben wurden ausgelöscht, Gesellschaften aus den Angeln gehoben, Kulturen schwer auf die Probe gestellt. Es gab ungezählte Verluste. Die Welt zeigte umgehend große Solidarität und mobilisierte sich wie noch nie, um der betroffenen Bevölkerung Hilfe zu leisten. Nach Beendigung der Notlage hat man begonnen an die Zukunft dieser Gegenden zu denken. Diese Paradiese des Fremdenverkehrs, diese von einfachen Fischern und Bauern bewohnte Küsten, wo die einheimische Bevölkerung schon unzählige Probleme hatte, mussten von vorne anfangen.

Die Debatte bezüglich der Ausrichtung der weitreichenden solidarischen Bemühungen des reichen Westens, war in den Monaten nach der Katastrophe sehr intensiv. Um besser herauszufinden, was zu tun war, organisierten wir in unserem kleinen Kreis ein öffentliches Treffen, um verschiedene Gesichtspunkte und Weltanschauungen zu vergleichen. Der Titel des Treffens, das am 14. Februar 2005 in Turin stattfand, lautete: *Orient und Okzident zwischen Natur und Nahrung.* Zur Debatte wurden zwei Freunde eingeladen: Enzo Bianchi, Prior des Klosters von Bose im Nordpiemont und Vandana Shiva, indische Wissenschaftlerin und Aktivistin.

Hatten wir genügend Kenntnisse über die vom Tsunami betroffenen Orte und Kulturen, um einen Weg des Wiederaufbaus vorzuschlagen? Unterschiede im Verhältnis zu Natur und Verantwortungsbewusstsein gegenüber den zukünftigen Generationen leiten jede Tätigkeit der Menschen, die an die Wiedergeburt glauben. Welche Konsequenzen und Überlegungen hat dies in einer Welt, in der hingegen das technokratische Denken vorherrscht? In einer Welt, in der *Entwicklung* das Ergebnis höchster Profite und größten wirtschaftlichen Reichtums ist?

An jenem Abend suchte man nach Antworten und debattierte auf allen Ebenen: von unserem Bezug zum Überirdischen, das die irdischen Tätigkeiten beeinflusst, bis zum Aufeinandertreffen / Aufprall der Kulturen, wie er in den von der seltsamen Welle zerstörten touristischen Ressorts erfolgt. Die Debatte fand auf höchsten Niveau statt. Aber was mich am meisten beeindruckte, war die Einführung von Vandana Shiva, die schonungslos konkret und provokant war:

> Die Auswirkungen der Welle, die sich auf die Küsten gestürzt hat, sind Schuld des Menschen. Aufgrund der Errichtung touristischer Komplexe und der Mangrovenwälderzerstörung zu ihrer agrarindustriellen Nutzung wurden die Küsten ihrer natürlichen Abwehrkräfte beraubt. So wurden sie ganz und gar verwundbar. Auf diese Weise wurden Hunderttausende von Menschen der Gefahr ausgesetzt. Das Prinzip der menschlichen Verantwortung gegenüber der Natur wurde einfach nicht respektiert. Daher wurde der Mensch mit einer so unglaublichen Gewalt getroffen.

Es geht hier um einen verantwortungsbewussten Umgang der Menschen mit der Umwelt. Dieser zeichnet sich durch den heiligen Respekt gegenüber der Natur, den Mitmenschen und den zukünftigen Generationen aus. Es handelt sich um die höchste Philosophie, die in diesen Regionen täglich in der landwirtschaftlichen Arbeit, in den menschlichen Beziehungen aller Art praktiziert wird. Diese Philosophie wurde jedoch vom Einbruch einer anderen Kultur und dem Eindringen anderer Herstellungsmethoden ignoriert.

Vandana hat uns eine Geschichte einer ganz unglaublich schlechten Produktion vor Augen geführt, die sich heute, seit man mit dem Wiederaufbau beschäftigt ist, in einem noch schlimmeren Maße wiederholen könnte. In zahlreichen vom Tsunami betroffenen Küstenregionen Indiens und Bangladeshs wurden Intensivkulturen von Garnelen errichtet, welche weitreichende, verheerende Auswirkungen auf die Ökosysteme und auf das Leben der lokalen Bevölkerung haben.

Zu Beginn der 90er Jahre überzeugten die Experten der Weltbank die indische Regierung, dass intensive Zucht von Granelen die jahrhundertelange Armut beenden würde. Das wurde durch das Versprechen gerechtfertigt, eine schnelle Entwicklung voranzutreiben, große Verdienste zu ermöglichen und neue Arbeitsplätze zu schaffen. Ebenfalls würden die seit langem bestehenden und gut etablierten kleinen Subsitenzsysteme entlang der sechstausend Kilometer langen Küste beendet werden.

Die Garnelenzucht galt als das Zaubermittel, das in den zielorientierten Händen der Weltbank auch Indien die Tore des sicheren und langfristigen Wohlstands ermöglichen würde.

Aber diese Zuchten nehmen viel Platz ein. Im Laufe weniger Jahre wurden Tausende von Hektar fruchtbares Land, auf dem die Bauern einfache, unterschiedlichste Produkte (vor allem Reis) anbauten, die ihrem Unterhalt dienten, in riesige Becken im Freien verwandelt. Um sie zu füllen, braucht man große Mengen von Süßwasser. Dadurch wurden die Grundwasserressourcen der nahen Dörfer aufgebraucht. Es braucht des Weiteren auch eine ausreichende Menge von Meerwasser, das mit der Zeit in den Erdboden sickert und es erschwert, diesen kurzfristig wieder zu bestellen.

Da die Granelen unter extremen Bedingungen leben, die sie krankheitsanfällig machen, werden sie mit reichlich Antibiotika gefüttert. Die Becken sind überfüllt. Diese Antibiotika dienen als Wachstumsbeschleuniger und gerade deshalb werden sie überdosiert. Des Weiteren werden die Granelen tagtäglich mit einer guten Menge Chemie besprüht, um die Bedingungen des Ökosystems ins Gleichgewicht zu bringen. Das Ökosystem selbst, in das sie eingebettet wurden, ist künstlich. Eine ähnliche Behandlung benötigt natürlich auch das Wasser, das dauernd gewechselt und aus Bequemlichkeit und Einfachheit einfach ins Meer umgeleitet wird.

Neben den Schäden an der Landwirtschaft ist somit auch die Fischzucht in die Knie gezwungen worden. Das verseuchte Wasser, das reich an Nitraten und Nitriten ist, die in den Ausscheidungen der Granelen vorhanden sind, fördert das Aussterben der Mangrovenwälder, denen man schon beim Anlegen der Zuchten Schaden zugefügt hatte. Das Vorhandensein der Mangroven ist in diesen Regionen grundlegend. Denn sie schützen die Küste vor der Gewalt des Meeres (es ist daher kein Zufall, dass der Tsumani in den bewaldeten Küstenregionen weniger Schaden verursacht hat) und dienen als Zufluchtsort für die Fische die, nimmt man ihnen ihre natürliche Umgebung weg, sterben oder an andere Orte ziehen. Die Fischer, die gewohnt sind, vor der Küste zu arbeiten, müssen sich nun Boote für den Hochseefischfang anschaffen, wenn sie sich diese überhaupt leisten können. Sie müssen sich immer mehr von der Küste entfernen, um etwas fischen zu können.

Was ist nun die Bilanz? Ein Rundumschlag von Umweltschäden, ganze Dörfer, die in die Knie gezwungen wurden und eine Masse an Arbeitslosen. Ein Fischzuchtbecken schafft Arbeitsplätze für zwei Personen. Auf derselben Fläche arbeiteten vorher ein Jahr lang mindestens hundertzwanzig Reisbauern. Garnelen sind unter anderem für die Märkte der USA, Europas und Japans bestimmt, die in den letzten Jahren von Tonnen dieser Krustentiere überschwemmt wurden. In den indischen Küstenregionen wurden die Garnelen schon vor den Intensivkulturen gezüchtet. Man rotierte aber zwischen Reisanbau und anderem, um die Felder auf umweltfreundliche Weise wieder fruchtbar zu machen (mit nicht giftigen Exkrementen) und um die ein Jahr ruhenden Felder nicht ungenutzt zu lassen. Der Verbrauch erfolgte mehr oder weniger in der einheimischen Umgebung, aber nun ist das nicht mehr so. Die örtliche Bevölkerung von Arbeitslosen kann sich nun die teuren Industriegarnelen nicht mehr leisten, die sie in der Vergangenheit im Gleichgewicht mit der Natur für den eigenen Lebensunterhalt gezüchtet hatte.

Seit einigen Jahren versuchen in Indien zwei Schüler von Mahatma Gandhi, Kirshnammal und Jagannathan, die Forderungen der Küstenbevölkerung geltend zu machen, die vorher vom Tsunami und dann aufgrund der Aggressivität dieser Zuchten zerstört wurde. Ihrerseits hat die Weltbank schon geplant, die überfluteten Zuchtanlagen wieder aufzubauen und sogar zu verbessern. Ich habe keine Zweifel, auf welcher Seite ich stehe. Die Geschichte, die uns Vandana berichtet hat, wurde in Italien von Laura Coppo im Buch *Erde, Garnelen, Bauern und Helden* veröffentlicht. Sie ist ein weiteres Beispiel dafür, wie die Respektlosigkeit gegenüber den lokalen Kulturen und dem jahrtausendelang funktionierenden Anbau das Leben der Menschen verschlechtert. Und diesen Menschen, so behauptet man, würde auch noch geholfen werden.

Die Respektlosigkeit gegenüber der Natur kann sehr gefährlich sein. Ob es Schicksal sein mag oder nicht, sobald sie mit einer solchen Gewalt rebelliert, ist der technokratische Mensch immer der erste, der ihr zu Hilfe kommt.

2 Sauber

Die zweite Bedingung an ein Lebensmittel, das dem Anspruch der Qualität entspricht, ist *sauber*. Sauber ist weniger relativ als gut, obwohl den Begriff eine vergleichbare Komplexität auszeichnet. Auch sauber entspricht dem Kriterium der Natürlichkeit, wenn auch mit einer anderen Nuance. Der Begriff hat sich anders entwickelt als der des Guten. Die Natürlichkeit betrifft hier nicht die diesem Produkt inhärenten, sondern vielmehr die Produktions- und Transportmethoden. Das Produkt gilt als sauber, wenn es die Erde und die Umwelt respektiert, wenn es sie nicht verschmutzt und auf seinem Weg vom Feld zum Tisch keine natürlichen Ressourcen verschwendet oder zu viele von ihnen verbraucht. Wenn wir es technischer ausdrücken möchten, so gilt ein Produkt als sauber, wenn es natürlich und nachhaltig ist.

Um den Begriff der Nachhaltigkeit dreht sich auch die gesamte Definition von sauber. Auch die Nachhaltigkeit kann relativ erscheinen (aber man muss Kosten und Nutzen berechnen können, um genaue Regeln festzulegen: oft wird eine durch Produktion verursachte Vergiftung nur hingenommen, weil man, was die Kosten angeht, ihre Auswirkungen auf die Umwelt nicht kennt oder unterschätzt). Daher ist es notwendig, Grenzen zu setzen. Die Grenze wird in diesem Falle vor allem vom gesunden Menschenverstand gezogen, falls eine genaue Berechnung nicht möglich sein sollte.

Abschließend soll hervorgehoben werden, dass die Begriffe sauber und gut in engem Zusammenhang stehen (dasselbe gilt für den Begriff fair, wie wir später sehen werden). Der Respekt vor dem Kriterium der Natürlichkeit begründet beide Prinzipien und beeinflusst sie. Ein nicht überstrapazierter und unverseuchter Boden wird Früchte hervorbringen, die bessere sinnlich wahrnehmbare Eigenschaften aufweisen. Gute Luft erlaubt eine bessere Entwicklung der Produkte. Das richtige Gleichgewicht eines Ökosystems bringt niedrigere Produktionskosten und die Möglichkeiten sämtlicher Rohprodukte zur vollen Entfaltung.

2.1 Nachhaltig

Was bedeutet nachhaltig im Zusammenhang mit den Lebensmitteln? Ist eine Kiste auf dem Schiffweg importierter biologischer Mangos aus Brasilien nachhaltiger als das Brot des nahen Bäckers? Wenn man die Nachhaltigkeit der Nahrungsprodukte beurteilen will, muss man die ökologischen Auswirkungen der Umstände kennen, die das Produkt vom Feld auf unseren Tisch bringen. Man muss sich fragen, ob ein Lebensmittel gesund und sicher ist, ob es hergestellt wurde, um den Erfordernissen seines Konsumenten zu entsprechen (das nachhaltige Gute) und ob seine Herstellung und Verarbeitung Arbeitsplätze und die faire Beschaffung des Lebensunterhaltes gewährleisten (das nachhaltige Faire).

Ein Produkt gilt in dem Maße als sauber, in dem es in ökologischer Hinsicht nachhaltig erscheint. Um alle Auswirkungen seiner Herstellung und Verarbeitung auf die Umwelt zu beurteilen, muss man ein umfassendes und vielfältiges Wissen haben. Man muss wissen, ob die verwendeten Sorten stark kommerziell geprägt sind und die biologische Vielfalt gefährden. Weiterhin muss man wissen, ob die Anbau- und Zuchttechniken die Böden mit Pestiziden oder flüssigen Tierausscheidungen auslaugen, die mit Futter und Medikamenten vollgepumpt wurden. Außerdem sollte man Kenntnis davon haben, ob die Verarbeitung in Industrieanlagen oder Laboren erfolgte, die weder vergiften noch vergiftende Produkte verwenden, und ob die verschiedenen Transportwege des Produktes zu lang waren oder durch stark die Luft verschmutzende Fahrzeuge erfolgten. Vielleicht schaden auch wir selbst der Umwelt, um uns diese Produkte zu beschaffen oder zu kaufen. Das ist alles nicht einfach, denn die Beurteilung der Nachhaltigkeit erfordert eine vertiefte Beschäftigung damit und Besonnenheit von uns als Konsumenten wie nie zuvor.

Um auf das Beispiel der Mangos und des Brotes zurückzukommen: auf den ersten Blick könnte man die Mangos für weniger nachhaltig als das Brot halten, weil sie eine große Entfernung zurückgelegt haben. Aber vielleicht stimmt das gar nicht. Sie sind als biologisch gekennzeichnet. Dies bedeutet, dass für ihre Herstellung wahrscheinlich keine Pestizide eingesetzt wurden. Ihr Transport erfolgte auf dem Schiffsweg (und vom Hafen bis zu uns nach Hause vielleicht auf Schienen). Das Schiff belastet die Umwelt viel weniger als ein Flugzeug oder ein LKW. Das Brot könnte andererseits mit einem Mehl zubereitet worden sein, das aus intensiven Weizenkulturen stammt. Der Weizen könnte zahlreiche Kilometer bis zur nächsten Mühle transportiert worden sein. Außerdem könnte es auch sein, dass der Backofen schlecht funktioniert und Schadstoffe an die Atmosphäre abgibt. Kombiniert man das mit der Verschmutzung durch den LKW, der Kurzstrecken fährt und eine höhere Luftverschmutzung verursacht, so ist diese Variante vielleicht schlechter als die andere. Denn größere Strecken, die mit dem Schiff und auf Schienen zurückgelegt werden, verursachen weniger Luftverschmutzung. Daraus folgt, dass die Nachhaltigkeit relativ ist, allerdings nur, wenn ich auf der Grundlage von Hypothesen überlege. Man kann die Faktoren aber genau kennen und durch sie zu einem objektiveren Urteil kommen.

Wir sind an dem Punkt angelangt, an dem jeder von uns sich fragen sollte, ob der eigene Lebensstil überhaupt nachhaltig ist oder nicht. Dies gilt für Produzenten, Händler, Regierungen, Institutionen, Vereine und auch für die einzelnen Bürger. Alle sollten wir uns der Frage stellen, ob wir etwas tun, um die Nachhaltigkeit zu quantifizieren und zu beurteilen. Dass unser Lebensstil bis heute nicht als nachhaltig gelten kann, ist bewiesen. Das sagt der *Millennium Ecosystem Assessment Report,* den wir im ersten Kapitel zitiert haben, ausdrücklich. Und das ist nur der letzte und vollständigste Bericht in einer Reihe von Berichten, die in den letzten zwanzig Jahren verfasst wurden. Seit der ersten Hälfte der 70er Jahre wurden die ersten alarmierenden Stimmen laut: wir sind den Grenzen unseres Wirtschaftswachstums sehr nahe gerückt. Unser Ressourcenkonsum überschritt bei Weitem die in der Natur verfügbaren Reserven. Das erste große Nachdenken kam darauf im Jahre 1992 im Rahmen des internationalen Umwelt- und Entwicklungsgipfels in Rio. Alle Regierungen verabschiedeten sich von diesem Gipfel mit einem Dokument, *der Agenda 21.* Das Dokument hätte die Nachhaltigkeitskriterien für das nächste Jahrzehnt vorgeben sollen. Es ist zweifelsohne ein wertvolles Dokument, in dem man vom Kampf gegen das Fortschreiten der Verwüstung, vom Schutz des Klimas, der biologischen Vielfalt und zahlreichen anderen Problemen auf Weltebene sprach. Es beinhaltete sämtliche Richtlinien für eine Verpflichtung der Regierungen und der einzelnen Bürger. Zehn Jahre darauf konnte man in Johannisburg feststellen, dass den zahlreichen guten Absichten wohl kein konkretes Tun gefolgt war. Die vorgegebenen Richtlinien wurden nicht befolgt, weil es keine Regeln und Sanktionen gab. Somit wurde die Auslegung und Beurteilung des Begriffes der Nachhaltigkeit einfach den Entscheidungsträgern überlassen. Niemand kann von sich behaupten, ein Gegner dessen zu sein. Aber es ist etwas ganz anderes, den eigenen Lebensstil in diesem Sinne zu verändern. Schon im Privaten ist es schwierig. Somit kann man sich vorstellen, was dies für die gesamte Nation bedeutet.

Die ökologische Nachhaltigkeit ist die erste und wichtigste Bedingung, damit ein Produkt als sauber gelten kann. Im Moment bleibt es eine Frage des Konsumentenurteils, auch weil es mit der wirtschaftlichen Durchführbarkeit (ebenso mit den wirtschaftlichen Interessen der Produzenten) und mit der Frage der sozialen Gerechtigkeit kollidiert (wie wir später sehen werden). Die ökologische Nachhaltigkeit kann gemessen werden. Denn sie baut auf genauen Kenntnissen und Informationen auf, die uns vorenthalten werden. Oder die uns zu beschaffen wir keine Lust haben oder dazu nicht imstande sind.

Es ist Aufgabe des neuen Gastronomen, sich zu bemühen, diese Informationen (landwirtschaftliche Methoden, die für die Rohprodukte eingesetzt werden; Produktionsregionen, eingesetzte Transportmittel, Respekt der biologischen Vielfalt und der Ökosysteme in der gesamten Produktionskette …) öffentlich und zugänglich zu machen; (schön wäre es, wenn man sie auf den Etiketten des Produktes vermerken würde). Das ist wiederum ein Zivilisationskampf. Denn die Verantwortung für die Nachhaltigkeit wird von allen geteilt: Bauern, Weiterverarbeitern im industriellen oder handwerklichen Bereich, Politikern, die entsprechende Gesetze verabschieden, und Bürgern, die tagtäglich mit ihren Kaufentscheidungen die Produktion beeinflussen können.

Die zweite Frage, die wir uns bei der Bewertung eines Produktes stellen sollten, lautet: ist es sauber und nachhaltig. Wenn wir es nicht wissen, sollten wir den nötigen Druck ausüben, damit wir es erfahren. Wir müssen alle in der Lage sein zu bewerten und demnach auszuwählen. Es ist der einzige Weg, der zur Qualität führt.

2.2 LANDWIRTSCHAFT

Die primär Verdächtige in Bezug auf ökologische Nachhaltigkeit ist die Landwirtschaft. Seit den 50er Jahren hat die zunehmende Industrialisierung, die von den landwirtschaftlichen Herstellungsmethoden zugelassen wurde, stark die Natur der ländlichen Gegenden verändert.

Das Sprühen von Pestiziden und chemischen Düngemitteln hat exponentiell zugenommen. Sie verursachten das Sterben der bakteriellen Mikroflora, die den Boden in zahlreichen Regionen unseres Planeten lebendig und fruchtbar gemacht hatte. Die wahllose Ausschöpfung der Wasserressourcen, um immer produktivere und auch durstigere Sorten zu züchten, hat riesige Reserven aufgebraucht. Das Grundwasser wurde von den Düngemitteln und Pestiziden verseucht. Die Verwüstung und Austrocknung der Böden betrifft sogar Regionen, von denen man dies bis vor kurzem gar nicht erwartet hatte (wenn man sagt, dass die Basilikata der Verwüstungsgefahr ausgesetzt ist, so ist es etwas anderes als wenn das in den Regionen unterhalb der Sahara der Fall ist). Die Massentierhaltung hat nicht nur die Qualität unseres Fleisches verschlechtert und das Aussterben zahlreicher hervorragender Tierrassen verursacht. Sie verseucht auch die Böden durch ihre flüssigen Exkremente, die reich an im Futter enthaltenen Antibiotika und Substanzen sind und die von den Tieren nicht aufgenommen werden können. (Warum muss die Entsorgung der flüssigen Exkremente einer intensiven Haltung genau geregelt werden? Warum können diese denn nicht einfach normal in den natürlichen Kreislauf zurückgehen? Es handelt sich um End-Exkremente: ein schönes Paradoxon).

Viele ländliche Gegenden ähneln in ihren Eigenschaften immer mehr den Industriegebieten. Sie sind einfach leblos. Man sieht keine Bauern mehr. Sie wurden immer mehr in Arbeiter verwandelt, die am Fließband ihre Produkte herstellen. Die Landschaften sind unwiederbringlich entstellt. Die Felder zeigen durch ihre verblassenden Farben ihren mühseligen Kampf ums Überleben und schließen sich an absurde Bauten an: Ställe, Lagerhallen und riesige Maschinen sind abstoßend für den, der sich an den Ort begibt, an dem unsere Nahrungsmittel hergestellt werden. Denn hier weht der Tod und vermittelt nicht gerade einen lebensvollen Eindruck.

Der Punkt, von dem aus es kein Zurück mehr gibt, wurde schon lange erreicht. Nun müssen wir sofort umkehren auf unserem Weg und unsere Einstellung tiefgreifend verändern. Die Landwirtschaft muss entindustrialisiert werden. Man muss der Erde und der natürlichen landwirtschaftlichen Umgebung ihre Vorrangstellung zurückgeben. Die Erde ist der Ort des Lebens und es ist nicht richtig, dass sie stirbt oder sich wie ein Todkranker unter dauernden schockierenden, Behandlungen am Leben erhält. Ein überforderter Boden kann nichts Gutes hervorbringen und am Ende produziert er nur mehr den Tod. Ein überforderter Boden ist nicht das Ergebnis einer gewinnbringenden Beziehung zwischen Mensch und Natur. Er wird zur Produktionsmaschine unserer Nahrung degradiert. Diese traurige Maschine trägt kein Glück in sich.

Wie kann man also die Landwirtschaft entindustrialisieren? Man geht von allem aus, das unnatürlich ist und von nicht nachhaltiger Künstlichkeit in der dialektischen Beziehung zwischen Mensch und Erde.

Pestizide und Düngemittel sind als Produktionsmethode nicht nachhaltig: sie helfen nur in extremen Fällen, aber man kann die Erde nicht in einem andauernden Notzustand halten, in dem sie zu überleben hat. Sie müssen so weit wie möglich vermieden werden, weil sie dem Boden und unserer Gesundheit schaden. Sie ermöglichen kein Leben auf lange Sicht. Wenn wir so weiter machen, bleiben unseren Kindern nur noch unfruchtbare Böden.

Man muss im Anbau von Pflanzen und in der Viehzucht auf intensive Produktionsmethoden verzichten. Wir haben es nicht nötig, die Produktion zu steigern. Wir müssen sie verbessern und ›sauber machen‹. Man kann nicht Jahr für Jahr mehr von einem Boden oder von einer Milchkuh verlangen. Man kann auch nicht von einem Huhn verlangen, dass es innerhalb des halben Zeitraumes wächst, den die Natur vorsieht. Es handelt sich nicht um Maschinen, sondern um Lebewesen. Wenn der natürliche Mechanismus unterbrochen wird, dann kann man ihn nicht einfach reparieren, wie es bei einer Fräse der Fall ist.

Man sollte die autochtonen Sorten und Rassen bevorzugen. Ihr Überleben gewährleistet den Erhalt der biologischen Vielfalt, durch die das Ökosystem sich selbst reguliert. Diese Sorten und Rassen sind im Ökosystem eingebettet, das ihr Wachstum und ihre Entwicklung gesehen hat. Sie gewährleisten somit den Erhalt dieses Ökosystems. Sie gewährleisten eine größere Geschmacksvielfalt und ihr genetisches Erbe gilt als genetisches Erbe der gesamten Menschheit. Katalogisierung und Erhaltung machen es uns möglich, Lösungen zu finden, wo es scheinbar keine gibt. Mit den modernen genetischen Technologien könnte man auf diese Weise die Verluste ausgleichen, anstatt sie zu einem Instrument der neuen Verarmung der biologischen Vielfalt zu machen. Die industriellen Rassen und Sorten, die nur aus Produktionsgründen entwickelt wurden, verringern in der Tat die biologische Vielfalt. Außerdem verbrauchen sie für ihren Lebenskreislauf zu ihrem Erhalt zu viele natürliche Ressourcen. Sie sind nicht gut. Und sie sind auch nicht sauber.

Man muss auf die genmanipulierten Organismen verzichten. Ich will hier nicht darüber debattieren, ob sie gut oder schlecht für die Gesundheit des Menschen sind (dies ist noch nicht vollkommen bewiesen, es sind langfristige Untersuchungen erforderlich, da es sich um eine sehr junge Technologie handelt); ich möchte mich auch nicht mit ethisch-moralischen Betrachtungen aufhalten. (Bis zu welchem Punkt ist die Einmischung des Menschen in das Leben erlaubt? Kann man Kreuzungen durchführen, die es in der Natur so nicht geben würde? Kann man ein Lebewesen patentieren?) Ich möchte mich auch nicht in Überlegungen verlieren, die ihre wirtschaftliche Wichtigkeit für die Bauern erläutern; (die Erfahrung und die Daten, die nach den ersten Jahren ihrer Vermarktung aus den USA stammen, sprechen vom Scheitern).

Die genmanipulierten Organismen sind in ökologischer Hinsicht nicht nachhaltig. Mehrere Untersuchungen haben schon gezeigt, dass sie unverhältnismäßige Folgen haben. Im besten Fall kann man sie mit den Züchtungen der Intensivkulturen vergleichen. Einige Arten genmanipulierter Organismen (vor allem Mais) verseuchen im Gegensatz zu traditionellen Anbauformen hochgradig. Sie dringen in andere Anbaugebiete ein und verbreiten sich in der Umgebung. Die genmanipulierten Organismen sind das »perfekte« Produkt der Agrarindustrie, die Synthese, die auf der Suche nach der »perfekten Art« erreicht wurde. Sie sind widerstandsfähiger und produktiver, d. h. sie bilden die perfekte Monokultur. Wenn man auch von den sicher negativen Bewertungen ihrer Kompatibilität mit der Umwelt absieht, die aber noch bewiesen werden müssen, (obwohl die ersten Untersuchungen auf diesem Gebiet schon klare Ergebnisse aufzeigen), so kann man sie auf alle Fälle für ein Produkt halten, das die Natur auf den Kopf stellt. Es handelt sich einfach um ein falsches System. Die genmanipulierten Organismen sind der höchste Ausdruck einer Auffassung der Agrarproduktion, die keine Daseinberechtigung hat. Sie ist in jeder Hinsicht nicht nachhaltig.

Monokulturen müssen einfach abgelehnt werden. Sie bedeuten auf Feld und Boden die Verarmung der biologischen Vielfalt. Die extensiven Monokulturen vernichten die guten und die schlechten Kräuter. Um sich Raum zu verschaffen, verdrängen sie auch Flora und Fauna ihres Ökosystems. Wälder, Büsche, gute Insekten, Vögel, Lurche, fast alles verschwindet aus den Pflanzungen von Weintrauben, Mais und Oliven. Und das gilt auch für Bioanbau: wenn die Monokultur zu ausgedehnt ist, bedroht sie die biologische Vielfalt.

Falls man nicht anbaut oder züchtet, sondern nur *sammelt,* gilt dasselbe Prinzip der Nachhaltigkeit in der Herstellung von Rohprodukten. Man sollte zum Beispiel Alarm schlagen, damit die Fischzucht nachhaltig wird und nicht die Fischressourcen unersetzlich untergräbt. Die Situation der Meere ist vielleicht noch schlimmer als die der Böden, spricht[51] man von Verschmutzung, Verringerung der biologischen Vielfalt, Überfischung und intensiver Nutzung für die Nahrungsbeschaffung.

Die Landwirtschaft zu entindustrialisieren bedeutet ein System abzulehnen. Es geht nicht allein darum, neue Techniken einzuführen, die sich von den derzeitigen unterscheiden: die Produktion im kleinen Umfang voranzutreiben und biologischen und biodynamischen Anbau zu fördern. Auch Anbaumethoden, die keine chemischen Produkte einsetzen, können nicht nachhaltig sein, wenn sie in das agrarindustrielle Produktionssystem der Nahrung eingebettet werden. Dies erfolgt, wenn sie preismindernd denken und sich nur am Profit orientieren, der die Kosten für die Umwelt nicht in Rechnung stellt und das Leben auf unserem Planeten und dessen Bewohnern nicht würdigt. Die Landwirtschaft zu entindustrialisieren erfordert eine neue Beziehung zwischen Mensch und Natur. Eine offenere Denkweise, die sich an der Komplexizität orientiert und über sämtliche moderne und traditionelle wissenschaftliche Mittel verfügt, um die gänzliche Nachhaltigkeit eines neuen Produktionsmodells auch bewerten zu können.

2.3 Verarbeitung

Als *Verarbeitung* bezeichnen wir jede Art von Tätigkeit des Menschen auf dem Weg vom Rohprodukt zum Endprodukt.

Sie bedeutet auch jede Tätigkeit des Menschen innerhalb dieses Verarbeitungsprozesses, seine praktischen Fähigkeiten, seine Kreativität, seine Tradition oder Innovationsfreude. Es ist klar, dass hierbei die Nahrungsindustrie zu einem anderen Hauptver-

[51] Vgl. Charles Clover, *Allarme pesce. Una risorsa in pericolo* (Original: London, 2004), Ponte alle Grazie, Mailand 2005.

dächtigten im Ermittlungsverfahren bezüglich der Nachhaltigkeit wird. Die Industrie nährt sich von den intensiven landwirtschaftlichen Methoden und wird von den Techniken gefüttert, die Zerstörung und Neuzusammensetzung des Geschmacks und den Anschein eines natürlichen Produkts ermöglichen. Sie verfügt über zahlreiche Mittel, die zur globalen Zerstörung führen. Somit ist die Industrie verantwortlich für ein weiteres nicht-nachhaltiges Modell der Nahrungserzeugung. Verstehen wir uns jedoch nicht falsch: es ist nicht das Industriemodell, das aus dem Wege geschaffen werden muss. Es geht mehr darum, es erneut nachhaltig zu gestalten. Die Kosten für die Umwelt müssen in die Bilanz einbezogen, berechnet und irgendwie auch bezahlt werden. Ansonsten werden niemals Grenzen gesetzt.

Die Industrie an sich gilt nicht als nicht-nachhaltig. Es gibt Beispiele von Industriebetrieben, die auch gute Produkte herstellen, Umweltpolitik vertreten und die eigenen Arbeiter respektieren. Man sollte immer an denen zweifeln, die diese Parolen für Werbezwecke einsetzen. Dahinter verbergen sich oft viel schwerwiegendere Aspekte der Nichtnachhaltigkeit. Es interessiert mich nicht, ob die Firma Monsanto einen kleinen Prozentsatz ihres Gewinns nachhaltigen Projekten zuwendet. Fast alle internationalen Großunternehmen tun dies heute, um ihr Gewissen zu erleichtern. Ich bin daran interessiert, dass alle Produktionsprozesse nachhaltig sind. Sie müssen alles in Rechnung stellen, auch die Kosten für die Umwelt und uns alle, die in dieser Umwelt leben. Es interessiert mich nicht, dass ein Teil der Gewinne *gespendet* wird, um irgendwie die Schäden wieder gutzumachen, die man angerichtet hat. Es geht darum, dass diese Schäden von Anfang an nicht angerichtet werden und sie daher nie zurückgezahlt werden müssen.

Die Schuld liegt nicht allein bei der Industrie, (obwohl sie einen großen Anteil daran hat und dies aufgrund der produzierten Mengen und ihres dauernden Erfindungsüberschusses an nichtnachhaltigen Ideen). Wir lehnen ihr Modell ab. Wir möchten hier ehrlicherweise unterstreichen, dass viele andere Tätigkeiten, die auf den ersten Blick als harmlos erscheinen, vergleichbare Schäden anrichten können. Die menschliche Hand muss immer vorsichtig sein in der Verarbeitung der Rohprodukte. Sie muss die ursprünglichen Geschmacksformen und die Umwelt würdigen.

Der nicht funktionsfähige Herd eines guten Bäckers kann sehr schädlich sein. Seine Rohprodukte könnten aus nicht-nachhaltigen Produktionssystemen stammen. In dieser Hinsicht möchte ich darauf hinweisen, dass sich alle Entscheidungen der kleinen Produzenten als wesentlich erweisen. Als erste die der Köche: diese Kategorie hat das höchste Prestige und kommunikativen Einfluss. Sie müssen die nachhaltige Landwirtschaft fördern, wertvolle Produktionswelten schaffen und nach Bauern und Handwerkern suchen (wenn möglich in der nahen Umgebung), die in ihrer Arbeit nachhaltige Methoden einsetzen. Die Küche als moralischer und wissenschaftlicher Ort muss alles unnatürlich Erzeugte ablehnen. Unnatürliches gehört nicht in die Küche. Das wissen die Köche, die gutes Essen servieren wollen und in einem andauernden Wettbewerb untereinander stehen, sehr wohl. Sie sollten es aber laut sagen: sie sollten in ihren Menues angeben, woher ihre Produkte kommen, und die besten landwirtschaftlichen und handwerklichen Produkte auch empfehlen. Ihre Arbeit im Sinne hervorragender Qualität soll zu einem Antrieb für die nachhaltige Entwicklung in allen Bereichen werden, sogar in den privaten Haushalten.

Wir alle sind verantwortlich für die Verarbeitung unserer Lebensmittel: es genügt, dass wir ein Produkt kaufen, das in seinen Produktionsphasen die Umwelt nicht respektiert. Man muss daher höchste Aufmerksamkeit und höchstes Bemühen aufbringen, um die Verarbeitungsmethoden kennen zu lernen. Man sollte diese Informationen einfach verlangen. Ein Konsument, der sich von einem sehr billigen Preis verlocken lässt, fragt sich, was ihn wohl bestimmt. Wie viele öffentliche Zuschüsse wurden wohl gewährt, um einen so niedrigen Preis für dieses Produkt zu ermöglichen? Wie sehr hat die durch die Agrarindustrie geschaffene intensive Landwirtschaft die Natur und die biologische Vielfalt zerstört? Wie sehr hat die Verpackungsindustrie mit ihren Produktionsstilen und der Verwendung von zu viel künstlichen Wirkstoffen die Natur verseucht? Sollte dieser Prozess nicht immer – und einfach – im Einklang mit der Natur erfolgen?

2.4 Die Transporte

Um saubere Lebensmittel zu erhalten, müssen nicht nur Landwirtschaft und Verarbeitung nachhaltig sein. Oft gibt es Faktoren, an die wir nicht denken, weil wir sie als gegeben voraussetzen. Aber die Kosten für die Umwelt verbergen sich überall. Die in der nahen Umgebung hergestellten und verbrauchten Lebensmittel können zum Beispiel sogar nachhaltiger und »grüner« sein als Bioprodukte. Zu dieser provokanten Schlussfolgerung kamen die Professoren Tim Lang der Universität London und Jules Pretty der Universität Essex in einer sehr interessanten Untersuchung, die vor kurzem im »Food Policy Journal« veröffentlicht wurde[52].

Die Autoren haben sich bemüht, wissenschaftlich die Kosten der so genannten *food miles* (Nahrungsmeilen) zu berechnen. Diese bezeichnen die Entfernungen, welche die Lebensmittel zurückgelegt haben, bevor sie auf unseren Tisch gelangt sind. Sie haben daraus die folgende Schlussfolgerung gezogen: wenn die Engländer nur Lebensmittel verzehrten, die im Umkreis von 20 Kilometern hergestellt werden, würde die Gesellschaft jährlich 2,1 Milliarden Pfund sparen. Auf der Grundlage des britischen Lebensmittelkonsums ist es den Forschern gelungen, zu berechnen, wie viele Millionen Pfund die Umweltverschmutzung kostet. Sie zogen dabei die Verschmutzung durch Pestizide, Emission in die Atmosphäre, Erosion der Böden, Verminderung der biologischen Vielfalt und ihre verschiedenen Auswirkungen auf die menschliche Gesundheit in Betracht. Weiterhin haben sie auf Grundlage offizieller britischer Statistiken die Kosten (in *Pence für jedes Transportmittel*) berechnet, die jeder Weg vom Bauernhof zum Supermarkt und von dort in die privaten Haushalte verursacht. Sie haben sorgfältig alle verschiedenen Transportmittel berücksichtigt und haben sogar die Unterschiede zwischen einer Lieferung frei Haus, einem Einkauf mit dem Fahrrad oder zu Fuß und einer Fahrt mit dem Auto in

[52] www.sciencedirect.com

Betracht gezogen. Die Ergebnisse sind erstaunlich. Wenn man die Verschmutzung durch die intensive Landwirtschaft, die verschiedenen Wege der Lebensmittel und die öffentlichen Zuschüsse für die Landwirtschaft zusammenzählt, so ergeben sich versteckte Kosten von 11,8 % auf den vom Konsumenten bezahlten Preis. Selbstverständlich sind dies Kosten, die von der Gemeinschaft getragen werden müssen.

Bisher gab es kaum Berechnungen dieser Art. Umweltkosten werden zwar oft heraufbeschworen, aber vielleicht wurden sie erstmalig rechnerisch genau ermittelt. So auch die offensichtliche Provokation von Jules Pretty und Tim Lang: würden die Engländer nur lokale und konventionell hergestellte Nahrungsmittel konsumieren und mit dem Fahrrad oder zu Fuß einkaufen, so würden die versteckten Kosten nur noch 7 % betragen. Dies entspricht genau dem Konsum ausschließlich biologischer Waren aus Europa, wenn man mit dem Auto einkauft.

Unabhängig von diesen Hypothesen, die sicherlich für Schlagzeilen geeignet sind, – das Ideal wären natürlich lokale, biologische Lebensmittel – haben Jules Pretty und Tim Lang die Bedeutung des Herstellungsortes aufgezeigt. Seine Bedeutung wurde bisher immer unterschätzt. Die Untersuchung wollte aufzeigen, welche offensichtlichen Umweltkosten sich hinter der Lebensmittelproduktion verbergen. Hier ergaben sich Zahlen in Bezug auf die Nahrungsmeilen, die nicht mal die Forscher selbst vorausgesehen hatten.

Die Wahl des Konsumenten zwischen biologischen und konventionellen, zwischen lokalen und globalen Lebensmitteln, hat weitreichende Auswirkungen auf Umwelt und auf Landwirtschaft. Ich möchte unterstreichen, dass es um quantifizierbare Daten geht, die einen echten Kostenfaktor darstellen.

Die Kenntnis dieser Daten würde zweifelsohne das Verhalten des Konsumenten beeinflussen. Die Lebensmitteletiketten sollten ebenfalls weiter in diese Richtung gehen. Heutzutage ist es Pflicht, die Herkunft von Obst, Gemüse, Fisch und Fleisch anzugeben. In vielen Fällen jedoch ist die Angabe immer noch zu allgemein. Bei vielen verarbeiteten Lebensmitteln ist es dann praktisch unmöglich, die Herkunft der Rohprodukte nachzuvollziehen. Wenn jedoch alles auf den Etiketten angegeben und die Wahrnehmung des Konsumenten bezüglich der Transportkosten geschult würde, bin ich sicher, dass wir uns langsam einer Re-Lokalisierung der Produktionssysteme nähern könnten.

Es ist nicht sinnwidrig, den Regierenden eine angemessene Steuer- und Beitragspolitik und Regulationsmechanismen vorzuschlagen. Die Angabe der Nahrungsmeilen auf den Etiketten (neben Produktionsweise und einer detaillierten Zutatenliste, die jegliche Art missverständlicher Auslegung, wie zum Beispiel bezüglich der Aromastoffe ausräumt) würde heute eine geradezu geniale Marketingmaßnahme darstellen. Sie würde des Weiteren ein Dienst an der Gemeinschaft sein, die ihre Macht beim Einkaufen einfordert, indem sie saubere und lokale Produkte auswählen kann.

2.5 Grenzen: das Saubere als Ziel

Wir haben versucht, einen kurzen Überblick der Hauptaspekte ökologischer Nachhaltigkeit zu geben, nun ist ein Gespräch über die soziale Nachhaltigkeit nötig. Da die Angelegenheit sehr komplex ist, maße ich mir keine Vollständigkeit an. Ich habe mich auf die Bedeutung von »nachhaltig« berufen und auf einen Überblick der von uns zu bewertenden Bereiche.

Absolute Objektivität ist schwierig. Im Gegensatz zum Guten sind die Daten, von denen wir in diesem Bereich ausgehen können, viel konkreter und weniger kulturabhängig. Wie sollen wir uns aber in dieser Faktenmenge zurechtfinden? Mittels des gesunden Menschenverstands. Dieser hängt mit dem eigenen »gebildeten« Wissen zusammen, das wir bereits erwähnt haben. Der gesunde Menschenverstand bezieht sich vor allem auf das Bewusstsein der *Grenzen.* Diese Grenzen muss man managen können, da es sonst kein Wachstum und keine Entwicklung gibt, sondern nur Rückgang, langfristigen wirtschaftlichen Verlust, ökologischen Verlust und kulturelle Verarmung.

Produktionsgrenzen: eine Pflanzenart, eine Rasse, ein Ort und ein Ökosystem haben ihre strukturellen Grenzen, die man nicht überschreiten darf, ohne ihre Eigenschaften zu verfälschen. Den Speck von Colonnata kann man nur in der Gemeinde Colonnata in der Toskana herstellen. Dies hängt mit dem vorhandenen Mikroklima zusammen. Man kann nicht verlangen, die Gegend der berühmten Marmorbecken, in denen dieser Speck gelagert wird, auszuweiten. Diese Becken können nur eine begrenzte Menge von Speck beinhalten. Wenn man zu große Becken herstellt, verfälscht man das Produkt. Es gibt auch dann eine strukturelle Grenze, die man nicht überschreiten sollte, wenn man allen Anforderungen des Speck von Colonnata gerecht werden will. Man sollte eher auf die Differenzierung und die Herstellung andere Specksorten achten, die in anderen Ortschaften mit verschiedenen Methoden hergestellt werden und auch einen anderen Namen tragen.

Gewisse einheimische Kühe produzieren im Verhältnis zur Holsteinkuh, die wahre Milchmaschinen sind, geringere Milchmengen. Aber ihre Milch hat einzigartige Eigenschaften und kann nicht einfach zur Produktionssteigerung ersetzt werden. Man kann auch nicht die Anzahl der lokalen Milchkühe grenzenlos steigern, da diese wahrscheinlich aufgrund ihrer körperlichen Beschaffenheit für das Grasen auf der Alm und nicht für andere Formen der Aufzucht bestimmt sind.

Die Regionen der Langhe, die sich größtenteils für den Anbau ausgezeichneter Weine eignen, können nicht einfach in eine Monokultur verwandelt werden, weil diese Weine einen großen Erfolg auf dem internationalen Markt erzielen. In den Gemeinden, in denen der Barolo hergestellt wird, kann man nicht verlangen, überall, auch auf den nördlichen Hügeln, Reben anzubauen (die nördliche Lage ist die unvorteilhafteste für die Weinrebe, in der Vergangenheit hätte es niemand gewagt, so etwas zu machen). Man würde dann Düngemittel und chemische Pestizide einsetzen, um den Wachstumsprozess der Reben auch in dieser Nordlage voranzutreiben. Dadurch werden die Böden zerstört und trocknen aus. Um Platz für die Weinreben zu schaffen, werden Wäldchen abgeholzt, Felder und Heiden, Büsche mit ihrer Flora und Fauna einfach aus dem Weg geräumt. Die biologische Vielfalt wird vermindert und das Ökosystem der Hügellandschaft entartet zu einer Produktionsmaschinerie für den Wein. Bald wird diese wahllose Ausbeutung schwerwiegend die Herstellung der ausgezeichneten Weine beeinträchtigen. Man ist im Begriff, die Grenze zu überschreiten.

Ein Lebensmitteltransportunternehmen kann nicht wahllos Produkte von einer Region der Welt zur anderen bringen, nur weil ihm dies Profit bringt. Die Umweltverschmutzung durch die Nahrungsmeilen würde dadurch zunehmen und schwerwiegende Missverhältnisse verursachen.

Auch der Überfluss hat seine Grenzen. Die Lebensmittelproduktion auf unserem Planeten reicht bereits aus, um die gesamte Menschheit zu ernähren. Warum sollte man sie denn noch steigern?

Warum muss man genmanipulierte Organismen erfinden? Wozu sollte man darauf bestehen, die Grenzen der Erde zu überschreiten? So schafft man nur noch neue Grenzen, bis es dann überhaupt nicht mehr möglich sein wird, die Sache rückgängig zu machen. Schon Ungaretti schrieb:

> Der Mensch, ein monotones Universum,
> glaubt, seine Güter zu vermehren,
> aber aus seinen fieberhaften Händen
> kommen nur noch Grenzen ohne Ende.

Diese Grenzen zu managen gilt als die erste Pflicht der Nachhaltigkeit. Nicht nur der ökologischen Nachhaltigkeit. Dazu muss man aber auf das wirtschaftliche Wachstum als einziges Kriterium menschlicher Entwicklung verzichten. Wir berechnen unsere Güter und die Güter eines Staates gemäß dem Bruttoinlandsprodukt (BIP). Ich möchte gerne die Anschauung von Amartya Sen, dem indischen Nobelpreisträger für Wirtschaft, übernehmen, der die Wirtschaft des Glücks erforschte. Es ist wichtig, damit zu beginnen das Glücksinlandsprodukt (GIP) eines Landes zu berechnen. Fragen wir uns einfach, welche Grenzen wir überschritten haben oder überschreiten: beginnen wir einfach damit, die Richtung umzudrehen und diese Grenzen zu managen. Innerhalb der Grenzen können wir alle Wachstumsmöglichkeiten finden, die wir uns wünschen. Dies ist nur unter der Bedingung möglich, dass wir nicht nur mit Geld rechnen. Innerhalb dieser Grenzen befindet sich das »Gute« und alle »Guten« der Welt; innerhalb dieser Grenzen finden wir auch das »Saubere«, die *Qualität.*

2.6 Bedeutet sauber auch gut?

Die sauberen und nachhaltigen Produktionen schaffen alle Bedingungen für das Gute. Diese Betrachtung ist wichtig, da dies ein bedeutender Begriff ist, wenn man von Qualität spricht. Die nicht überforderten, verachteten und durch unnatürliche Substanzen verseuchten Böden geben bessere Früchte. Die natürlich ohne Hast und Grenzüberschreitungen gezüchteten Tiere erzeugen ausgezeichnetes Fleisch, die beste Milch und sehr guten Käse. Diese sinnlich wahrnehmbaren Eigenschaften sind nicht im geringsten vergleichbar mit denen der ausgebeuteten und mit Drogen gefütterten Tiere. Sie werden gezwungen, in überfüllten Ställen zu leben und werden schlecht behandelt.

Landwirtschaftliche Gegenden, in denen das gesamte Ökosystem respektiert wird, erfüllen die Bedingungen dafür, besser zu produzieren. Verarbeitungsformen, die das Rohprodukt respektieren, ohne chemische Substanzen hinzuzufügen oder unnatürliche Behandlungen durchzuführen, ermöglichen eine bessere Vermittlung des Geschmacks. Ein Produkt, das nur kurze Entfernungen zurücklegen muss, ist auch frischer und erhält sein Geschmackspotential besser. Während eines Interviews sagte mir Alain Ducasse einmal: »Wenn ich in Paris eine Seebarbe teuer bezahle, dann kommt sie wahrscheinlich aus Dakar. Das ist wirtschaftswidrig. Denn ihre Reise hat die Umwelt verschmutzt und sie ist auch »müde« von der Reise. Sie kann nicht besser sein als eine, die an der französischen Nordküste gefischt wurde und am Morgen auf dem Markt eintraf«.

Das Saubere bedingt das Gute. Dennoch bilden die beiden Begriffe keine Gleichung. Ein gutes Produkt ist nicht notwendigerweise sauber (die Meerdatteln sind seit Jahren verboten, weil dadurch Kilometer von Felsenküste zerstört werden; sie haben einen sehr langsamen Wachstumsprozess und hätten nicht genug Zeit, um das Überleben der Art zu gewährleisten. Doch natürlich sind die Meerdatteln ausgezeichnet). Auch ein sauberes Produkt, das alle Voraussetzungen hat, um gut zu sein, kann sehr schlecht werden, wenn es der Unerfahrenheit der Produzenten überlassen wird. Es gibt zum Beispiel biologische landwirtschaftliche Produkte, deren Geschmack nicht zu empfehlen ist. Man kann nicht nur eine umweltfreundliche Produktion anstreben. Es soll auch zu Gunsten des Wohlgeschmacks gearbeitet werden.

Um es nochmals zu unterstreichen: Ein sauberes Produkt hat eine großen Wert für den Geschmack. Die Wahrscheinlichkeit, dass die beiden Werte *sauber* und *gut* miteinander verbunden sind und sich gegenseitig beeinflussen, ist sehr hoch.

2.7 Ist es sauber?

Die zweite Hauptvoraussetzung der drei unentbehrlichen und voneinander abhängigen Voraussetzungen zur Definition eines Qualitätsproduktes besteht darin, dass es sauber ist. Für die Erde und die Ökosysteme. Sauber heißt, dass es nachhaltig ist, nicht verschmutzt und kein ökologisches Defizit der Erde fördert. Die Nachhaltigkeit erzielt man, indem man das Kriterium der Natürlichkeit respektiert. Dabei sollte man sich der Grenzen des Menschen, der Pflanzen, Tiere und der Produktion bewusst sein. Die Aufgabe des neuen Gastronomen besteht darin, sich dieser Grenzen bewusst zu werden, indem er lernt, sie auch zu erkennen. Außerdem soll er die Produktion nachhaltiger Nahrungsmittel auf ihrem Weg vom Feld zum Tisch vorantreiben und fördern.

Es handelt sich hier um eine Bemühung im Sinne der Erkenntnis. Es geht um ein Bemühen, das die Forschung und die Möglichkeit, sich die richtigen Informationen über unsere Nahrungsmittel zu beschaffen, erfordert. Diese zugleich politische Aufgabe dient zur Verbesserung der Lebensqualität. Denn das Saubere verbessert die Lebensqualität. Es gibt Menschen, die vielleicht in Versuchung geraten könnten, die Auswirkungen der nachhaltigen Produktionen auf unseren Planeten zu unterschätzen, indem sie einfach problemlos mit einer Herstellungsform und einem Konsum fortfahren, der unserem Glück widerspricht. Sie verursachen dadurch weiteres Unglück. Diesen Menschen möchten wir sagen, dass das Saubere unentbehrlich geworden ist. Die Erde ist im Begriff, immer schneller zu sterben.

Das Saubere bedeutet Respekt vor den anderen und vor sich selbst. Es gehört zu unserer zivilisatorischen Aufgabe, sich zu bemühen, es in die Praxis umsetzen. Dies ist eine Angelegenheit des Gastronomen, der damit zum Ökogastronomen wird. Er genießt, verfügt über Wissen, ernährt sich bewusst. Er weiß auch, dass man den zukünftigen Generationen eine bessere Welt hinterlassen muss.

Tagebuch 10 Das grüne Kalifornien

Im Herbst 2003 begab ich mich nach San Francisco in Kalifornien, um an einer Konferenz der Universität von Berkeley teilzunehmen. Hier war ich, vor Hunderten von Studenten, Professoren und Bauern in bester Begleitung: Vandana Shiva, indische Wissenschaftlerin und Aktivistin, Wendell Berry, Bauer und Dichter aus Kentucky, Michael Pollan, Fakultät für Journalismus, Berkeley und Alice Waters, die vielleicht bedeutendste Köchin der USA. Mein Aufenthalt in Kalifornien dauerte tatsächlich fast eine Woche und jeden Tag nutzte ich die Zeit, um die große einheimische Biobranche genau kennen zu lernen und einen der Begründer agrarökologischen Denkens, Professor Miguel Altieri[53], zu interviewen.

[53] Vgl. S. 106.

Ich stellte die Kontakte mit der Branche der kalifornischen Weinproduktion, die mich in den frühen 80er Jahren motiviert hatte, hier her zu kommen, hinten an und konzentrierte mich hingegen auf die wunderbaren Ergebnisse, die ein zum Teil umgestellter landwirtschaftlicher Betrieb erzielt hatte. Er stellte ausgezeichnete Rohprodukte her und verzichtete dabei auf den Einsatz von Düngemitteln und chemischen Düngern. Ich war daran interessiert zu verstehen, wieweit man bereits gekommen war. Ich wollte mich mit den Bauern unterhalten, die gegenläufig zum Rest der Welt arbeiteten.

Zufällig war das Reiseprogramm so aufgebaut, dass ich im Laufe eines Tages den luxuriösen und wichtigsten *Farmer's Market* in San Francisco und das Gespräch mit Altieri an der Universität erlebte. Hier der Bericht über diesen Tag:

Morning. Der frische Morgen begann ziemlich früh. Um sich auf den Markt zu begeben, ist es ratsam, vor 7 Uhr schon startbereit zu sein. Die Sonne war noch nicht warm, als ich mit meiner Freundin, der Küchenchefin Alice Waters, einen Teil der gut sanierten Docks der kalifornischen Stadt betrat. Dort befanden sich nette Bars, in denen warmer biologischer Kaffee – fair und nachhaltig – serviert wurde. Prächtige Bäckereien nahmen ausgezeichnete Waren aus dem Backofen und verbreiteten den knusprig duftenden Geruch wunderbarer Brotsorten. Auf echten Messeständen wurden Öl- und Weinverkostungen angeboten. Im Freien verkauften Hunderte von Ständen äußerst wohlschmeckende und schöne Produkte: Obst und Gemüse, die schon für das Auge gesund waren, und alle genau als *organic,* d.h. biologisch, gekennzeichnet waren.

Man hätte einen Beutezug durchführen und sehr viel Geld ausgeben können. Denn die Preise waren im Gegensatz zu »konventionellen« Produkten um das Doppelte oder Dreifache teurer. Dies hing einfach mit der Anstrengung zusammen, so gut zu produzieren und mit den Kosten für Zertifizierungen. Ich bin der Überzeugung, dass die klugen Produktionsbemühungen der Bauern mit Großzügigkeit bezahlt werden sollen. Daher war ich nicht empört über die Boutiquenpreise. Es waren Boutiquen im wahrsten Sinne des Wortes. Mir wurde bald bewusst, dass ich mich hier an einem sehr elitären Ort befand (man muss berücksichtigen, dass es sich hier um einen der ältesten und bedeutendsten Bauernmärkte der Stadt handelt, also das Beste vom Besten). Die heiteren *Ex-Hippy* oder jungen Alternativen, die zu Bauern geworden waren, empfingen lächelnd ihre Kunden. Sie boten großzügige Proben ihrer Produkte an. Die Zielgruppe war eine gesellschaftliche Schicht, die man auf den ersten Blick erkannte: es waren Reiche oder sehr Reiche.

Alice Waters stellte mir zahlreiche Bauern vor: fast alle waren wohlhabend, Akademiker, Ex-Beamte des *Silicon Valley*, sehr jung. In der Zwischenzeit begaben sich die Kundinnen, die fast alle das Aussehen von Schauspielerinnen hatten, mit ihren Paprika, Kürbissen, Äpfeln in der Hand nach Hause. Sie zeigten sie fast wie ein Schmuckstück, ein wahres *Status Symbol.*

Unter den Herstellern hinterließen vor allem zwei Personen einen Eindruck auf mich: ein junger Mann mit einem dichten Bart und ein Mann, der Oliven verkaufte. Der erste hatte lange Haare, ein kariertes Flanellhemd und auf seinen Armen trug er sein wunderschönes blondes Töchterchen. Er sagte mir in einem beinahe vertraulichen Ton, dass er 200 Meilen zurückgelegt hatte, um auf diesem Markt zu verkaufen. Er erzielte unglaubliche Preise für seine Kürbisse. Es war einfach ein Glück. Mit nur zwei Arbeitstagen pro Monat verdiente er genug, um seine Familie zu ernähren, Stunden am Strand zu verbringen und zu surfen.

Der zweite trug eine Krawatte und lobte die Pracht seiner Firma: Hunderte von Hektar Oliven und so weit das Auge reichte nichts anderes. Während ich sein ausgezeichnetes biologisches Öl auf einer Brotscheibe, die mir toskanisch vorkam und sehr lecker war, probierte, dachte ich daran, was wohl aus dem Wege geräumt worden war, um so vielen biologischen Bäumen Platz zu machen.

Afternoon. Am frühen Nachmittag erinnerte ich mich noch an die Gerüche und Gesichter des wunderbaren Bauernmarktes, während ich in einem Taxi (in dem es die allgegenwärtige amerikanische Klimaanlage nicht gab) vor Hitze platzte. Ich war gerade auf dem

Weg nach Berkeley, um meinen Termin mit Miguel Altieri wahrzunehmen. Der Professor war Ethnologe und unterrichtete Agrarökologie an der Universität der Stadt. Er verbringt sechs Monate im Jahr in Kalifornien und die anderen sechs im Rest der Welt, vor allem in Lateinamerika. Dort führt er seine Untersuchungen vor Ort durch und entwickelt Projekte im Rahmen der nachhaltigen, familiären und biologischen Landwirtschaft. Er ist ein Verfechter der biologischen Vielfalt. Er vertritt die Theorie, nach der landwirtschaftliche Systeme genau wie Ökosysteme alle notwendigen Fähigkeiten enthalten sollten, um sich selbst zu regeln. Es braucht dafür also keine externen Faktoren wie Pestizide und Düngemittel.

Nach Altieri bilden die vorhandene biologische Vielfalt, die seit Jahrtausenden die Kenntnisse der Bauern geleitet hat, und die konkreten Fertigkeiten der lokalen Bevölkerungen die einzige Grundlage für die Entwicklung landwirtschaftlicher Systeme. Sie produzieren genug und respektieren die kulturellen Unterschiede überall auf unserem Planeten. Indem man den Dialog zwischen den Kenntnissen der lokalen bäuerlichen Welt und den Entdeckungen der offiziellen Wissenschaft möglich macht, kann man eine saubere und produktive Landwirtschaft aufbauen. Das führt zu Wohlstand im Einklang mit der Natur.

Ich überquerte den wunderschönen Campus von Berkeley. Die Sonne war warm und ihre Hitze verwirrte mich (in Kalifornien ist das auch im Herbst noch möglich). Dann fand ich den kleinen Büroraum von Altieri. Ich ließ mich mehr als eine Stunde von seinen Theorien begeistern. Ich sprach Spanisch mit ihm (Altieri ist Chilene) und schätzte auch sehr seine militante Leidenschaft und den offensichtlichen Zusammenhang von Forschung und seinem Kampf für eine bessere Welt. Es geht ihm vor allem um die biologische Vielfalt. Diese ist das einzige Geheimnis einer nachhaltigen Entwicklung. Seine Abneigung gegen den Einsatz der Chemie in der Landwirtschaft ist klar und absolut. Sie hat aber auch ihre Gründe und er kann überzeugende alternative Methoden anbieten. Daher gilt er in Südamerika als eine Koryphäe. Universitäten, Forschungszentren, NGOs und Regierungen hören auf ihn.

Die Hauptaufgabe ist Altieri nach »die Förderung einer nachhaltigen Landwirtschaft; einer Entwicklungsagenda, die sozial gerecht ist, ökologisch gesund, wirtschaftlich realisierbar und kulturell sensibel«[54].

Ich fragte ihn, was er von der weitreichenden Entwicklung der Bioproduktion in Kalifornien hält. Ich wollte dadurch seinen agrarökologischen Extremismus kennen lernen.

> Es gibt zahlreiche Beispiele biologischer Landwirtschaft, die nicht nachhaltig sind. Denn diese entwickeln eine riesige Monokultur und vermindern durch den Einsatz integrierter Pestizide sehr stark die biologische Vielfalt der Umgebung. Beispiele dafür sind Weinkulturen in Chile und Italien, riesige Gemüseplantagen in Kalifornien, Hektare über Hektare von Oliven in Spanien[55].

Oliven ... da dachte ich an den Mann, den ich heute Morgen getroffen hatte. Ich erinnerte mich auch an die Gesichter der Freunde und Weinhersteller im Südpiemont. Da sich der Barolo gut verkauft, haben sie sich einfach gedacht, in den nächsten Jahren, überall auch in den Gruben nur noch Reben anzubauen. Somit werden die Wälder und Felder entfernt und mit ihnen auch die biologische Vielfalt der Umgebung.

> Neben dem ökologischen Aspekt gibt es auch einen gesellschaftlich-wirtschaftlichen, fuhr Altieri fort: In Kalifornien gibt es viel biologische Landwirtschaft, die nicht nachhaltig ist. Denn obwohl sie eine geringe Auswirkung auf die Natur hat, funktioniert sie nur dank der Arbeit unterbezahlter Arbeitskräfte, ebenso wie es in der konventionellen Landwirtschaft der Fall ist. Hier arbeiten mexikanische Einwanderer, die wie rechtlose Sklaven ausgenutzt und unterbezahlt werden. Dies ist nicht gerecht, weil das biologische Produkt dann für einen sehr viel höheren Preis verkauft wird, als in der konventionellen Landwirtschaft. Und nur die Reichen können sich die Früchte dieser Arbeit leisten: die Mehrheit isst in den USA keine biologischen Nahrungsmittel[56].

[54] Carlo Petrini, Dialogo sulla Terra (3. Juni 2004).
[55] *Ibid.*
[56] *Ibid.*

Ich hatte einige Stunden vorher die Bestätigung dafür erhalten. Und in der Tat war es so:

> In Kalifornien erzielen 2 % der biologischen Produzenten 50 % der gesamten Industrieproduktion dieser Branche, teilte mir Altieri mit. Ich habe nicht zufällig von Industrie gesprochen: wir haben mit denselben Problemen der konventionellen Agrarindustrie zu kämpfen: produktive Konzentration, Ausbeutung der Arbeitskräfte der ethnischen Minderheiten, Monokultur, Verminderung der biologischen Vielfalt, die Preise des freien Marktes, der nicht nachhaltig ist. Die soziale Nachhaltigkeit kann man hingegen mithilfe des Eingriffes der öffentlichen Hand, der Politik, verwirklichen. In den Regionen Brasiliens, in denen die örtliche Verwaltung von der Arbeiterpartei (Pt) geführt wird, müssen gemäß Dekret alle in öffentlichen Küchen servierten Lebensmittel biologisch sein. Sie müssen von den kleinen Herstellern aus der Umgebung erzeugt sein. Die Preise müssen gerecht und auch bezahlbar sein. Die Agrarökologie verfügt über eine wissenschaftliche Grundlage. Sie hat aber gleichzeitig auch eine tiefe politische Bedeutung, weil sie sehr stark auf das Eingreifen der öffentlichen Hand angewiesen ist. Um einen agrarökologischen Startschuss in Lateinamerika möglich zu machen, braucht man in erster Linie eine Agrarreform. Außerdem sind öffentliche Eingriffe notwendig, um die Kleinbauern zu schützen oder um gerechte Preise für Produzenten und Konsumenten zu gewährleisten. All diese Aspekte gelten als unabsehbar und beziehen Wissenschaft und Politik ein[57].

Evening. Auf dem Heimweg dachte ich über seine Worte und den Markt nach den ich besuchte hatte. Klar ist, Bioproduktion gut zu heißen. Denn es ist eine ausgezeichnete Alternative zur Agrarindustrie und es ist schwer, Leuten, d. h. meinen Freunden des Vormittags, die so natürliche und gute Produkte verkaufen, etwas vorzuwerfen. Aber vielleicht ist es doch besser, seine Zweifel zu haben. Die Realität ist komplex und soll vor allem nicht reduziert werden. Wenn die technokratische Weltanschauung sehr stark verwurzelt ist, riskiert man am Ende, auch die dem System entgegengesetzten Tendenzen anzupassen und zu beeinflussen. Dadurch entstehen weitere Widersprüchlichkeiten.

[57] *Ibid.*

Während die Außenbezirke der Stadt am Fenster des Taxis vorbeizogen, konnte man in jedem Häuserblock Fast-Food-Ketten sehen. Alle waren überfüllt von einfachen Leuten. Diese unterschieden sich deutlich von den Kunden, die ich auf dem Bauernmarkt gesehen hatte.

Zum Schluss fuhr ich nach Berkeley zurück und kehrte im *Chez Panisse* ein, dem Restaurant meiner Freundin Alice Waters. Ich genoss ein unvergessliches Abendessen, das mit unglaublich frischen Zutaten zubereitet worden war. Man konnte fast das Leben nachvollziehen, das bis vor wenigen Stunden in diesem Gemüse war. Mir wurden die besten Agnolotti serviert, die ich je zuvor gegessen hatte – in Berkeley! Das grüne Kalifornien ... es leben die Widersprüche!

3 Fair

Die dritte und letzte unentbehrliche Bedingung, die ein Produkt erfüllen muss, um einem hohen Qualitätsstandard zu entsprechen, ist, dass es *fair* sein muss. Im Rahmen der Lebensmittelproduktion bedeutet »fair« soziale Gerechtigkeit. Es bedeutet Respekt gegenüber den Arbeitskräften und ihren Fähigkeiten, dem Landleben, der Arbeit angemessener Bezahlung, Zufriedenstellung bei guter Herstellung, definitiver Befreiung der Person des Bauern, der sozialhistorisch immer ganz hinten stand.

Es ist nicht möglich, dass die Produzenten unserer Lebensmittel (die Hälfte der Weltbevölkerung), diejenigen, die sie anbauen und züchten und die Natur in Nahrung umwandeln, wie Ausgestoßene behandelt werden, die mit zahlreichen Schwierigkeit konfrontiert werden. In verschiedenen Regionen der Welt müssen die Bauern mit vielfältigen Problemen kämpfen. Die Geschichte hat sie dazu gebracht, ihren Bezug zur ländlichen Umgebung zu verändern. Im Allgemeinen gibt es jedoch nur wenige Bauern, denen es gut geht (und wie es der Zufall will, sind die Glücklichen meist diejenigen, die weder sauber noch gut produzieren und keine Qualität erzeugen). Das globale Nahrungssystem sollte das Ziel verfolgen, das Richtige für alle zu finden. Das Richtige muss sich den geografischen Regionen unseres Planeten nach unterscheiden. Derzeitig hingegen ist dieses System nur im Begriff, Ungerechtigkeiten und furchtbare existentielle Tragödien zu schaffen.

Mit unserem Fairnessbegriff hängen die Begriffe der sozialen, wirtschaftlichen und ökologischen Nachhaltigkeit zusammen. Diese sind die Elemente, die uns noch fehlten, um den Begriff der Nachhaltigkeit weiter zu definieren. Soziale Fairness bedeutet Fairness für die Menschen, die anbauen. Sie bezeichnet die Befreiung derer, die die Erde noch lieben und sie demnach als Lebensquelle behandeln. *La tera l'e' basa,* die Erde ist die Basis, so heißt es im Piemont. Bauer zu sein ist anstrengend und die Bedingungen vieler Bauern schreien nach Rache. Das Agrargeschäft hat die Bauern zu Arbeitern, Sklaven und Armen ohne Hoffnung gemacht. Es gibt Millionen von Bauern auf dieser Welt, die nicht einmal das Land besitzen, das sie bebauen.

Man muss ein neues System ausarbeiten, damit diese Menschen in ihrer Wichtigkeit anerkannt werden können. Wir können nicht einfach auf die Bauern und die Bündnisse der Produzenten verzichten. Auf der Grundlage dieser Schicksalsgemeinschaft und deren Zugehörigkeit zur Menschheit müssen wir ein neues System entwickeln. Notwendigerweise sollte man von den Produzenten ausgehen, um ein weltweites Netzwerk zu schaffen, das sich gegen das vorherrschende System auflehnen kann. Es geht darum, den Menschen, die Erde und die Nahrung in den Mittelpunkt zu stellen. Dadurch entsteht ein Netzwerk menschlicher Nahrung im Gleichgewicht mit der Natur und mit Respekt vor der Vielfalt, die die Qualität fördert: das Gute, Saubere und Faire.

3.1 Sozial nachhaltig

Soziale Nachhaltigkeit bedeutet Förderung der Lebensqualität und würdevolle Arbeitsplätze, die den Lebensunterhalt und eine faire Bezahlung gewährleisten. Sie bedeutet die weltweite Gewährleistung von Gleichheit und Demokratie und des Selbstbestimmungsrechtes für alle bezüglich ihrer Zukunft. Es gibt heute noch zu viele Bauern und Tagelöhner (sie bilden die Mehrheit), die als Sklaven in der Lebensmittelerzeugung arbeiten. Sie haben immer noch nicht das Recht, oberhalb der Armutsgrenze leben zu dürfen. Und dies geschieht immer noch in einer Welt, die dazu imstande wäre, genug für alle zu erzeugen.

In Lateinamerika nutzen die großen *Fazendeiros* die Arbeit der Tagelöhner aus, die keine Rechte haben und Sklavenlöhne erhalten. In Afrika stirbt man vor Hunger, die indischen Bauern begehen Selbstmord, weil sie von der Konkurrenz des Agrargeschäftes bedrängt werden. Die landwirtschaftliche Produktion in vielen Regionen der Welt unterscheidet sich kaum mehr von der industriellen. Die Bauern sterben, verlassen die ländlichen Gegenden, um in armseligen Verhältnissen in den Großstädten wie Mexiko City, Lima, Sao Paolo, New Delhi und Peking zu leben.

Die Bauern der reichen Regionen der Welt hingegen, die gut und sauber anbauen möchten, können der Versuchung der billigen Preise subventionierter Agrarindustrie kaum widerstehen. Das System ist pervers und will keine anderen Modelle akzeptieren. Wo kommen wir denn da hin? Wer wird denn dann unsere Lebensmittel produzieren?

Bauer und Kleinproduzent sind die Ersten, die die Menschheit vor dem Abgrund bewahren können. Geben wir uns doch diese Möglichkeit!

Es ist notwendig, die Bedingungen für eine globale Harmonisierung zu schaffen, die auf der sozialen Gerechtigkeit derer basiert, die Erde bebauen und hüten. In den vom Agrargeschäft beherrschten Gegenden muss man den Kleinbauern ihre Würde zurückgeben und sie dazu anspornen, saubere Nahrungsmittel herzustellen. Um dies zu erreichen, ist es notwendig, diejenigen, die Grenzen überschreiten, zu bestrafen. Außerdem müssen sich die Regierungen für die Geburt bzw. Wiedergeburt einer neuen ländlichen Welt einsetzen. Eine neue ländliche Welt zu schaffen bedeutet, saubere und (nicht nur im ästhetischen Sinne) anziehende ländliche Gebiete zu gestalten, die angenehme Lebensräume sind, in denen Lebensqualität gewährleistet wird. Heutzutage sind die vom Agrargeschäft beherrschten ländlichen Gebiete leblos. Die wesentlichen Dienstleistungen werden hier nicht mehr angeboten (der Einzelhandel, die Treffpunkte, die Orte, an denen man die Schönheiten der Natur genießen kann) und es herrscht eine zunehmende ästhetische Abwärtsentwicklung. Diese Orte dienen oft nur als Schlafplätze für Stadtarbeiter, die vom Wunsch nach etwas Landleben – der freilich unbefriedigt bleibt – angezogen werden. Außerdem sind die Immobilienpreise hier günstiger (klar, es gibt hier keine Dienstleistungen, alle Probleme werden gelöst, indem man in die Stadt fährt, den Verkehr belastet und die Luft verschmutzt!). Eine neue ländliche Welt in den reichen Gegenden zu schaffen ist eine weitere Hauptzielsetzung.

Was den Rest der Welt betrifft, an dem sich wirklich tragische Situationen abspielen, so sollte man diesbezüglich vor allem an Organisationen wie WTO und Weltbank appellieren. Sie haben mit ihren Handels- und Wirtschaftsregelungen nicht nur die Probleme der Ungleichheit noch verschlechtert, sondern tun auch alles, um die derzeitige Situation aufrecht zu erhalten. Diese Situation ist gekennzeichnet von furchtbaren Ungerechtigkeiten, die ich sicherlich nicht als erster öffentlich anklage.

Zweitens sollte man die verschuldeten Regierungen dazu bringen, sich ernsthaft um eine langfristige Entwicklungsperspektive zu bemühen. Sie sollten sich nicht von der Agrarlobby beeinflussen lassen, die viel verspricht, obwohl sie nur expansive Ziele für ihre Märkte verfolgt. Es braucht internationale Kontrollorgane für den Korruptionsgrad gewisser Regierungen. Diese nutzen die Entwicklungshilfegelder aus, um sich zu bereichern. Dadurch werden sie zu Komplizen der Zerstörung schwacher Binnenmärkte, die von kostenlosen landwirtschaftlichen Produkten überflutet werden, diesen Schock nicht überstehen und dadurch die an sich schon geringe einheimische Produktion schwächen. Man sollte im Gegenteil diese einheimische und an der Tradition orientierte Produktion fördern, um den Lebensunterhalt zu gewährleisten. Auf diese Weise unterstützt man die Souveränität aller Völker im Bereich der Nahrungsmittel. Alle Völker sind somit imstande, *ihre* eigenen Lebensmittel alleine zu produzieren.

Eine Welt wieder ins Gleichgewicht zu bringen, ist die schwierigste vorstellbare Aufgabe. Aber inzwischen wurden Möglichkeiten erkannt, die nach und nach die Richtung umkehren können, ohne dadurch die Suche nach der Qualität zu mindern oder aufzugeben. Es geht uns dabei um folgendes: Einzelproduktion, Selbsterhaltung, Vielfalt der Kulturen, Wiederaufnahme und Verbesserung der traditionellen Techniken; – voller Respekt für eine fruchtbare Beziehung zur lokalen biologischen und agrarökologischen Vielfalt.

3.2 Wirtschaftlich nachhaltig

Außer der sozialen gibt es im Rahmen der Fairness auch eine wirtschaftliche Nachhaltigkeit, die man bewerten muss. Wir haben bereits die gerechte Entlohnung der Bauern erwähnt. Es ist nicht möglich, dass ein Liter Öl weniger als 5–6 Euro kostet. Wenn das der Fall ist, bedeutet das, dass der Bauer nicht gerecht entlohnt werden kann. Denn die Verarbeitungskosten sind höher als der Endpreis und im Lauf der Produktionskette wurde ungerecht gehandelt. Es ist nicht richtig, dass die illegalen Mexikaner, die in Kalifornien arbeiten, Hungerlöhne erhalten. Es ist auch nicht richtig, dass die indischen Bauern, die hart arbeiten, um ihr Gemüse anzubauen, sich dem illegalen Wettbewerb der westlich subventionierten Produkte oder dem so genannten *Dumping* stellen müssen, wenn der Markt einem Überschuss ausgesetzt wird.

Der faire und nachhaltige Markt leistet unter diesem Gesichtspunkt einen großen Beitrag. Er hat eine neue Denkweise in die Lebensmittelwirtschaft eingeführt und muss daher unterstützt und gewürdigt werden. Ich bevorzuge jedoch, dass er, anstatt sich nur für gerechte Preise einzusetzen, er noch besser an die produktiven Gemeinschaften angebunden wird. Der faire Handel darf aber niemals die beiden anderen Aspekte der Qualität, das Saubere und das Faire, außer Betracht lassen, wie es manchmal vorkommt – für ihn das schlechteste Aushängeschild im Bemühen, den ungerechten Marktbedingungen entgegenzuwirken.

Es gibt aber auch einen anderen wirtschaftlichen Aspekt, der uns zur sozialen Gerechtigkeit zurückführt. Die globale Finanzwelt, die Glanznummer der internationalen Großunternehmen und des ungerechten Handels, hat das Geld zu einem flüchtigen und immateriellen Wert gemacht. Das Kapital ist nicht geduldig, daher wird es nicht in Unternehmen investiert, die soziale Gerechtigkeit und Bauernbefreiung gewährleisten und umweltschonend sind. Eine Geldbewegung an der Börse kann das Schicksal Zehntausender von Bauern auf einen Schlag bestimmen. Es braucht eine langsamere und geduldigere Investitionspolitik, die sich außerhalb klassischer Finanzmodelle bewegt. Es handelt sich um nachhaltige Investitionen für die Gemeinschaften der kleinen Produzenten, die ihnen die Zeit gibt zu wachsen, ohne sofortige Profite zu verlangen. Den Kreislauf des Geldes zu verlangsamen bedeutet auch, es der Erde zurückzugeben. Die Weltbank sollte sich als der internationale Hauptorganismus des Finanzwesens dieser Probleme annehmen und anfangen, danach zu handeln. Das Aufzwingen eines freien westlichen Finanz- und Wirtschaftsmodells auch in strukturell sehr unterschiedlichen Ländern hat nur zu ihrer totalen Verschuldung geführt. Dadurch wurden sie in eine Zwangslage versetzt, aus der sie nicht mehr herauskommen können[58].

Das Geld muss wieder an die Erde zurück. Es muss wieder den Jugendlichen zur Verfügung gestellt werden, die unsere Erde bebauen wollen, um dadurch die ländlichen Regionen neu zu beleben und den Reichtum in der Welt wieder ins Gleichgewicht zu bringen. Dies erfolgt auf einem Weg, der vom Kleinbauern bis zu den großen Kapitalbewegungen führt.

3.3 Die Erde den Bauern

Eine Rückkehr zur Erde setzt auch voraus, dass dies konkret ermöglicht wird. In vielen Gegenden der Welt verlassen die Bauern das

[58] Joseph E. Stiglitz, *Die Schatten der Globalisierung,* Siedler-Verlag 2002 (Originalausgabe New York-London 2002).

Land und verkaufen es billig an die Großgrundbesitzer, die Monokulturen betreiben. Diejenigen, die durchhalten, werden von der chemischen Umweltverschmutzung bedroht, die um ihre kleinen Felder herum eingesetzt wird. In zahlreichen Staaten der Welt warten die Bauern immer noch auf eine Agrarreform, die ihnen unbebaute Ländereien zur Verfügung stellt (wie zum Beispiel in Brasilien, wo die Bewegung der Sem Terra, der Landlosen, zwei Millionen Mitglieder hat). Sie sollte die Bedingungen dafür schaffen, kleine Ländereien zu bebauen, ohne vom Agrargeschäft zertreten zu werden. Auch in den reichen Regionen ist es für viele schwierig, zur Erde zurückzukehren. Die Jugendlichen finden keine Finanzierung, um sie zu kaufen und oft erfolgt die Arbeit mittels eines Pachtvertrags mit großen Unternehmen. Es gibt in diesem Rahmen keinerlei Möglichkeit, langfristig Einfluss zu nehmen, um eine gute, saubere und faire Landwirtschaft zu betreiben.

Das Problem des Ländereigentums ist in unserer Welt immer noch wesentlich. Nach fairen Produkten zu suchen bedeutet auch die Ablehnung der Befürworter produktiver Systeme, die diese unerhörte Situation beibehalten. Sehr oft darf derjenige, der das Land anbaut, es gar nicht besitzen. Er ist nicht frei und darf nicht die Landwirtschaft betreiben, die er gerne möchte.

3.4 Immer die Letzten

Es gibt eine volkstümliche Redensart, die sehr gut die Bedingungen der Bauern in der Geschichte beschreibt: sie sind und bleiben »das letzte Rad am Wagen«.

Sie haben immer schon für ihre Herren gearbeitet. Man denke in diesem Zusammenhang bloß an die Feudalherrschaft und an ihre Hierarchie, die Ritter und Geistliche an die Spitze stellte, und die Bauern, die für den Lebensunterhalt aller arbeiteten, ganz unten ansetzte. Sie arbeiteten für die politischen Anführer, immer für eine Elite, die sich ihre Hände in der Nahrungsherstellung nicht schmutzig machen wollte. Ob sie nun ihre Grundstücke besaßen oder nicht, sie befanden sich immer in einer untergeordneten

Position. Die Machtmittel veränderten sich in den verschiedenen geschichtlichen Epochen und kulturellen Kreisen. Aber die Konstante, die Letzten der Gesellschaft zu sein, galt für die Bauern immer. Auch heute hat sich die Situation der Bauern nicht verändert. Wenn wir die Welt betrachten, so erfolgt diese Unterordnung je nach Region auf unterschiedliche Weise. Denn der Fortschritt hat die Machtstile und -techniken verändert, aber die Produzenten unserer Lebensmittel und die Ernährer von uns allen bleiben immer ganz unten auf der sozialen Leiter.

Selbstverständlich muss man zwischen zwei Gegenpolen unterscheiden: dem reichen und schizophrenen Westen und dem Süden der Welt, der von den epochalen Umwälzungen betroffen ist, die wir gerade durchmachen.

Die schizophrene Situation jenes Teiles der Welt, der es geschafft hat, die Probleme des Lebensunterhaltes zu lösen, ist durch einen sehr besonderen Dualismus gekennzeichnet. Dies erfolgt in einer Zeit, in der sich die Klassenunterschiede abgeschwächt haben oder gar ganz überwunden wurden. Auf der einen Seite haben wir zahlreiche reiche Bauern, die nach dem agrarindustriellen Produktionsmodell arbeiten und große Mengen von qualitativ schlechter Lebensmittel für die armen oder nicht reichen Leute produzieren. Auf der anderen Seite haben wir wenige Kleinbauern, die sich bemühen, gute Qualität herzustellen, es aber nicht schaffen würdig zu leben (als Ausnahmen gelten hier nur die exklusivsten Statussymbol-Lebensmittel, wie zum Beispiel gewisse Weinerzeugnisse), weil sie vom Wettbewerb bedrängt werden. Diese Letzteren stellen die Lebensmittel für eine reiche Elite her, die sich die Endprodukte ihrer Arbeit auch leisten kann. Diese Produkte werden kilometerweit vermarktet. Wenn man hier von sozialer Gerechtigkeit spricht, so erscheint das Thema im Westen als sehr komplex. Ist es denn richtig, die Interessen jener Bauern anzugreifen, die sich mit der massiven und extensiven Produktion bereichert haben und dies zu Lasten der Kleinbauern, die Qualitätsprodukte herstellen? Aber in Wirklichkeit ist diese Weltregion im Begriff, sich selbst zu regulieren: wir haben bereits erwähnt, wie eine Tendenz ihre Gegentendenz hervorbringt. Wir haben auch gesehen, wie die Globalisierung die paradoxe Auswirkung hatte, das Interesse für die Vielfalt und die lokalen Produkte zu erwecken. Es scheint, als würde der Dualismus nach und nach abgeschwächt werden, um neuen Werten Platz zu machen. Unser Familienbudget für Lebensmittel hat sich nämlich stark reduziert und es gibt Freiräume, um einen Teil der Einkünfte der Unterstützung von Qualitätsprodukten zu widmen. Die Auswahlmöglichkeiten vermehren sich. In diesem Rahmen hat der Käufer der Lebensmittel, der sich der drei Qualitätskriterien bewusst ist, große Möglichkeiten, um die Veränderung voranzutreiben. Auch die politischen Richtlinien der Subventionen, die Hauptquelle, durch die das agrarindustrielle System überleben kann, orientieren sich immer mehr an der Qualität. Ein Beweis dafür sind die ersten schüchternen Versuche der Europäer, die europäische Agrarpolitik zu reformieren. Das Drängen der Konsumenten auf die Auswahl guter, sauberer und fairer Produkte kann seine Wirkung haben. Die Aufgabe des neuen Gastronomen besteht in diesem Zusammenhang darin, darauf beim Kauf hinzuweisen und das Wissen zu fördern. Nur so kann das System ein neues Gleichgewicht erhalten und in seine Grenzen zurückkehren.

Aber trotzdem muss sich die westliche Welt auch mit dem Rest des Planeten auseinandersetzen. In erster Linie ist es undenkbar, mit unserem Überschuss (dem Überschuss eines Modells, das nun nicht mehr funktioniert) die so genannten Entwicklungsländer zu überfluten. Dies ist in jeder Hinsicht nicht nachhaltig. Der Süden der Welt muss seinen eigenen Weg finden, indem er nach der *Souveränität im Bereich der Lebensmittel* sucht. Was wir höchstens tun können, ist ihn darin zu unterstützen. In diesem Rahmen sollten wir aber stets auf die eurozentrische Perspektive der Eroberer verzichten, die »Amerika entdeckt haben«.

Einerseits leidet der gesamte Süden der Welt unter riesigen Problemen und Ungerechtigkeiten. Andererseits verfügt er aber auch über verschiedene Entwicklungsstufen der eigenen Landwirtschaftsformen. Afrika hat zuerst das Eindringen der Kolonialisten erlitten und wurde dann sich selbst und den internen Konflikten überlassen.

Der afrikanische Kolonialismus hat den lokalen Gastronomien keinerlei Wert beigemessen. Er hat sie einfach ausgelöscht. Dasselbe geschah mit der Basislandwirtschaft, die sich aufgrund ihrer eigenen Mittel entwickeln kann, wenn man sie angemessen unterstützt und nicht behindert. In anderen Regionen hatte der Kolonialismus jedoch unter dem agrar-gastronomischen Gesichtspunkt weniger zerstörerische Auswirkungen. Es bildete sich ein Synkretismus (vergleichbar mit dem panamerikanischen zwischen Amerika und Europa), der Teile der lokalen landwirtschaftlichen Kulturen gerettet hat. Aber sehr bald setzte sich das agrarindustrielle Modell durch. Länder, die im Wachstum begriffen waren, wie Brasilien, Indien und Mexiko tragen die Konsequenzen großer Widersprüche und zerstörerischer Armut.

Ein eigenes Thema bildet der Orient und vor allem China. China gilt als das Schreckgespenst der westlichen Welt, weil es ein unaufhaltsames Wirtschaftswachstum erfährt. Wir müssen aber auch damit anfangen, das (reale oder mutmaßliche) Problem gerade unter dem Gesichtspunkt der sozialen Gerechtigkeit zu betrachten. In China werden die Rechte der Arbeiter nicht respektiert. Dies bedeutet die Niederlage und die Negierung der Werte der maoistischen Revolution, welche die Befreiung der ländlichen Gebiete und die neue Würde der Arbeiter predigte. Die Umweltverschmutzung, die unbestrittene Vorherrschaft der genmanipulierten Organismen und schädliche weltweit untersagte landwirtschaftliche Methoden enthüllen einen weniger berücksichtigten Aspekt der chinesischen Entwicklung. Dergleichen herrschte in der Vergangenheit auch bei uns, mit dem Unterschied, dass all dies in China heutzutage und viel schneller geschieht[59]. Die Schäden, die in China im Namen der Entwicklung angerichtet werden, nehmen unermessliche Dimensionen an. Das System, das in formaler Hinsicht noch als kommunistisch gilt, offenbart sich als die Verwirklichung eines perfekten Kapitalismus – politische Einförmig-

[59] Vgl. zu diesen Themen: Federico Rampini, Il secolo cinese, Mondadori, Mailand 2005

keit, kontrolllose Ausbeutung der Arbeit, verantwortungslose Ausbeutung der Umwelt. Es ist eine große internationale Reaktion auf diese Themen erforderlich.

Diese kann nicht erfolgen, indem man Zölle erhöht oder neue einführt und nach Komplizenschaft sucht. Es geht wohl eher darum, ein so ungerechtes System einfach abzulehnen, um die Chinesen dazu zu bringen, Umwelt und Arbeit zu würdigen. Ansonsten wird die chinesische Gefahr wirklich beachtlich: nicht, weil sie uns Reichtum wegnimmt, sondern weil sie uns noch schneller in den Abgrund treibt.

Die soziale Gerechtigkeit muss, verbunden mit dem Guten und Sauberen (mit den neuen Qualitätsbegriffen also), zur einzig möglichen Entwicklungsmethode werden. Diese drei Aspekte der Qualität würden sich zwar in den verschiedenen Regionen der Welt verschieden artikulieren, bleiben aber die drei springenden Punkte. Von ihnen ausgehend kann man nach und nach mithilfe neuer Mittel und mit der *neo-gastronomischen* Einstellung ein neues Wachstumsmodell für diesen Planeten schaffen.

3.5 Ist es fair?

Die dritte unentbehrliche der drei voneinander abhängigen und notwendigen Bedingungen, um ein Qualitätsprodukt zu definieren, ist *Fairness* für die Menschen und die Gesellschaft. Das Faire ist nachhaltig, bringt Reichtum mit sich, schafft eine gerechtere Weltordnung unter den Völkern. Die Fairness erzielt man, indem man den Menschen – Bauern, Handwerker – und seine Arbeit würdigt. Die Aufgabe des neuen Gastronomen besteht nun darin, sich der Situation von Millionen von Bauern auf der ganzen Welt (vorerst der Bauern in seiner Umgebung) bewusst zu werden, sie kennen zu lernen und die Produktionen derer zu fördern, die sauber und gut herstellen. Dies bedeutet, dass den Verzweifelten die richtige Entlohnung fair ausgehandelter Preise zukommt.

Es handelt sich hier um die Verpflichtung, die Welt und den *Anderen* kennen zu lernen. Diese Bemühung erfordert Forschungsarbeit und die Möglichkeit, über die richtigen Informationen über unsere Nahrung zu verfügen. Diese politische Aufgabe dient zur Verbesserung der Lebensqualität aller.

Es gibt Menschen, die der Versuchung ausgeliefert sind, die Komplexität der Welt zu ignorieren und sich verantwortungslos und ungerecht ernähren, ohne sich dabei um die soziale Gerechtigkeit zu kümmern. Diesen möchten wir gerne sagen, dass das *Faire* unentbehrlich geworden ist. Die menschliche Elite muss aus den Produzenten unserer Lebensmittel zusammengesetzt sein und nicht aus deren Konsumenten.

Fairness gegenüber anderen bedeutet das Bemühen, dieses Ziel von allen geteilt sein zu lassen. Dies ist ein Teil unserer zivilisatorischen Aufgabe. Eine Angelegenheit des Gastronomen, die definitiv zum Neogastronomen führt. Dieser genießt, verfügt über Wissen und ernährt sich mit dem Bewusstsein, den zukünftigen Generationen eine bessere Welt hinterlassen zu müssen.

IV Drei anzuwendende Ideen

Tagebuch 11 Aus New York – Die Idee der Geschmackserziehung

Der Kongresssaal des Hotel Marriot war 1991 wirklich beeindruckend. Wir befinden uns hier im Zentrum von New York, am Times Square. Tausend Menschen sitzen hier, um fleißig verschiedene Jahrgänge des Barbaresco zu verkosten. Auf der Bühne waren der geniale Produzent Angelo Gaja und der Direktor der Zeitschrift »Wine Spectator«. Es wurden die Beschaffenheiten des Piemont, seiner Weinberge und seiner Techniken für die Herstellung von Wein erläutert. (Denkwürdig war in diesem Zusammenhang die Frage eines Amerikaners: »Alba is near Firenze, isn't it true?« – »Alba liegt doch in der Nähe von Florenz, nicht wahr?«. Ich möchte hier nur hinzufügen, wie unterschiedlich die Raumvorstellung der Italiener und Amerikaner ist). Die theoretische Belehrung über den Wein des Piemont wurde gleich in die Praxis umgesetzt. Es fanden Weinverkostungen statt, die von den Referenten geleitet wurden. Jeder Teilnehmer hatte somit die Möglichkeit, individuell die sinnlich wahrnehmbaren Nuancen der verschiedenen Produkte aufzunehmen.

Das Ganze erfolgte vor einem aufmerksamen und respektvollen Publikum. Es sah fast so aus, als wäre es eine Universität, an der eine Koryphäe sprach. Ich war beeindruckt von dem Anblick und verstand, dass dies hier wohl mehr war als pures Marketing der Winzer: es handelte sich um einen kollektiven kognitiven Moment, der großen kulturellen Wert hatte. Es war das erste Mal, dass ich an einem Unterricht teilnahm, der die Geschmacks- und Geruchswahrnehmung mit Informationen und produktiven Kenntnissen in Einklang brachte. Ich überzeugte mich, dass man diese Initiative in Italien und überall in der Welt wiederholen könnte. Man hätte sie auch nicht nur auf den Wein beschränken können, obwohl dieser in der Gastronomie den bedeutendsten Platz einnimmt. Sie hätte auch zu einer Methode werden können, die man auf andere Lebensmittel anwenden kann. Warum sollte man diese »erklärenden« und vergleichenden Verkostungen nicht auch auf Käsesorten, Wurstwaren, die Gerichte eines Küchenchefs, die Fische und das Obst anwenden? Man könnte in diesem Rahmen die Hüter der Erfahrungen und Kenntnisse dieser Produkte oder die Produzenten, Bauern, Fischer und Handwerker als Sprecher einsetzen.

Dieses Format wurde verändert und getestet, bis zum ersten Mal 1994 im Rahmen der *Vinitaly* in Verona, der größten Weinmesse Italiens, offiziell vorgeschlagen wurde. Slow Food ist jedes Jahr bei dieser Gelegenheit in Verona anwesend und bemüht sich, immer neue Vorschläge zu machen und die zugeteilten Räumlichkeiten gastronomisch dynamisch zu gestalten. Teil der Messe war damals *Gran Menu*. Das war unser erstes starkes Bemühen, Aufmerksamkeit nicht nur gegenüber Wein oder Restaurants, sondern auch gegenüber anderen Branchen der Lebensmittelproduktion zu erwecken. *Gran Menu* war im Kleinformat das, was dann der *Salone del Gusto* wurde. Er ist weltweit die größte weinkundlich-gastronomische Veranstaltung, die alle zwei Jahre in Turin von Slow Food in Zusammenarbeit mit der Region Piemont organisiert wird.

Bei dieser Gelegenheit lancierten wir die so genannte Geschmackserziehung, die später zu einer der bedeutendsten Ausdrucksformen unserer ganzen Bewegung wurden.

Heute noch denke ich daran, dass bei jedem *Salone del Gusto* mehr als dreißigtausend Menschen an 200–300 Geschmackserlebnissen teilnahmen. Wenn ich an deren Aufmerksamkeit und Respekt denke, den ich zuvor nur in New York gesehen hatte, kann ich es kaum noch glauben. Denn ich bin der Überzeugung, dass diese Bildungsform einen der größten Beiträge darstellt, den Slow Food in den Bereichen gastronomischer Erziehung und der Ernährungs- und Geschmackserziehung geleistet hat. Die Referenten gaben sich dynamisch, auch was ihre sprachliche Ausdrucksweise anging. Die besten von ihnen stammten aus dem Kreis der Produzenten. Sie hoben die vergleichende Verkostung auf wissenschaftliches Niveau, obwohl ihre angenehme und spielerische Art auf den ersten Blick wohl wenig Wissenschaftliches an sich hatte. Übrigens handelt es sich in diesem Fall um eine Methode, die dem Teilnehmer Auslegungshilfen bietet und sich nicht anmaßt, objektive Urteile zu fällen.

Diese Form der Bildung hat die Tätigkeit von Slow Food sehr stark geprägt und auch den Aufbau der Studienpläne für die gastronomische Universität bestimmt. Diese Methode wurde mit der Zeit durch eine weitere Neuigkeit bereichert - die Dimension der Reise. Denn es ist sehr wahrscheinlich, dass viele dieser Geschmackserlebnisse mehr Sinn machen, wenn sie an den Orten stattfinden, aus denen die Produkte stammen.

Und dies alles hatte seinen Anfang in jenem überfüllten Saal des Hotel Marriot vor mehr als zehn Jahren.

1 Die Erziehung

Der Gastronom schreibt sich das *Wissen* auf die Fahnen. Eine komplexe und multidisziplinäre Kenntnis, die Sinne und Intellekt mit einbezieht. Sie betrifft alle Kulturen und ist offen und friedfertig, obwohl sie fest das Ziel verfolgt, eine transparente Anschauung der Wirklichkeit geltend zu machen. Gut, sauber und fair sind die wesentlichen Bestandteile seines *Wissens.* Diese Ideen erfordern eine große kognitive Anstrengung, das Teilen einer unglaublichen Menge von Informationen und die Berufung zur Veränderung nahrungswissenschaftlicher Vorstellungen. In erster Linie soll der Nahrung ihre zentrale Rolle wiedergegeben werden. Der Gastronom soll in diesem Zusammenhang über alle notwendigen Mittel verfügen, um das Recht jedes Menschen auf seine *eigene* Nahrung, seine eigene Wahl im Einklang mit der Kultur und Umgebung, in der er lebt, geltend zu machen.

Das Ziel des Gastronomen ist schließlich der Genuss, das Glück. Es ist ein bewusster Genuss, der sich nicht auf die pure Lust beschränkt, sondern von Wissen untermauert wird. Dieses Wissen wird bei Tisch mit anderen beschrieben und geteilt.

Gerade in seinem Wissen besteht heutzutage das Haupthindernis des Gastronomen in seinem Streben nach dem Glück. Denn mit der Ablehnung des Genusses (des *Geschmackes*) erfolgt auch die des Wissens, das nicht mitgeteilt, verachtet und als eine überflüssig Übung bezeichnet wird.

Der Gastronom ist in der Minderheit. Er muss versuchen, sich wo und wie er kann, Wissen anzueignen. Das kann er am besten bei den kultiviertesten Bauern (»Klar ist ein Bauer kultiviert«, sagte mir Folco Portinari, »er baut doch etwas an!«), die bereit sind, ihre Erfahrungen und ihr Wissen weiter zu geben. Er macht dies gerne mit Freunden, mit denen er seine Leidenschaft für das Gute, Saubere und Faire teilt. Und auch mit den Köchen, bei denen er einkehrt, weil diese hoher Ausdruck gastronomischer Kultur sind. Und des Weiteren bei denen, die Nahrungsmittel in allen möglichen Arten und Weisen verarbeiten. Oder beim Spezialisten einer wissenschaftlichen Disziplin, die mit der Gastronomie zusammenhängt und der gleichzeitig das Feingefühl des Gastronomen besitzt.

Dieser Lernprozess, der die eigene sinnliche Wahrnehmung wach, bewusst und geübt erhalten will, wird der Kreativität, Leidenschaft, Motivation und den wirtschaftlichen Möglichkeiten des einzelnen Gastronomen überlassen. Das wird nicht in der Schule gelehrt, es gibt dafür auch keine allumfassenden Kurse. Man muss sich einfach damit begnügen, überall Informationen zu sammeln, die man dann mit Hilfe der eigenen Intelligenz zu einem Ganzen zusammenfügt. Man sollte sich auch mit den anderen auseinandersetzen und dauernd auf der Suche sein.

Bis heute war der Gastronom ein ausgesprochener Autodidakt. Er entscheidet selbst, wie, wann und mit wem er lernen will. Sein Wissen ist das Ergebnis eines definierten Willens. Dieser wird von den verschiedensten Zielsetzungen vorangetrieben, die kulturell nicht immer als die nobelsten angesehen werden. Nicht selten gelangt man zu einem gewissen gastronomischen Bewusstsein, wenn man vom einfachen oder vielleicht auch animalischen Wunsch ausgeht, mehr zu *genießen*. Dieser Wunsch ist natürlich, obwohl er von so vielen Vorurteilen umgeben ist. Wie dieser Wunsch, so ist auch der Wissensdrang etwas völlig Normales.

Das Bewusstsein von der Komplexität des Nahrungssystems erlangt man auch mit der Erziehung, Erforschung und Übung der eigenen Sinne. Deshalb sollte man den berechtigten Drang nach dem Genuss nicht als Schuld betrachten oder ihn herunterspielen, unterdrücken oder in andere Bereiche verbannen. Der Drang nach dem Genuss muss *ausgebildet* werden.

Darin besteht die Herausforderung der neuen Gastronomie. Zu diesem Zweck sollen Weiterbildungsprogramme für alle Altersgruppen entwickelt werden: für die Kinder, die das Recht haben, den Gebrauch ihrer Sinne zu lernen, zu wissen, wie die Lebensmittel erzeugt werden, woher sie kommen; für die Eltern und Lehrer, die nicht mehr wissen, wie man Kinder zum Essen erzieht; für die Konsumenten – wir sind bereit, auch diese Bezeichnung zu zerstören oder zurückzuweisen – die sich gerne das Beste aussuchen würden und Qualität vorfinden möchten; für die Produzenten und Arbeiter der Lebensmittelbranche, die ihre Professionalität verbessern und definieren möchten; für die Senioren, die sich in einer so radikal veränderten Welt kaum wiederfinden.

Es geht um das Angebot von Mitteln, die Übermittlung von Informationen und Ausbildung der Wahrnehmungsfähigkeit. Außerdem sollen Werte und Bewusstseinsformen sensibilisiert, gebildet und Interpretationen, Methoden und mentale, operationelle Mittel zur Verfügung gestellt werden.

Der Gastronom darf nicht mehr im Kampf gegen die Vereinheitlichung der Lebensmittel, die nicht-nachhaltige Künstlichkeit und den Verlust des Geschmacks und der biologischen Vielfalt sich selbst überlassen werden. Man muss ihn von Anfang an unterstützen und leiten, damit er sein eigenes Sinnesvermögen entwickelt.

Wahrnehmung und Sensibilität; Gastmahl und Schule; Erfahrung und Information: dies sind die Schritte, um sich die Wirklichkeit anzueignen, das eigene Recht auf Genuss und die Suche nach dem Glück zu leben. All das erfolgt mithilfe einer einzigen Quelle für den Menschen, der Nahrung.

1.1 Vom Autodidakten zum Netzwerk »gebildeter« Menschen

Meine Erfahrung, wie die jedes modernen Gastronomen nach Brillat-Savarin, ist die eines sehr persönlichen Werdeganges, der vom Wunsch angetrieben wird, Nahrung und Leben besser zu verstehen. Er ist auch durch das Beisammensein mit Menschen geprägt, die meine Leidenschaften und meinen Wissensdrang nach den Geschichten der Lebensmittel in aller Welt teilen. Dieser Wissensdrang geht von meinem Heimatstädtchen aus und reicht bis zu den entferntesten Winkeln unseres Planeten. Ich habe keine Schulen besucht, außer einige berühmte Lehrgänge für Weinverkostung (in Beaune, bei Bordolo). Jene Unterrichtsstunden bei den größten Herstellern und Verkostern der Welt haben mir am meisten die Augen geöffnet. Von daher kam die Motivation, mehr zu wollen: das Erwachen meiner sinnlichen Wahrnehmung, die Übung mit den Aromastoffen, die Farben und Geschmacksformen des Weines.

Dies erfordert eine andauernde Übung, die aus Verkostungen, Gegenüberstellungen und der Untersuchung der Eigenschaften der einzelnen Traubensorten besteht.

Nach der Weinanalyse war der Übergang zur Wahrnehmung des Essens unvermeidbar. Nach der Wiedergewinnung der eigenen Wahrnehmung muss man dann notwendigerweise die Eigenschaften aller Produkte bemerken.

Die Sinne haben mir den Geschmack wiedergegeben und ihn ausgebildet. Dadurch wurde mein Drang nach Wissen immer stärker, denn ich hatte verstanden, wie wichtig die Rohprodukte und die Herstellungstechniken waren. Von der Verkostung und der einfachen gastronomischen Kritik wollte ich dann auf die direkte Kenntnis der Produzenten, Felder und Verfahrensweisen übergehen. An diesem Punkt wurde die Annäherung an Agronomie,

Viehzucht, Küche, Industrie und an das Handwerk notwendig. Ich wollte die praktischen Fähigkeit und ihre Umsetzung sehen. Ich wollte mir der kleinen technischen Unterschiede bewusst werden, die sich in den verschiedenen Geschmacksformen widerspiegeln und die verschiedenen Sorten kennen lernen, die in der Küche und im Endprodukt Veränderungen erfordern. Die Kenntnis der Rohprodukte und Herstellungstechniken ist meiner Ansicht nach unabdingbar geworden. Es genügt nicht mehr die bloße Analyse des Endproduktes, sondern man braucht auch die Kenntnis seiner Geschichte.

Von hier aus habe ich mit dieser dauernden Suche nach Informationen begonnen. Es war einfach zu verstehen, wie die Vereinheitlichung des herrschenden Wissens das Ergebnis einer Vereinheitlichung von Rohstoffen und Techniken widerspiegelt, die von der übertriebenen Industrialisierung der Produktionssysteme verursacht wird. Ich habe einige Geschmacksformen nicht wieder gefunden. Es wurde mir erklärt, dass ich vielleicht nicht mehr dazu fähig war, sie wahrzunehmen. Ich dachte an den Verlust der biologischen Vielfalt und all ihre unangenehmsten und bedauerlichsten Auswirkungen. Die industrielle Methode, die Gleichgültigkeit in der Herstellung, die Zweitrangigkeit Geschmack im Nahrungssystem und eine immer verseuchtere Umwelt haben die Kriterien der Nachhaltigkeit hervorgebracht. So begann weltweit die Suche nach einer anderer Art von Information und ich habe mich mit der Komplexität dieser neuen Vorstellung auseinandergesetzt.

Der Schritt in Richtung der Produzenten war dann klein: wenn Identität und Geschmack das Ergebnis eines dauernden Austausches und weitreichender Wechselwirkungen sind, warum sollte man dann neben der biologischen Vielfalt und den vom Aussterben bedrohten Produkten nicht auch die Menschheit und die Gemeinschaft der Produzenten verteidigen? Warum sollte man sie nicht vernetzen und einen Dienst einrichten, der sie aufnimmt, anhört, in Kommunikation miteinander bringt und sie immer unterstützt? So gelangen wir auf eine andere Stufe der Bildung: die soziale Forschung, die Untersuchung der Formen der Solidarität und des Austauschs und die Untersuchung der Netzwerke.

Das Gesamtbild hat sich mit den Jahren außerordentlich verdichtet. Von der einfachen Übung der sinnlichen Wahrnehmung hat der Forschungsgeist bis zum Kampf gegen die Ungerechtigkeiten geführt, welche die bäuerliche Welt betreffen. Aber ohne den Ansporn durch Genuss und Geschmack wäre wahrscheinlich nichts von all dem eingetroffen oder der Weg wäre nicht so vollständig gewesen. Man wäre nie zum letzten Schritt gelangt, der zur Versammlung von 50.000 Bauern, Fischern, Nomaden und Verarbeitern aus ungefähr tausend Gemeinden aus 300 Ländern der Welt geführt hat. Sie fand vom 20.–23. Oktober 2004 im Palazzo del Lavoro in Turin statt – die Veranstaltung Terra Madre, die wir später noch erwähnen werden[60]. Sie stellte die letzte Etappe eines Weges dar, der erläutert, nachvollzogen und in verschiedenen Formen wiedergegeben werden soll. Es muss aber stets vom sinnlichen Wahrnehmungsvermögen ausgegangen werden, um alle anderen Bereiche des gastronomischen Wissens zu involvieren. Nur wenn man das eigene sinnliche Wahrnehmungsvermögen wieder erweckt, kann man so manches verstehen. Es handelt sich dabei um einen umgekehrten Weg im Verhältnis zu dem der Umweltschützer und Menschenrechtsverfechter. Dieser Weg geht von unserem Inneren aus und öffnet uns der Welt.

Die Teilung dieser Welt – die eigentlich nichts anderes ist als die Interpretation der Realität, die Forderung nach der eigenen kulturellen Würde und des Produktionssystems einer besseren Nahrung für Mensch und Erde – soll schließlich zu einem weltweiten Netzwerk von Gastronomen führen. Diese sind keine Besserwisser, die von Restaurant zu Restaurant gehen, um Werturteile und Punktezahlen abzugeben. Sie sind die neuen Gastronomen, die produzieren, essen, sich kennen und gegenseitig unterstützen.

All dies erreicht man nicht ohne Weiterbildung zu Themen wie Geschmack, Lebensmittel, Landwirtschaft, Umwelt, Tradition und Erneuerung im Bereich der Lebensmittel. Um es in drei Worten zu sagen: es geht um die *Ausbildung des gastronomischen Wissens.* Wie kommt das Zustande?

[60] Vgl. S. 232–234.

1.2 Das Modell von der Schule ausgehend verändern

Wenn der Gastronom Autodidakt ist, so bedeutet dies, dass ihn keine offizielle pädagogische Instanz jemals unterstützt hat. Vor allem die Schule weist im Bereich der Geschmackserziehung große Lücken auf. Gastronomie und Ernährung gibt es nicht als Lernfächer und dies sollte das Ziel sein. Man unterrichtet nur oberflächliche Kenntnisse über die Ernährung, die des Öfteren gegensätzliche Wirkung erzielen. Die normalerweise eingesetzten didaktischen Materialien sind nicht sehr kohärent und haben den Nachteil, sich zu wiederholen. Außerdem sind sie langweilig, abstrakt und werden von Kindern und Jugendlichen als unbeliebte Auferlegung angesehen. Im Allgemeinen beschränkt man sich auf Nährwerttabellen und auf Videos über gesunde und ungesunde Ernährung (und was der Gesundheit schadet, sind immer die von den Kindern bevorzugten Lebensmittel, weil sie Geschmacksverstärker enthalten: meiner Meinung nach ist es negativ, dauernde Verbote aufzuzwängen, da man dadurch kein Wissen vermittelt, sondern nur Ablehnung gegen die Lehrmethoden erntet). Es gibt Unterrichtseinheiten, die nur aus Strafpredigten bestehen und vollkommen theoretische Ratschläge erteilen, die sich oft nur auf die Funktionsweise unseres Körpers und hygienisch-medizinische Regeln beziehen.

Der Genuss wird in diesem Zusammenhang gar nicht beachtet oder berücksichtigt. Klar sind die Regeln der Ernährung ohne Zweifel korrekt und müssen erläutert werden, aber sie reichen alleine nicht aus. Wir befinden uns in einer Welt, in der sich der Geschmack zwischen Vereinheitlichung und Verschwinden verliert und der direkte Bezug zum Essen immer mehr zu einem Trugbild endloser, künstlicher Vermittlungen wird. Gerade deshalb müssen wir in allen Schulen dem Geschmack und seiner Erfahrung seine zentrale Rolle zurückgeben.

Die Kinder zu lehren, woher das Rohprodukt stammt, es berühren, bearbeiten, kochen und direkt essen ist die wirkungsvollste Art, um sie zum Essen und zum Geschmack zu erziehen. Ihr Sinnesvermögen zu lenken, es kennen zu lernen, um sich den lokalen Produkten und den traditionellen Rezepten anzunähern, ist der Weg, um ein zweifaches Ziel zu erreichen. Einerseits kann man ihnen dadurch die Nahrungskultur vermitteln, in der sie leben und ihnen andererseits die Mittel bereitstellen, die sie benötigen, um die Lebensmittel auszuwählen, zu unterscheiden, zu kaufen und zu bewerten.

Dieses Bildungsmodell, das auf Verkostung und dem direkten Bezug zur Materie aufbaut, ist nicht exklusiv und darf die von Nährwerten und Gesundheitserziehung ausgehenden Ansätze nicht ersetzen. Es ist hingegen die bis jetzt fehlende Struktur, um die Kleinen zur eigenen Wahrnehmung der Wirklichkeit in ihrer Umgebung zu erziehen. Die Methode der Alphabetisierung der Sinneswahrnehmung wurde bereits kodiert[61] und stellt einen revolutionären Ansatz dar, der alle optimistischen Erwartungen übersteigt.

Die in Italien, Deutschland, den USA und Japan bewährte Erfahrung von Slow Food im Bereich der Ernährungs- und Geschmackserziehung in den Schulen zeigt, dass die Kinder sehr aufnahmefähig sind, wenn man Methoden anwendet, die den Genuss in Betracht ziehen. Ihre Fähigkeit, sich zu wundern und ihre noch nicht irritierten Sinne machen sie sehr offen und froh, wenn sie zum Beispiel verschiedene Käsesorten probieren, ihren Herstellungsprozess durchlaufen und die Unterschiede zwischen einem rohen und einem pasteurisierten Milchprodukt erkennen lernen.

Aber für die Kinder und Jugendlichen gibt es im Moment nicht nur diesen direkten, spielerischen und praktischen Ansatz. Aus der Erfahrung von Slow Food (in Australien, den USA und Italien) hat sich die Idee des *School Garden* entwickelt. Das sind richtige Gärten in den Schulen, wo die Schüler lernen, ihre eigenen Lebensmittel anzubauen, die Rhythmen der Jahreszeiten zu erfassen, die Früchte der Erde zu sammeln, um sie dann zu probieren, zu kochen, zu bewerten und mit denen aus dem Supermarkt

[61] Rossano Nistri, *Dire fare gustare, Percorsi di educazione del gusto nella scuola,* Arcigola Slow Food, Bra 1998.

zu vergleichen. Hier wird sich die sinnliche Wahrnehmung erweitert, indem sie die Arbeit und den Bezug mit der Erde und dem Ökosystem begreift. Die Jugendlichen können sich das natürliche Wissen aneignen, das die Landbewohner in ihrer engen Beziehung zur Lebensmittelerzeugung noch besitzen. Man kann dadurch folgende Grenzen überschreiten: die durch die Aufhebung des territorialen Lebensmittelsystems entstandenen Grenzen, die Verbreitung der Lebensmittel der Agrarindustrie, die Neueinrichtung der häuslichen Küche, das Wachstum der Massen-fastfood-Restaurants (die Kinder mit faszinierender Werbung und Billigprodukten aller Art umwirbt).

Es besteht ein dringendes Bedürfnis nach Alphabetisierung der sinnlichen Wahrnehmung und »der Erde«. Die Erziehungsziele sollten im jüngsten Alter schon darauf hinarbeiten, die Wirklichkeit zu erfassen, um sich in ihr orientieren zu können. Die Schule lehrt kaum den Genuss, die Gastronomie, die Wege der Lebensmittel, die Grundlagen der Landwirtschaft und die Lebensmittelkultur, die die Identität des Schülers begleitet. Das ist eine schwerwiegende Lücke, die im Begriff ist, ein Skandal zu werden.

1.3 Immer Weitermachen

Der kulturelle Abgrund der Gastronomie und der Nahrung beginnt schon in der Schule. Bildung in diesen Bereichen jedoch sollte lebenslänglich erfolgen und sich nicht auf die Grundlagen beschränken, die man sich als Erwachsener aneignen kann. Die entstandene Kluft zwischen der Herstellung und dem Konsum der Lebensmittel hat dazu geführt, dass die letzten zwei oder drei Generationen den definitiven Riss der Nabelschnur zwischen der Erde und ihren Produkten vollzogen haben. Es gibt noch Menschen, die das Glück hatten, mit eigenen Augen die verschiedenen Etappen der Produktion der Lebensmittel zu sehen: ihren Anbau, ihre Zucht und Verarbeitung. Einige Generationen wuchsen im Schatten der industriellen Produkte auf und können sie gar nicht mehr unterscheiden.

Sie wissen nicht, wie man Lebensmittel herstellt und können auch keine Bezüge zwischen dem Endprodukt und dem Rohprodukt herstellen.

Deshalb muss man unbedingt in den Schulen anfangen. Aber dafür ist es notwendig, auch bei den Lehrern zu beginnen. Viele von ihnen verfügen nicht über die didaktischen Mittel, da sie selbst zur ersten Generation ohne gastronomisches Wissen gehören. Die neuen Erziehungsmethoden müssen daher auch den Lehrern beigebracht werden. Dasselbe gilt für die jungen und auch die älteren Eltern, die aus der Zeit der ersten agrarindustriellen Revolution stammen, die uns des Geschmacks beraubt hat. Hier geht es uns keineswegs darum, Lehrer oder Eltern zu beschuldigen. Aber leider sind die meisten von diesem kulturell-gastronomischen Genozid betroffen, der unsere Gesellschaft in den letzten fünfzig Jahren bedroht hat.

Der Aufruf zur Realität richtet sich an alle. Das gastronomische Wissen muss zurückgewonnen werden und man muss die Bedingungen seiner Übermittlung klären. Erziehung muss auch außerhalb der Schule stattfinden: zum Beispiel in Abendkursen, Verkostungen der Produzenten, spielerischen und gelungenen Momenten der Wissensvertiefung, die sich an einem immer neuen, verschiedenen, vollständigen und komplexen Wissen orientieren.

Dazu hat Slow Food die *Geschmackserlebnisse* und die *Master of Food* erfunden. Die ersten sind Verkostungen, die von den Produzenten selbst oder von Experten der Wahrnehmungsanalyse und der Produktion gehalten werden: ausgezeichnete Produkte, Vergleiche, verschiedene Aspekte gastronomischer Vielfalt. Die Trennung des Verkostungsmomentes von jeder Ernährungswissenschaft (zu den *Geschmackserlebnissen* geht man nicht, um zu essen) ermöglicht es, eine didaktische Erfahrung zu machen und die eigene Wahrnehmung zu schärfen. Die Geschmackserziehung wird von jemandem gehalten, der perfekt die Eigenschaften der Hauptprodukte kennt. Es erfolgen die Geschmacksanalyse und die Beschreibung der Gegend oder des Lebens und der praktischen Fähigkeiten des Herstellers. Man sucht immer nach einer fröhlichen und geselligen Dimension, die übertriebene Technisierungen vermeidet, aber sehr genau ist in ihren gastronomischen multidisziplinären Analysen. Im Wesentlichen ist es eine Erfahrung des Geschmacks mit Führung, die sehr reich an *Wissensinhalten* ist.

Die *Master of Food* sind eine Reihe von theoretischen Unterrichtseinheiten über ungefähr zwanzig Lebensmittelkategorien (Brot, Nudeln, Fleisch, Käse, Öl, usw.): sie sind eine Art von Volkshochschule, die auf dem gesamten italienischen Raum verbreitet ist und von den örtlichen Stellen von Slow Food organisiert wird. Sie verfolgen das Ziel, für den größten Teil unserer Lebensmittel die Grundlagen ihrer geschmacklichen, produktiven und vergleichenden Kenntnis zu vermitteln. Es gibt im Ganzen zwanzig Themenbereiche und wenn man an allen Kursen teilnimmt, erhält man ein Zeugnis.

In beiden Bildungsangeboten steht im Gegensatz zu den klassischen Verkostungen und Kochkursen vor allem die Analyse der Sinneswahrnehmung im Mittelpunkt. Diese dienen als Mittel zur Erfassung und Bewertung produktiver, territorialer und technischer Unterschiede. Die Analyse der Sinneswahrnehmung gemeinsam mit den Herstellungsprozessen vermittelt den Teilnehmern eine neue Perspektive. Somit verändert der Teilnehmer seinen Bezug zu den Lebensmitteln und legt die Grundlagen für eine neue und bewusstere Art des Konsums. Im Mittelpunkt steht die Suche nach dem Genuss. Er ist wesentliches Stilelement der Kurse. Sie sind zwar informell, aber dafür sehr genau in der Dienstleistung und ernsthaft in der Verkostung. Sie werden als spielerisch erlebt, sind aber gleichzeitig voll von Informationen, Geschichten, Techniken und kulturellen Anreizen. Alles wird in einer fließenden und verständlichen Sprache vermittelt. Man wird neugierig auf die Lebensmittel, wahrnehmungsfähig, was die gastronomischen Themen und den Umweltschutz betrifft, und bietet Herstellern und Konsumenten die Möglichkeit, sich zu treffen und zu kommunizieren.

Mit diesen Beispielen möchte ich nicht behaupten, dass jeder verpflichtend an den *Geschmackserlebnissen* oder den *Master of Food* teilnehmen sollte. Es ist wichtiger, für alle Altersgruppen in den verschiedenen Tagesabschnitten absolut *angenehme* Erziehungsmomente zu finden. Diese Kurse sollten zur Förderung einer neuen Kommunikation über Essen und zu einer neuen gastronomischen Sprachform führen, die dem allgemeinen Feingefühl näher kommt und klarer ist in Bezug auf die alltägliche Begegnung mit dem Essen. Es ist zum Beispiel wichtig, Treffen mit den Herstellern zu fördern. Sie ermöglichten den Zugang zu einer direkten Quelle des gastronomischen Wissens, das uns sehr oft verweigert wird, nur weil wir uns ihm manchmal nicht nähern wollen oder können.

Der erste Schritt, um die gastronomische Wissenschaft zu erneuern und sie zu einem Kompendium *(Corpus)* der ständigen Weiterbildung zu machen, besteht darin, sich klar und ohne zu viel Rhetorik oder schwierige Begriffe auszudrücken; was uns jedes Mal wenn wir essen deutlich gemacht würde. Wenn man mit der Sprache spielerisch umgeht, vermittelt man auch das Bild eines neuen und angenehmeren Ansatzes. Wenn man ein *Geschmackserlebnis* über die besten *Culatelli* der Emilia *»Alle närrisch auf den Culatello«* nennt, so klingt das nicht nur ironisch, sondern vermittelt schon, dass es nicht langweilig werden wird, wenn man Stil und Inhalt berücksichtigt. Man wird probieren, vergleichen, die produktiven Techniken kennen lernen und die Produzenten informell treffen. Die Sprache wird der Alltagssprache ähneln und alles wird einfach und spielerisch erfolgen, aber niemals dumm oder albern.

1.4 Hoch fliegen – ohne Minderwertigkeitskomplexe

Die Sinnesanalyse, die Eigenschaften der Herstellung und die vergleichenden Verkostungen bilden die Grundlagen einer gastronomischen Erziehung und einer Lebensmittel- und Geschmackserziehung, die in Schule und Gesellschaft fehlen. Eine Veränderungsstrategie für das System der Nahrung geht von der Implementierung von Kursen auf allen Stufen aus. Sie sollen in öffentlichen und privaten Schulen für alle Altersgruppen organisiert werden, um Grundlagen zu schaffen, die Klarheit der Sinneswahrnehmung, die Urteilsmaßstäbe und die Grundlagen der gastronomischen Kultur zurückzugewinnen.

Außer dieser Hauptstufe gibt es weitere zwei erzieherische Stufen, die man erreichen muss, um in unserer Gesellschaft die Nahrung wieder in den Mittelpunkt zu stellen. Dadurch wird sie überall zu einem Mittel des kulturellen und wirtschaftlichen Wachstums und der Verbesserung unserer Lebensqualität. Wir haben bereits gesehen, dass Qualität aus drei Aspekten besteht: gut, sauber und fair. Neben dem Genuss der Lebensmittel und seiner bewussten Ausübung finden sich die Herstellungsmethoden, die ökologische, wirtschaftliche und soziale Nachhaltigkeit und zahlreiche weitere Aspekte der Realität, die mit dem Kreislauf unserer Lebensmittel zusammenhängen.

Natürlich genügen die Anstöße der Kurse zu den Verkostungen und zum Erkennen und Erfassen der Herstellungstechniken nicht allein. Um seine Wahl im Sinne der Qualität treffen zu können, muss der Konsument alle Informationen zur Verfügung haben, die es ihm erlauben, diese zu erkennen. Aber nicht immer bekommt er genug Unterstützung auf dieser Suche. Die Etiketten sind oft nicht ausreichend oder verschlüsselt. Der Kreislauf eines Produktes wird meistens mit Unterbrechungen dargestellt. Es finden sich dunkle Winkel, unklare Herkunftsdaten und sonderbare Handelstätigkeiten. In vielen Fällen erscheint es unmöglich, auf das Rohprodukt zu schließen. Man kennt die Herstellungskosten für die Umwelt nicht. Außerdem ist es nicht möglich zu erfahren, ob soziale Ungerechtigkeiten dadurch verübt werden; (falls dies der Fall ist, so wird das sicher nicht auf dem Etikett vermerkt).

Der erzieherische Prozess riskiert einerseits im selben Maße zu scheitern, indem die grundlegenden Faktoren für das Urteil und die Wahl unbekannt sind. Andererseits bleibt man bei der Bewertung weniger Produkte stehen und die Bewertung wird nicht in den Alltag eingegliedert. Es sollte im Gegenteil ein dauernder Anreiz für die Neugierde und das Interesse sein, alle gastronomischen Aspekte der Qualität kennen zu lernen. Des Weiteren sollte der Drang voran getrieben werden, immer mehr darüber wissen zu wollen und den politischen Willen, Druck auszuüben, damit die

Informationen vermittelt werden und die Produktionsmethoden möglichst klar erscheinen.

Eine zweite erzieherische Stufe wird daher den Tätigkeiten überlassen, die der Konsument bei seinem alltäglichen Einkauf und anhand der Mahlzeiten durchführen kann. Sie liefern mehr Informationen über den Nahrungswert und das, was gefordert, verlangt und somit genossen wird.

Die dritte Stufe ist hingegen die höchste. Sie fordert unbedingte kulturelle Wertschätzung, die auch von den akademischen Kreisen anerkannt und in das Wissen des Menschen integriert wird.

Wenn man die Gastronomie als Wissenschaft anerkennt, ist sie nicht mehr die private Übung eines Autodidakten, sondern ein wissenschaftliches und multidisziplinäres Kompendium *(Corpus)*, der Kenntnisse in den verschiedensten und auch weitreichendsten Wissensgebieten einschließt. Es ist daher an der Zeit, dass sie vollkommen als solche anerkannt wird. Man sollte damit anfangen, sie auch an den Universitäten zu lehren und zu lernen.

Die erste Universität für gastronomische Wissenschaften gibt es bereits. Es handelt sich dabei um die Universität für gastronomische Wissenschaften von Pollenzo und Colorno[62], die von Slow Food stark unterstützt wurde (ich möchte mich an dieser Stelle für die dauernde Bezugnahme auf Slow Food, die Organisation, deren Vorstand ich selbst bin, entschuldigen. Aber unser gesamtes erzieherisches Projekt ist im Sinne der verschiedenen erzieherischen Anforderungen entworfen. Und dazu finde ich nicht viele andere vorhandene Beispiele, die diese Philosophie und ihre Umsetzungsstrategien aufzeigen können.) Die Universität für gastronomische Wissenschaften ist weltweit das erste Experiment, dessen Ziel es ist, auf Hochschulniveau diesen didaktischen Werdegang in Angriff zu nehmen. Er geht von den Sinnen, der Erfahrung kulinarischer Phänomene und von der Konkretisierung der Produkte aus, um sich dann über Lebensmittel Gedanken zu machen[63]. Sie fördert die

[62] www.unisg.it

Annäherung zwischen den Humanwissenschaften und den technisch-wissenschaftlichen Disziplinen. Dadurch wird jede Disziplin von der spezifischen Bedeutung in der akademischen Welt befreit, weil ein offener Ansatz entsteht, der das Gesamtgebiet der Nahrung thematisiert. Dieser Ansatz geht von der *Erfahrung* aus. Die Erfahrung – Reisen, Praktika, Besuche, Verkostungen, Übungen, Interviews mit Menschen vom Fach – entspricht in der neuen Universität dem Wert der Vorbereitungsfächer für alle anderen Disziplinen. Auf der Erfahrung werden alle theoretischen Kenntnisse aufgebaut. Es werden die Grundlagen geschaffen für Lektüre, Vertiefung und einen Exkurs in andere Themenbereiche. Es handelt sich um den ersten abgeschlossenen Versuch zur Untersuchung des Geschmacks. Er befindet sich im Randbereich zwischen Objektivität und Relativismus, in dem sich private und öffentliche Dimension mit Geschmack und Wissen überschneidet. Die Aufgabe des Gastronomen besteht darin, zu lernen, sich auf diesen Grenzlinien zu bewegen. Dies muss eine Universität für gastronomische Wissenschaften auch vermitteln können.

Es wäre wünschenswert, wenn anderswo weitere Hochschulkurse entstünden. So werden sich der Bereich und die Anzahl gastronomischer Denkschulen ausdehnen und werden neue Lehrer, Forscher und Bewusstseinsformen entstehen. Wenn die Gastronomie imstande sein wird, die akademische Würde zu erlangen, die ihr zusteht, wird es nicht mehr schwierig sein, sie in die Schulen und in alle langfristigen Ausbildungsangebote einzuführen. Man wird damit aufhören, »Ernährungswissenschaften« mit ihrer zweifachen Bedeutung als Physiologie der Ernährung und industrieller Herstellung zu definieren. Demnach ist die Gastronomie ein kaltes und distanziertes Studium der Lebensmittel, ihrer industriellen Standards, ihrer Zusammensetzung und ihrer Nährwerte.

Die Wissenschaft der Gastronomie beinhaltet hingegen die Erforschung des Geschmacks, der Herkunft, des Wertes und der Qualität. In diesem Zusammenhang werden die betreffenden Dis-

[63] Alberto Capatti, persönliche Mitteilung.

ziplinen nicht voneinander getrennt. Vielmehr werden der Austausch und die Verbreitung der Wissensformen gefördert. Indem man bewusst den klassischen Stil der akademischen Ausbildung verlässt, kann man ihren wahren Wert auch geltend machen.

1.5 Erziehen und sich erziehen

Die Hauptziele dieser neuen pädagogischen Methodologie beinhalten Folgendes: die Erneuerung und Vereinfachung der Sprache, die Anerkennung der multidisziplinären Komplexität, das Ausgehen von den Sinnen und der Erfahrung, die Bekanntschaft mit den Herstellern, ihren Techniken und den Eigenschaften der Territorien und Ökosysteme. Diese Methodologie bringt neue Gastronomen hervor, um tagtäglich gemeinschaftlich nach der Qualität zu suchen. Sie ist ein ständiger Bildungsprozess, den man genießt. Sie verfolgt den Genuss, macht ihn geltend und vermittelt und verbreitet ihn auf einfache Art und Weise. Wir befinden uns erst am Anfang dieses Weges, ich bin aber überzeugt, dass man sehr bald eine neue Verbindung zwischen der Erde, der Nahrung und dem Menschen herstellen kann. Dies kann möglich werden, wenn man sich pädagogisch orientiert und sorgfältig Strukturen und Methodologien festlegt. Dadurch erreicht man eine neue Beziehungsform, die vom größten Teil der Menschheit auch geteilt wird. Es ist so, als befände sich in jedem von uns ein Gastronom. Er bringt uns dazu, nicht mehr Konsument zu sein, sondern etwas Anderes, Intelligenteres und Glücklicheres.

Tagebuch 12 Die Messe von Morozzo: die Kapaune

Zwischen 1996 und 1998 hat Slow Food die Metapher der Arche des Geschmacks entwickelt. Diese Idee sollte zur Katalogisierung aller vom Aussterben bedrohten Erzeugnisse dienen. Sie werden dann der Welt mitgeteilt, damit sich mehr Menschen bemühen können, unseren Planeten zu retten. Nach ihrer Lancierung im Rahmen des Salone del Gusto im Oktober 1998 erzielte die Arche in Italien und im Ausland großen Erfolg. Bis heute ist ihre internationale Kommission tätig, um die Produkte zu melden, die in die Liste eingetragen werden sollen.

Trotzdem kam nach dem Salone del Gusto 1998 die Frage auf, wie man das bedrohte Erbe konkret retten konnte. Dafür wurde die Idee der Förderkreise entwickelt. Das sind einzelne zielorientierte Projekte, die sich je nach passender Interventionsart unterscheiden, (um einige Beispiele anzuführen: Finanzierungen für die Produzenten, Bau von Infrastrukturen, Marketing, Einrichtungen von Handelsnetzen). Um diese Idee umzusetzen, musste man aber Prototypen entwerfen und der erste galt den Kapaunen aus Morozzo.

Alles ging sehr schnell über die Bühne. Normalerweise besuche ich sehr gerne die traditionellen landwirtschaftlichen Messen meiner Heimat. Neben der wundervollen Messe des dicken Ochsen in Carru', die an jedem zweiten Donnerstag vor Weihnachten abgehalten wird und mit der Zeit zu einem echten Ritual wurde, besuche ich seit einigen Jahren auch eine kleinere Veranstaltung, die jährlich in der Vorweihnachtszeit im Dörfchen von Morozzo abgehalten wird. Hier züchten die Bäuerinnen wunderbare Kapaune, die hohe sinnlich wahrnehmbare Eigenschaften besitzen.

1998 jedoch war der Eindruck dieser Messe sehr entmutigend geworden. Da sich in jenen Gegenden die Bauernkultur drastisch verändert hatte, war die Tradition der Kapaune am Verschwinden. Die Frauen züchteten sie immer weniger und weniger wurden auch die Käufer, obwohl gerade das ein Moment der Freude hätte sein sollen. Im Wesentlichen wurde die kostspielige, geschickte und leidenschaftliche Zucht nicht mehr richtig vergütet. Deshalb wurde die Messe zum sehr traurigen Zeugnis der Vergangenheit.

Nach jener Erfahrung überzeugte ich mich, dass man die Tradition der Kapaune von Morozzo retten wollte. Die einzige Möglichkeit bestand darin, eine Handelsstrategie zu starten, um die Bäuerinnen angemessen zu entlohnen. Ich überlegte mir folgendes: ich schlug den Bäuerinnen vor, mich zu verpflichten, im nächsten

Jahr 1.000 Kapaune für einen fast doppelten Preis als den von 1998 zu kaufen (24.000 Lire pro Kilo anstatt 13.000).

So versammelte ich im Januar 1999 die Viehzüchter im Gemeindesaal von Morozzo und unterbreitete ihnen mein Angebot. Die Bäuerinnen saßen mit verschränkten Armen da und ihre Ehemänner bildeten den Rahmen, indem sie hinter ihnen standen. Ich ergriff das Wort und teilte ihnen mein Angebot mit. Ich sagte ihnen, dass sie nicht aufgeben sollten. Ich hätte mich persönlich für sie eingesetzt, indem ich so viele Freunde als möglich einbezogen hätte. Daraus wurde ein so genannter Verkauf *en primeur,* wie er mit dem Wein gemacht wird. Die Atmosphäre war ein wenig angespannt. Ich erinnere mich bis heute an ihre Bauerngesichter, die gewohnt waren, schlecht behandelt zu werden und weder Vertrauen noch Hoffnung hatten. Ihre Ungläubigkeit war verständlich. Das Angebot eines Stadtbewohners musste für sie wohl sehr komisch klingen. Oder sie glaubten, wir hätten sie betrogen oder ich wäre eine Wohltätigkeitsdame.

In der Tat war es schwierig, die Operation zu Ende zu bringen. Ich hielt mein Wort nicht nur aufgrund meiner sturen Entschlossenheit, sondern auch dank eines Netzwerkes von Freunden, die sich bemühten, die Mitteilung zu verbreiten und den Verkauf anzutreiben. Es war nicht einfach: mein Freund Enzo Ercolino zum Beispiel, ein großer Weinhersteller aus Irpino, bekannt wegen seiner unvergleichbaren Ironie, kam bis nach Piemont, um zwei davon zu kaufen. Seine Frau Mirella machte die Berechnung und fragte ihn, welches Geschäft er denn inklusive Reise und einem so hohen Preis abgeschlossen zu haben glaube. Eigentlich bestand das Geschäft darin, die Kapaune von Morozzo vor dem Verschwinden bewahrt zu haben. Denn bei dieser Gelegenheit klärte sich die Angelegenheit auf und die Leute fingen an, den Wert dieser Qualitätsprodukte anzuerkennen.

Die Gruppe von Leuten, die an dieser Initiative teilnahmen (versuchen Sie es mal, tausend Kapaune für den doppelten Marktpreis zu verkaufen!), wurde gemeinsam mit den Produzenten zu Hauptpersonen. Sie waren zu Koproduzenten geworden und es genügten eine gemeinsame Mundpropaganda und ein persönliches Bemühen, um die Kapaune definitiv zu retten. Heute hat die Messe zahlreiche Besucher und ich bin sicher, dass sich die Szenen von 1998 nicht mehr wiederholen werden.

Von nun an hat Slow Food in allen Förderkreisen damit angefangen, mit den produktiven Kenntnissen, der Agrarwirtschaft, dem Lebensmittelmarketing, der Agronomie, der Viehzucht, dem Fischfang und der Molkereiwirtschaft zu arbeiten. Dies erfolgte einfach, indem man auf die Kenntnisse der Bauern zurückgriff und die sinnlich wahrnehmbaren Ergebnisse ihrer Produkte bewertete.

Wir waren nicht mehr reine Konsumenten, sondern hatten uns um einen Teil des produktiven Systems gekümmert, wenn auch nur in kultureller Hinsicht. Wir waren zu Koproduzenten geworden. Jedes Mal, wenn ich die Wachstumsdaten der Erzeugung der Produkte in den Förderkreisen sehe, die nun nicht mehr vom Aussterben bedroht sind, erinnere ich mich an die Gesichter jener Bewohner von Morozzo 1999. Dort ist heute die Produktion in jeder Hinsicht nachhaltiger geworden. Einige Jugendliche haben sich dazu verpflichtet, diesen Wirtschaftszweig mit Respekt gegenüber der Qualität der Lebensmittel weiterzuführen.

2 Koproduzent

Die Komplexität der gastronomischen Thematik und die Verpflichtung – zur eigenen Zufriedenstellung und zur Gesundheit des Planeten – nach einer guten, sauberen und fairen Qualität zu suchen, machen das Leben schwerer als es normalerweise für den Konsumenten ist. Die Fülle von Informationen, die man braucht, und das pädagogische Bemühen (der Sinne, der Sensibilität und des Verstandes), das man aufzubringen hat, können Verwirrung, Überanstrengung, Nachgiebigkeit, Passivität gegenüber den für den Geschmack, die Umgebung und Gesellschaft nicht-nachhaltiger Produktionsmethoden hervorrufen. Heutzutage ist konsumieren vielleicht noch schwieriger als herstellen. Man sollte nicht aufgeben, im Gegenteil: man muss die Rolle des Konsumenten neu definieren, indem man von der Terminologie ausgeht.

Der Konsument entsteht mit der Konsumgesellschaft und er verbraucht. Aber er verbraucht nicht nur die Waren, die er kauft. Er verbraucht auch die Erde, die Luft und das Wasser. Wenn dieser *Konsum* im derzeitigen Ausmaß beibehalten wird, führt er zur Zerstörung. Selbst die Produktionstätigkeit ist Verbrauch: wenn man alle Arten möglicher Kosten berechnet (auch die außerhalb des reinen Produktionsprozesses), muss man notwendigerweise bemerken, wie daraus eine negative Bilanz entsteht. Ich möchte hier nicht den Kapitalismus schlecht machen, indem ich vom »bösen Geld« spreche. Aber hinter diesem Wort »Konsument« verbergen sich zahlreiche falsche Modelle und eine falsche Anschauung, eine unüberwindliche Distanz. Das Wort selbst beweist es: der »Konsum«, der in den alltäglichen Wortschatz eingedrungen ist, ist nicht mehr imstande, seine wahre Bedeutung zu verbergen. Er bezeichnet tatsächlich Abnutzung, Verschleiß, Zerstörung und fortschreitender Verbrauch.

Aus diesem Grunde müssen wir unsere Einstellung ändern, indem wir von den Begriffen ausgehen. Der *Konsum* ist die Endphase des Produktionsprozesses und die letzte Etappe des Kreislaufes eines Produktes. Er muss als solcher betrachtet werden und nicht, als spiele er sich außerhalb des Produktionsprozesses ab. Der vormalige Verbraucher muss daher anfangen, sich irgendwie als Teil des Produktionsprozesses zu fühlen. Er kennt ihn, kann ihn mit seinen Vorlieben beeinflussen, ihn in schwierigen Zeiten unterstützen und ihn auch zurückweisen, wenn er falsch oder nicht nachhaltig ist. Der vormalige Verbraucher, heute *neuer Gastronom*, muss anfangen, sich als *Koproduzent* zu fühlen.

Der Produzent muss seine Verantwortung voll annehmen, um eine neue Zweckgemeinschaft zu schaffen, eine neue produktive Gemeinschaft. Für sie stehen die Lebensmittel im Mittelpunkt, wir werden sie deshalb Lebensmittelbündnis nennen. Sie gilt als einziger und grundlegender Wert, der als Summe der notwendigen Werte gilt, damit etwas gut, sauber und fair hergestellt und mithergestellt wird.

2.1 EINE ABGESCHNITTENE NABELSCHNUR

Die grenzenlose Entfernung, die völlige Entfremdung zwischen der Person des Produzenten und der des Konsumenten, zwischen der Produktion und dem Verbrauch der Lebensmittel sind neue Phänomene, die sich stark verbreiten. Die industriellen Herstellungsmethoden der Lebensmittel – vor allem quantitative, reduktionistisch, und retilitavistischen Denkweisen – sind direkt und indirekt dafür verantwortlich.

Diese Produktionsstile haben zur Spezialisierung und Technisierung des Wissens über die Produktion geführt. Sie sind dadurch für den Laien unverständlich geworden. Die Orte der Herstellung wurden verlagert (indem man sie in großen Anlagen verbarg) und zentralisiert. Somit verschwanden sie aus dem Blickfeld und wurden aus der allgemeinen Realität entfernt. Sie haben die natürliche Materie künstlich gemacht, bis man ihre ursprünglichen Eigenschaften nicht mehr erkennen konnte. Sie haben jede Phase der Produktion kommerzialisiert. Anbau und Verteilung wurden auch zu Waren gemacht. Sie maßen sich an, über alle Kenntnisse (in den Bereichen der Landwirtschaft, der Verarbeitung und des Handels) zu verfügen und stellen dem Verbraucher nur das verpackte Endprodukt vor. Dieses wurde in nicht nachvollziehbaren Prozessen verarbeitet, die man keinem erklärte. Das Endprodukt musste dann einfach gekauft werden wie irgendein mit Markenzeichen versehenes Konsumgut. Das Markenzeichen ersetzte die wahren Eigenschaften eines Erzeugnisses. Und somit ersetzte es auch das Wissen. In nur 50 Jahren wurden wir verwirrt und verängstigt (wie das Beispiel des Rinderwahn zeigt). Wir sind unfähig geworden, selbstständig zu verstehen und zu beurteilen, wenn nicht durch eine langsame und anstrengende Verständigungsarbeit.

Aber die Lebensmittel sind, wie wir bereits mehrmals unterstrichen haben, sehr viel mehr als ein einfaches Produkt für den Konsum. Sie bedeutet Glück, Identität, Kultur, Genuss, gemeinsames Essen, Ernährung, lokale Wirtschaft und Einkommen. Wenn man all diese Werte und Eigenschaften wegnimmt, die ein Bissen hervorbringt, und denkt, man könnte sie verschwinden lassen, so ist dies der größte Wahnsinn, den der Mensch je begangen hat.

Vor dieser Revolution, die uns unwissend und unfähig gemacht hat überhaupt etwas genießen zu können, war die Situation vollkommen anders. Die Grundkenntnisse über die Lebensmittel, ihre Herkunft, ihre Verarbeitung und die Küche wurden damals auf fast körperliche Weise von Generation zu Generation weitergegeben. Das Leben auf dem Land, aber auch die Nähe der Stadtbewohner zu den Rohprodukten förderten einen natürlichen Lernprozess. Dies erfolgte dank der Beziehung zu den Produzenten auf dem Markt oder zum Verkäufer im Viertel. Die Erfahrung in der Familie lehrte ohne offiziellen Unterricht. Die Kinder sahen ihren Vätern zu, während sie die Schlachttiere für den Verbrauch portionierten und das Gemüse im Garten pflückten. Sie beobachteten auch ihre Mütter, wenn sie gemäß den Jahreszeiten Eingemachtes zubereiteten und tagtäglich kochten. Wie viele kennen heute noch die Namen der Fleischschnitte auswendig? Wie viele wissen noch, wie man gutes Eingemachtes zubereitet?

Es gab damals eine Art Nabelschnur, die durch die Nähe zwischen der landwirtschaftlichen Tätigkeit, der Verarbeitung und dem Verbrauch gesichert war. Viele Tätigkeiten dieser Kette galten als Vorrecht des Verbrauchers selbst, der somit zum Koproduzent wurde. Diese war nicht nur ein besonderer Vorzug der Bauernwelt. In der Stadt erfolgte dasselbe: der Kontakt, das Wissen und der Austausch zwischen Produzenten und Stadtbewohner zeigten sich in den Läden und auf den Märkten als Vermächtnis der jüngsten Vergangenheit auf dem Land und anderswo.

Diese Nabelschnur ist heute dramatisch durchschnitten. Wenn wir eine Dose Nudeln mit Soße öffnen und den Inhalt einfach einige Minuten lang im Topf aufwärmen, dann vergessen und vernachlässigen wir, welche Nudeln wir essen, welche Tomaten und anderen Zutaten die Zubereitung dieses Gerichtes ermöglichten und welche Geschichte diese haben.

Der Konsum hat nichts mehr zu tun mit der Produktion. Dazwischen hat sich immer aufdringlicher, gewaltiger und zentralisierter das paradoxe System des Lebensmittelabsatzes durchgesetzt.

Auch in diesem Fall haben Innovationen den Anstoß gegeben: immer mächtigere, schnellere und raffiniertere Konservierungsmethoden, Kälteketten und Transport- und Logistikmöglichkeiten. Wenn Nicolas Appert oder Francesco Cirio mit ihren Erfindungen der Konservierungs- und Sterilisierungsmethoden durchaus zu den Wohltätern der Menschheit zählen, so hat sich das Prinzip, das sie geleitet hat, immer schneller verändert. Am Ende wurde es zu einem Paradoxon: einen Fisch schlechter Qualität aus dem indischen Ozean zu verspeisen ist heutzutage zwar möglich und erschwinglich, aber nicht nachhaltig. Die Milch bleibt heute wochenlang frisch. Dies ist dank sehr komplexer technischer Vorgänge möglich. Das Gesetz erlaubt es sogar, diese Milch als »frisch« zu benennen, obwohl sie lang haltbar ist. Man weiß gar nicht, woher sie kommt, und sie schafft ineffiziente und umweltverschmutzende Verteilungssysteme. (Was macht das denn für einen Sinn, wenn Hunderte von LKWs die Milch von einer einzigen Fabrik in ganz Italien herumfahren und diese Fabrik vorher die Milch aus dem ganzen Lande nach ebenso vielen Fahrten sammelte? Wäre es nicht logischer und sauberer, die Milch so wenig wie möglich von einem Ort zum anderen zu transportieren, um sie immer frisch zu erhalten? Dadurch würde auch die einheimische Produktion gesichert werden.)

Wenn uns die Industrie unseres Wissens beraubt hat, so hat das große Verteilungssystem diese Enteignung geradezu noch verstärkt. Somit wurde es unmöglich, die Herkunft eines Produkts nachzuvollziehen. Das Wort *Nachvollziehbarkeit,* das heutzutage in allen Etappen des Herstellungskreislaufes, die sich als korrekt bezeichnen, ein Muss ist, existierte vor einigen Jahrzehnten gar nicht. Vor dem Rinderwahn und der Vogelgrippe war es nicht möglich, auf den Produktionsort der Rohprodukte, die in der industriellen Produktion eingesetzt wurden, zu schließen. Es ist immer noch kompliziert zu verstehen, auf welchem Feld ein Salat angebaut wurde, der in einem Fastfood-Restaurant serviert wird, obwohl er als »national« bezeichnet wird. National ja, aber woher? Aus welchem Typ von Anbau stammt er? Welchen Konservierungsmethoden wurde er unterzogen? Welche Transporte wurden durchgeführt und zu welchem Preis? Heute merkt man in dieser Hinsicht eine leichte Richtungsänderung. Dies ist zumindest in den Absichtserklärungen vieler Großhersteller und Verteiler der Fall. Aber die Entfernung, die zwischen dem landwirtschaftlichen Ort und dem Endverbrauch besteht, ist so groß, dass die Nachvollziehbarkeit aller Produkte nur mit großer Mühe möglich ist.

Diese Entfernung zu überbrücken, bedeutet nicht, dass wir alle wieder aufs Land zurückkehren müssen, um dort zu leben. Es heißt auch nicht, dass wir selber unsere Lebensmittel herstellen müssen. Man kann die Nabelschnur auch wieder herstellen, indem man zum Beispiel nach Informationen sucht. Mittels der Produzenten, die ihre Arbeitsprozesse und den Transport der Rohprodukte transparent machen, mittels der Verteiler, die ihr System im Sinne der Lokalisierung überdenken sollten, mittels uns selbst und unserem Willen, erneut zu Koproduzenten zu werden. Dies erfolgte in der Vergangenheit fast natürlich (ich wiederhole, es geht um *neue* Koproduzenten). Das Ziel besteht darin, neue Lebensmittelbündnisse aufzubauen, in denen der Gastronom das letzte, aber zentrale Glied der Kette darstellt. In diesem Lebensmittelbündnis sind die Hersteller und die Koproduzenten vereint, hören aufeinander und sind im Einklang mit den *neuen Gastronomen* tätig.

2.2 Landwirtschaftliches und gastronomisches Handeln

Der Poet Wendell Berry hat in einem Satz die gesamte Bedeutung des Koproduzenten zusammengefasst: »Essen ist eine landwirtschaftliche Tätigkeit«. Diese Worte müssen anerkannt und zu einem Motto werden. Denn darin zusammengefasst ist der Prozess, den wir als Endverbraucher beeinflussen – von der Erde ausgehend, mit unseren Entscheidungen der Herstellung, des Managements von Grund und Umwelt und die Zukunft der landwirtschaftlichen Gemeinschaften. In diesem Satz findet sich auch die gesamte Solidarität, das Gemeinschafts- und Zugehörigkeitsgefühl, das wir für die Produzenten unserer Nahrung haben. Die Berufung des neuen Gastronomen besteht darin, die Produzenten physisch und ideal anzunähern.

Aber das Gemeinschafts- und Zugehörigkeitsgefühl muss von den Produzenten bewusst und offen geteilt werden. Wenn man Wendell Berry umschreibt, so kann man auch behaupten: »Anbauen, Züchten und Verarbeiten müssen gastronomische Tätigkeiten sein.« Das Produktionssystem, das sich durchgesetzt hat, und seine Entfernung von den Konsumenten hat eine gegenseitige Entfremdung verursacht. Daraus entstand ein Gegensatz und ein Antagonismus zwischen Produzent und Verbraucher. Wenn sie beide alleine und ohne Verbindung bleiben, sind sie den Zwischenabläufen ausgeliefert. Zum Beispiel stiegen im vorigen Winter in Italien die Endpreise von Obst und Gemüse maßlos. Gleichzeitig klagten die Kleinproduzenten über niedrige Großhändlerpreise wie nie zu vor. Es führte zu großen globalen Ungereimtheiten und Ungerechtigkeiten. Produkte, die um den Erdball transportiert wurden und dann durch undurchsichtige Verarbeitungsprozesse auf wer weiß wessen Tellern landeten, ließen die Bauern in totaler Armut zurück.

Viele Produzenten wie auch Verbraucher haben durch die Auslieferung an dieses System die Freude an der Erde verloren: sie wurden ihrer Kenntnisse und praktischen Fähigkeiten beraubt. Sie wurden den Methoden des Agrargeschäfts ausgeliefert, das ihnen Saatgut, Düngemittel, chemische Behandlungsmethoden, Futter und Antibiotika liefert, die sie einfach auf die Erde und die Tiere anwenden müssen. In vielen Fällen verwandelten sie sich in Arbeiter und verloren den Bezug zur Natur und ihr Feingefühl. Das bäuerliche Ideal vom Respekt vor dem Sinnesvermögen geht aus diesem Text von Jean Giono klar hervor:

> Man kann nicht wissen (aber man kann es feststellen), mit wie vielen universellen Kräften euch diese Arbeit belastet, die ihr, um Lebensmittel herzustellen, ein ganzes Leben lang ausführt. Eure Arbeit besteht eben darin, euch um die Sinne zu kümmern, ganz unmittelbar. Und ihr kümmert euch auch um eure eigenen Sinne (während sich andere nur über Umwege darum kümmern). Und

ihr kümmert euch um wichtige und wertvolle Dinge (während sich die anderen nur um das kümmern, was man ihnen gibt)[64].

Aber so ist es nicht mehr: wir haben es mit Menschen zu tun, die entfremdet am Fließband arbeiten wie im Film *Moderne Zeiten* von Charlie Chaplin. Sie arbeiten im Akkord im Stall, auf unendlich großen Feldern und verabreichen der Erde und den Tieren *Medikamente*, um so viel wie möglich zu produzieren und zu verkaufen. Dabei ist es nicht wichtig, auf welche Weise das geschieht. Es ist unwichtig, ob die Erde stirbt oder ob das Produkt nicht gesund und *natürlich* ist. Es ist bedeutungslos, ob es einen Geschmack hat. Der Landwirt weiß in diesem Fall sowieso nicht, wer das Erzeugnis essen wird. Die Produktion erfolgt nur mehr industriell nach dem Prinzip der Stufenwirtschaft.

Es gibt Produzenten, die Hunderte von Holsteinkühe in einem einzigen engen Stall züchten. Sie werden mit Futter ernährt, das ihre Produktion maßlos steigern soll. Das Futter wird ihnen über einen Knopfdruck verabreicht. Dieser Knopf aktiviert das automatische Kontrollsystem, das mit den Vorratssilos verbunden ist. Sie werden in einem fast ununterbrochenen Kreislauf mit Maschinen gemolken. Diese leiten die Milch in Zisternen, aus denen sie von großen LKWs abgeholt wird. Der Bauer verdient mehr, wenn er pro Kuh nur eine kleine Produktionssteigerung erzielt. Er entspricht genau dem Arbeiter von Chaplin. Er ist nicht imstande, die Tiere und die Erde, die ihn umgibt, zu würdigen. Er ist auch nicht fähig, den Verbraucher (er kennt ihn nicht und er will ihn auch nicht kennen lernen) und die Qualität der Milch zu respektieren. Er hat nicht mal Respekt vor sich selbst und vor der Rolle, die er als Produzent von Lebensmitteln spielt.

Der Abgrund besteht darin, dass sich der Bauer daran gewöhnt, auf diese Weise zu produzieren. Im Laufe weniger Generationen verliert er auch seine Sinneswahrnehmung. Die Herabwürdigung seines Naturbezugs spiegelt sich auch in seinem Essen wieder. In der Vergangenheit aß er geschmackvoll, obwohl er arm war. Die Bauernküche beweist uns dies ganz klar. Heute hingegen kauft er seine Lebensmittel ebenso wie der Verbraucher aus den Regalen des nächsten Einkaufszentrums. Er füllt seinen Einkaufswagen mit schlechten Lebensmitteln, die keinerlei Geschmack haben. Dem Bauern wird ebenso wie dem Verbraucher die sinnliche Wahrnehmung vorenthalten. Er hat seine Realität und seine Zukunft nicht mehr in der Hand.

Auf einer Seite haben wir die einsamen und verwirrten *Produzenten,* die sich mit den *Verbrauchern* vermischen, und auf der anderen die einsamen und verwirrten *Verbraucher.* Alle *verbrauchen* unsere Welt: wer herstellt, weiß nichts von Gastronomie. Und die Konsumenten haben keine Ahnung von Landwirtschaft. Wer sich mit Ökologie befasst, verbindet diese nicht mit den Lebensmitteln. Der Reichtum ist ungerecht verteilt und die Kenntnisse verschwinden.

In diesem Bild gehört die Macht den Verteilern, den Vermittlern, den Lieferanten der Arbeitsinstrumente des Bauern-Arbeiters (Saatgut, usw.), den Designern des Markenzeichens des Enderzeugnisses. Das kann nicht rückverfolgt werden und ist außer über die Werbung nicht erkennbar. Wie es der Zufall will, versucht diese immer eine gewisse Natürlichkeit vorzuspielen: Ölflaschen, die von Bäumen gepflückt werden, ökologische Oasen ohne örtlichen Bezug und zahlreiche Ähren auf den industriellen Brotpackungen in den Kisten. Großunternehmen der Finanzbranche, die gleichzeitig Futterfabriken, Systeme kollektiver Viehzucht[65], Transport-

[64] Jean Gionon, *Lettera ai contadini sulla povertà e la pace,* (Erstausgabe Paris 1938), Ponte alle Grazie, Mailand 1997, S. 31.

[65] Die *Soccidà* ist ein Kollektivvertrag im Bereich der Viehzucht. Man unterscheidet drei Arten dieses Vertrages: die einfache, falls eine Person, *soccidante* genannt, einem dritten seinen Viehbestand anvertraut. Die andere Seite (der *soccidario*) verpflichtet sich, die Tiere zu halten, zu züchten und ihre Erzeugnisse zu verarbeiten. Der Vertrag wird *parziario* genannt, wenn der Viehbestand von Seiten beider Personen übergeben wird. Es gibt eine dritte Vertragsform: die mit der Weide. Diese ergibt sich, wenn die zweite Partei das Vieh zur Verfügung stellt und die erste Partei die Weide. In allen Fällen kümmert sich die zweite Partei um das Halten und die Zucht des Viehbestandes. Die Zielsetzung dieses Vertrages besteht darin, unter den beiden Parteien die Viehbestände, die im Laufe der Vertragsdauer geboren wurden, die Wertsteigerung des Viehs und seine Erzeugnisse aufzuteilen. Was die Führung des Unternehmens angeht, so wird diese im ersten und zweiten Fall auf die erste Partei übertragen. Im dritten Fall wird sie der zweiten Partei übertragen, falls sie die Weide zur Verfügung stellt.

mittel, Wurst- und Milchfabriken, Beteiligungen an Supermarktketten besitzen, sind das deutlichste Indiz, das es sich um eine Industrie handelt. Das verstehen wir nicht gleich, weil ihre Verzweigungen von wenigen verwaltet werden. Der Bauer ist sich dessen nicht bewusst, da er zum Arbeiter geworden ist. Der Verbraucher *verbraucht,* überflutet von Markenzeichen und Werbung.

Dieses System muss sich ändern. Es gibt nur eine Person, die alle in Einklang bringen kann und alle einbeziehen kann und muss: der *neue* Gastronom. Er gehört zu den Bauern, die über gastronomische Sensibilität verfügen und zu den Koproduzenten (diese Verbraucher sind sich dessen bewusst, »dass Essen eine landwirtschaftliche Tätigkeit ist«). Beide befinden sich auf dem gleichen Niveau, sind Hauptakteure der Lebensmittelproduktion und auf der Suche nach der ihnen zustehenden Würde. Um dieses Ziel zu erreichen, muss man sich dazu *erziehen,* ein neuer Gastronom zu sein. Man muss aber auch dazu imstande sein, *die Entfernungen* jeglicher Art *zu überbrücken.*

2.3 Nah und fern

Die Entfernung zwischen Produzenten und Verbrauchern ist nicht nur Ausdruck ihrer gegenseitigen Unfähigkeit, miteinander zu kommunizieren. Sie sind fast Antagonisten und leben in verschiedenen Welten, die aber beide durch die Philosophie des Profits und des maßlosen Konsumismus verzerrt sind.

Die Entfernung ist physischer Natur, wahrnehmbar und sehr schwierig zu überbrücken. Um sich gleichermaßen als Koproduzent fühlen zu können, ist es auch nötig, an dieser physischen Entfernung zu arbeiten. Sie ist die Folge der Globalisierungsprozesse, des Antagonismus und der immer maßloseren Polarisierung zwischen Stadt und Land. Lebensmittel können sehr lange Reisen unternehmen, bevor sie auf unsere Teller gelangen. Denn die Agrarindustrie ist im Wesentlichen eine städtische Erfindung. Die Verbraucher aus der Stadt haben sich in der Tat für die heutige Art von Landwirtschaft entschieden, zusammen mit denen, die dieses System geschaffen haben, um Erstere zufrieden zu stellen. Die moderne Landwirtschaft war eine Entscheidung, die auf der Unkenntnis physischer und kultureller Entfernung vom Produktionsort basierte. Die Bauern haben nichts anderes machen können, als das System in Kauf zu nehmen, weil sie vom Markt abhängig waren. Es ist daher jetzt besser, vom Raum für eine neue Form von Landwirtschaft auszugehen. Auch diese ist notwendigerweise eine städtische Erfindung und basiert auf dem Bündnis und der Nähe der Bauern zu den Stadtbewohnern. Eine Angelegenheit, welche die Wiederaufnahme der lokalen Wirtschaftsformen und eine Kürzung des Kreislaufes der Lebensmittel mit sich bringt.

Aber praktisch sollten wir damit anfangen, eine Herangehensweise »lokaler Anpassung« zu haben[66]. Ein Prinzip, demnach jede Art von Lebewesen auf diesem Planeten leben möchte und es gibt keinen Grund, aus dem der Mensch diesem Prinzip entsagen sollte. In der Vergangenheit haben wir dies getan, weil wir keine Wahl hatten: die Landwirtschaft passte sich an die Umgebung an, da es keine anderen Alternativen gab. Wir haben uns dann von diesem Prinzip entfernt. Die Natur hat uns billigen Treibstoff gegeben und der wirtschaftliche Grundsatz wurde: wenn du es hier nicht bekommen kannst, so kriegst du es woanders. Aber sobald sich diese Methode nicht mehr auszahlen wird, wovon bald auszugehen ist, müssen wir daran denken, uns an die lokale Umgebung anzupassen. Dies bedeutet, dass wir von Neuem an das Potential einer Umgebung und an seine Grenzen denken müssen. Wir sollten weiterhin bedenken, welche Gemeinschaften von Herstellern es gibt und wie wir uns unsere Lebensmittel beschaffen können.

Dieses Konzept hängt eng mit dem des Lebensunterhalts zusammen oder aber mit der Fähigkeit der Bewohner eines Ortes, mit ihren Ressourcen zu leben. Die Ursache der Beschleunigung des Überganges zur industriellen Landwirtschaft war die Bauernfamilien davon zu überzeugen, auf den Lebensunterhalt ihres landwirtschaftlichen Kleinbetriebs zu verzichten. Die Regel sollte

[66] Wendell Berry, persönliche Mitteilung.

jedoch eine andere sein. In erster Linie sollten alle Staaten und Gemeinschaften daran denken, sich selbst zu ernähren. Nur wenn diese Stufe erlangt wird, können sie auch daran denken, Handel zu betreiben. Diese Regel hat natürlich je nach der berücksichtigten Weltregion unterschiedliche Auswirkungen. In den extrem armen, überwiegend ländlichen Weltregionen wird sie die Grundlage eines würdevollen Lebens sein. Sie dient zur Gewährleistung eines Überlebens im Sinne der Traditionen, im Einklang mit der Umgebung und gilt als die Voraussetzung einer nachhaltigen Entwicklung. In den reichen städtischen Gegenden kann dies ganz einfach zur regionalen Verortung des Verbrauchs dienen. Es werden die Produkte der unmittelbaren Umgebung gesucht (vgl. dazu die Erforschung der Auswirkung der *Food Miles*), indem man gemeinsam mit den Landwirten direkte Käufergruppen schafft *(Community supported Agricolture)* oder die Anzahl der Bauernmärkte erhöht.

Die Idee der städtischen lokalen Käufergruppen kann zum Beispiel vertieft und verbessert werden. Die Erfahrungen in den USA und Frankreich (es gibt auch vereinzelte Beispiele in Italien) haben gezeigt, dass sie sehr wohl funktionieren und eine ausgezeichnete Methode darstellen, um ungerechte und nicht nachhaltige Verteilungssysteme zu umgehen. Gruppen von Stadtbewohnern schließen sich mit Gruppen von Kleinproduzenten zusammen, indem sie die gegenseitigen Bedürfnisse geltend machen. Die Stadtbewohner möchten frische Produkte der Jahreszeit, zu einem guten (fairen) Preis und möchten auch die kleinen Produzenten persönlich kennen lernen. Die Bauern brauchen andererseits die Sicherheit eines fairen Preises. Sie möchten nicht den Marktschwankungen ausgeliefert sein. Daneben wünschen sie sich, dass ihre Produkte mit gastronomischem Feingefühl geschätzt und nicht von den Marktverteilungssystemen verwirrt, aufgelöst und beseitigt werden. Man einigt sich auf einen Preis, der beide Seiten zufrieden stellt. Die Stadtbewohner zahlen im Voraus die gesamte Jahresproduktion und im Gegenzug verpflichten sich die Bauern, ihnen wöchentlich Obst, Gemüse, Gartenerzeugnisse, Fleisch und Käse nach Hause zu liefern. Dies ist die ideale Situation für beide und wie man sehen kann braucht es dafür nur ein wenig guten

Willen und Gemeinschaftssinn oder, wenn wir es anders ausdrücken wollen, die Motivation, Koproduzent zu sein.

Das Problem besteht im Wesentlichen darin, Herstellung und Verbrauch auf die gleichen Orte zu begrenzen, die jedoch geografisch nicht zu weit auseinander liegen. Die vom Transport und dem bereits globalisierten System gebotenen Möglichkeiten könnten schwerwiegende Mängel ausgleichen, eventuelle Ungleichgewichte beheben, das System in Einklang bringen und den Gemeinschaften der Produzenten die wesentlichen Dienstleistungen gewährleisten. Dasselbe gilt für die neuen Kommunikationsmittel. Das Internet verfügt in dieser Hinsicht über ein unglaubliches Potential, das noch nicht vollkommen genutzt wird.

Es ist notwendig, den Geist der *lokalen Anpassung* zu erneuern und neu zu verorten. Es soll das Bewusstsein geweckt werden, dass die Nahrung aus einem *Netzwerk* von Koproduzenten besteht, deren Kenntnisse geteilt werden. Die Methoden des Prozesses müssen nachhaltig sein. Die Nahrung muss als ein Netzwerk betrachtet werden, aus dem ein weiteres Netzwerk, das der Lebensmittelbündnisse entsteht.

2.4 Bündnisse

Auf den vorherigen Seiten haben wir die Begriffe des *Produktionsbündnisses* und des *Lebensmittelbündnisses* eingeführt. Es ist angebracht, den Unterschied zu erklären, um in Zukunft keine Verwirrung hervorzurufen.

Nehmen Sie einen Teller Nudeln mit Tomatensoße. Schauen Sie ihn an. Fangen Sie an zu überlegen (wenn Sie nicht das Glück haben, alles zu wissen), aus welchem Weizen diese Nudeln hergestellt wurden und welche Tomaten die Soße ausmachen. Denken Sie an das aromatische Basilikum und den Parmesankäse, der sie noch schmackhafter macht. Stellen sie sich vor, wer sie angebaut und verarbeitet hat. Denken Sie an die Kühe, welche die Milch erzeugt haben, an denjenigen, der sie gemolken hat und an diejenigen, die das Korn gemäht haben. Denken Sie an die Ursprungsorte: an die Traditionen, Kulturen (der Weizen ist mit Sicherheit ukrainisch oder kanadisch; die Tomaten spanisch; das Basilikum aus Ligurien; der Parmesankäse ... dieser ist mindestens nachzuvollziehen), Menschen und Wirtschaftssysteme. Denken Sie auch an die Geschichte: an die aus Amerika gebrachten Tomaten, an die Nudeln, deren Herstellungsmethode aus dem Austausch zwischen Arabern, Chinesen und Italienern entstanden ist. Stellen Sie sich die Reisen vor, die Transporte, die Verarbeitungen und Verpackungen, die diese Produkte erfahren haben. Man sollte auch versuchen, die eigenen Kauftätigkeiten schnell nachzuvollziehen, je nach dem Ort, an dem sie erfolgten, wie man die Waren nach Hause gebracht hat und wer jenes Gericht zubereitet hat – vielleicht Sie?

Die Nahrung ist ein *Netzwerk:* von Männern und Frauen, von Wissensformen, Mitteln, Umgebungen und Beziehungen. Der multidisziplinäre Charakter der Gastronomie macht es uns möglich, sie zu verstehen, zu analysieren, zu bewerten und eventuell auch diejenigen kennen zu lernen, die sie ausmachen.

Wenn man das Prinzip der Koproduzenten als solches annimmt, so sind die neuen Gastronomen zusammen mit den Herstellern Teil jenes Netzwerks. Sie werden beide von *gastronomischen* Absichten geleitet. Die Menschen, die das Netzwerk bilden, müssten im Prinzip alle dieselbe gastronomische Zielsetzung verfolgen. Das Nudelgericht mit Tomatensoße soll gut, sauber und fair sein.

Die Menschen, die das Netzwerk bilden, verfolgen somit ein *gemeinschaftliches* Ziel. Sie sind daher eine Gemeinschaft, wenn auch zum Teil virtuell, aber sie sind es auch in Wirklichkeit: es handelt sich hier um ein »Lebensmittelbündnis«.

Diese Vorstellung kann in konzentrischen Kreisen erklärt werden, die in ihrem Inneren aus Produktionsbündnissen bestehen. Ein Produktionsbündnis, das einzelne Produkte und Bauern vereint, das sich dem Anbau einer seltenen Art widmet. Somit rettet es diese Art vom Aussterben und macht aus ihr eine wirtschaftlich fruchtbare Art. Ein Produktionsbündnis ist auch eine nationale Genossenschaft kleiner Fischer, die um ihr Recht zu fischen kämpfen. Auch eine Vereinigung von Bauern und Stadtbewohnern kann ein Lebensmittelbündnis darstellen. Gebildet aus Käufergruppen (im Englischen nicht zufällig *Community supported Agricolture* genannt) oder einer Gruppe vereinter Gastronomen, die untereinander ihre Kenntnisse über Lebensmittel austauschen wollen.

Diese Bündnisse (der Lebensmittel oder der Produktion) sind miteinander verbunden und überschneiden sich mehr oder weniger unmittelbar bis zur höchsten weltumfassenden Stufe – der Schicksalsgemeinschaft. Die Bündnisse der Produktion und der Lebensmittel (der Produzent und Koproduzent) können daher lokal oder global sein. Sie funktionieren nach dem Prinzip lokaler Anpassung, fühlen sich aber verschwistert mit allen anderen weltweit tätigen Bündnisse. Denn jeder neue Gastronom (sei es der Produzent als auch der Koproduzent) ist sich dessen bewusst, ein Schicksal teilen zu müssen. Dieses Schicksal wird bestimmt durch die Entscheidungen, die er trifft und die hoffentlich gut, sauber und fair ausfallen werden. Wir sprechen hier natürlich vom Schicksal unserer Erde, die laut den Berichten der Forscher als schwer krank, wirtschaftlich im Ungleichgewicht, trauriger und sich immer mehr beschleunigend gilt.

Das Lebensmittelbündnis (das, um es nochmals zu erwähnen, auch Produktionsbündnisse einschließt) ist dort tätig und zeichnet sich durch das Wissen und das Tun ihrer Mitglieder aus. Es kann aber auch transversal sein und räumlich eng begrenzt werden. Es kann aus Menschen bestehen, die in einer bestimmten Gegend die gleiche Tätigkeit ausüben. Es kann aber auch aus Personen bestehen, die zur gleichen Produktionskette gehören, die bis zum Verbraucher oder Koproduzent reicht. Alle verfolgen das Ziel, die physischen und ideellen Entfernung zu überwinden.

Gleichzeitig soll kein Bereich der Realität von den anderen abgetrennt werden: denn wir sind alle *Gastronomen.*

Obwohl ich nicht das *Quinoa* eines kleinen Bündnisses peruanischer Kleinproduzenten verbrauche, sollte ich mich als ihr Koproduzent fühlen, ihre Zielsetzungen teilen und auf ideeller Ebene ihr Projekt sozialer Befreiung und den Schutz der biologischen Vielfalt unterstützen. Wenn ich viele San Marzano Tomaten aus Kampanien verbrauche, werde ich zum Koproduzent der Bauern, die diese Tomaten mit viel Mühe vor der Ausrottung bewahrt haben. Wenn ich auf dem Markt die Äpfel direkt vom Bauern kaufe, so ist es wünschenswert, dass ich ihn kenne, mit ihm spreche, ihn frage, wie er sie anbaut, weil ich sein Koproduzent sein möchte. Ich gehöre zu unterschiedlichen Realitäten, die gleichzeitig eine einzige sind. Ich gehöre zu verschiedenen *Lebensmittelbündnissen,* aber zu einer einzigen *Schicksalsgemeinschaft.*

Tagebuch 13 Sir Howard

Vandana Shiva, die nach dem erwähnten Treffen in Florenz zu einer guten Freundin wurde, hat zwei Jahre lang darauf bestanden, dass ich nach Indien reise. Dort sollte ich die Projekte besuchen, die ihr Verein Navdanya in ganz Indien leitet. Der Vorwand war jedes Mal eine Einladung zu einer Konferenz *(lecture),* die Navdanya jährlich im Oktober in New Delhi organisiert. Der Tagungsort ist immer die Research Foundation for Science Technology and Ecology im Gedenken an eine Persönlichkeit, die ich bis vor kurzem noch nicht kannte: Sir Albert Howard. 2004 nahm ich endlich diese Einladung an. Dabei nutzte ich die Gelegenheit, vor Terra Madre[67] auch die indischen Gemeinschaften zu treffen, die nach Turin kommen sollten. So konnte ich Slow Food auch in Indien offiziell lancieren.

Um meine Rede in New Delhi vorzubereiten, wollte ich zuvor meine Kenntnisse über Sir Albert Howard vertiefen. Dazu las ich seine Biographie und sein Hauptwerk: *An agricultural Testament*[68]. Ich war sofort begeistert von dieser Persönlichkeit, die vor einem halben Jahrhundert lebte und arbeitete. Er wurde von der britischen Regierung als Botaniker nach Indien geschickt, um Methoden zur Verbesserung der lokalen Landwirtschaft zu lehren. Am Ende verbesserte er dann die englische Landwirtschaft, indem er aus Indien die traditionellen biologischen Techniken der Bauern

[67] Vgl. S. 232–234.

[68] Dieses Werk wird demnächst vom Slow Food Verlag mit dem Titel *I diritti della Terra. Alle radici dell'agricoltura naturale,* veröffentlicht.

mitbrachte. Sein Werk gilt heute als höchst modern. Er vertritt eine intellektuell ehrliche Anschauung und dies in einer Welt, in der normalerweise die westliche agronomische Wissenschaft versucht, ihre Anschauungen und Strategien durchzusetzen.

Dieser große angelsächsische Wissenschaftler, der auch institutionelle Aufgaben ausgeführt hatte, beeindruckte mich aus verschiedenen Gründen ganz besonders. Ich wollte die von ihm beschriebenen Ideen und Techniken kennen lernen und sehen, wie er sich den landwirtschaftlichen Kulturen und Tätigkeiten der Inder näherte und daraus Lehren entnahm. Man könnte die Lektüre seines landwirtschaftlichen Testaments von 1940 sogar den heutigen Bauern aller Welt vorschlagen. Denn er stellt in den Mittelpunkt seiner gesamten landwirtschaftlichen Tätigkeit die Fruchtbarkeit der Böden. Diese muss mit umweltfreundlichen Methoden erhalten werden, nicht, indem man den Boden mit chemischen Mitteln vergiftet. Zwischen den Zeilen dieses stark agronomisch geprägten Textes liest man auch den Respekt für die traditionelle indische Kultur. Der Autor vertritt keineswegs einen eurozentrischen Ansatz, sondern hört bescheiden auf den anderen und lobt sogar die Vorzüge dieser archaischen Art zu arbeiten.

Die Entdeckung dieser Persönlichkeit und ihrer bis heute gültigen Bedeutung für die Inder, die sich für eine saubere Landwirtschaft im Einklang mit ihren Traditionen und ihrer biologischen Vielfalt einsetzen, war für mich ein äußerst wichtiger Moment. Dieser »Dialog zwischen den verschiedenen Wissenssphären« (moderne Wissenschaft und traditionelle Wissenschaft) kann sehr wohl zustande kommen und sich auch als fruchtbar erweisen. Die Einstellung von Sir Albert Howard trägt in sich die Hauptvoraussetzung, um diesen Dialog überhaupt verwirklichen zu können: den Anderen. Man wird fähig zuzuhören und dann kann man auch einen Dialog führen. Dies vor allem habe ich von Sir Albert Howard gelernt und auch von der engen Freundschaft, die mich mit Vandana Shiva verbindet. Eine große moralische Lehre, die uns dazu führt, eine Begegnung und eine unbeschwerte Gegenüberstellung zwischen den verschiedenen Anschauungen zu ermöglichen.

Denn wir wissen nur wenig oder gar nichts über den Rest der Welt. Neu Delhi ist überfüllt von Menschen verschiedenster Herkunft und Kultur, durchdrungen von unglaublichen Gerüchen. Diese Stadt hat mir wundervolle Geschmackserfahrungen ermöglicht, die mich niemals enttäuscht haben. Dies war für mich eine extrem wichtige Reise, wegen der mir klar wurde, wie unwissend wir hier im Westen eigentlich sind. Unter kulinarischem Gesichtspunkt wurde es mir möglich, das handwerkliche Geschick der Bauersfrauen zu schätzen, die ich bewundere.

Was mir Ferran Adrià berichtet hat, kann ich voll und ganz bestätigen. Eine seiner Anekdoten, die er erzählt, um die Menschen vom Größenwahn abzubringen. Nachdem er von der »New York Times« zum Koch des Jahres ernannt worden war, wurde er zum spanischen Konsul nach China gebracht und einigen Großunternehmern der chinesischen Branche der Agrarindustrie vorgestellt. Er wurde als »der beste Küchenchef« der Welt vorgestellt und die Chinesen sahen ihn gleichmütig an. Und einer von ihnen konnte sich nicht zurückhalten und sagte fast in leisem Ton: »Er wird schon im Westen der Beste sein!«.

In Indien habe ich bei den Bauern Gerichte gegessen, die denen unserer großen Küchenchefs gleichrangig waren. Dies ist wohl ein klarer Hinweis darauf, dass unsere Anschauung der Küche, die zwischen der hohen, mittelmäßigen und der Volksküche unterscheidet, in Frage gestellt oder gar verzerrt wird. Aber wo bleiben die großen indischen Küchenchefs, wenn das Volk so gut isst? In diesem Fall ist es nicht nützlich, die westlichen Wertkriterien anzuwenden, die auf Bewertungssysteme nach Punkten und auf die ein wenig angeberische gastronomische Kritik herab gesunken sind. Denn die einfachen Gerichte der Bäuerinnen des Panjab oder der ausgedehnten Ebene vor dem Himalaja-Gebirge sind für mich auf einem unbeschreiblich hohen Niveau.

Meiner Ansicht nach war dies der Hauptgrund, der damals den aufrichtigen Verstand von Sir Albert Howard beeindruckt hatte. Nachdem er merkte, dass er nichts zu lehren hatte, konnte er nur noch zuhören und lernen.

3 Der Dialog zwischen den Wissenssphären

Die Lage unseres Planeten ist dramatisch. Ich möchte hier keine apokalyptischen Äußerungen verbreiten, aber einiges stimmt nicht. Man muss die Richtung überdenken, um unser Schiff in die Zukunft zu steuern.

Quantitatives und reduktionistisches Denken sind an sich nichts Schlechtes. Die wissenschaftliche Methode ist an sich auch nichts Schlimmes, obwohl sie verneint, dass einige Sinne auch zur Interpretation der Wirklichkeit dienen können[69]. Die untragbare Situation wurde von den Irrtümer dieser Denkweisen und von ihrer Vorherrschaft über andere verursacht.

Die wachsende Schnelligkeit, die immer schnellere Lebens-, Arbeits- und Denkrhythmen mit sich bringt, unterstreicht die bereits bestehenden Irrtümer und auch die uns überwältigende Komplexität um uns herum. Die Schnelligkeit ist zu einem Dogma geworden, das uns, um überleben zu können zwingt, nicht zu viel zu denken. Die Schnelligkeit bringt uns auch dazu, alles beiseite zu werfen, das uns daran hindert, schneller voranzukommen. Die Konsumgesellschaft verteidigt dann die neuen »Abfälle«, rechtfertigt die Verschwendung und das Wegwerfen aller Dinge, die anscheinend unproduktiv oder langsam sind. Alles, was wir nicht mehr brauchen (Menschen, Kulturen, Länder), wird einfach weggeworfen und wird zu Müll.

Der Gastronom muss in diesem Zusammenhang feststellen, dass seine Suche nach dem Guten, Sauberen und Fairen behindert wird. Aber mit seinem starken Willen wird es ihm sicherlich nicht schwer fallen, sich für eine bessere Lebensqualität und bes-

[69] Rossano Nistri, *Dire fare gustare*, S. 21: »Sogar Galileo bezeichnete den Einsatz der Sinne in der praktischen experimentellen Wissenschaft als negativ. Er unterschied in der Tat die Eigenschaften der Dinge zwischen den ungenauen und vergleichbaren, die an die Sinneswahrnehmung des Einzelnen gebunden sind und denen, die die Dinge an sich betreffen. Ohne diese Dinge wären diese Eigenschaften nicht mal denkbar. Galileo nannte diese Eigenschaften reelle Vorkommnisse und hielt sie für die einzigen, die wahres Wissen hervorbringen konnten. da man sie mathematisch ausdrücken kann. Daher sind sie auch messbar im wahren Sinne des Begriffes«.

sere Lebensmittel einzusetzen. Er wird auch die Elemente entdecken, von denen er ausgehen kann, um einen neuen Lebensstil, ein neues planetarisches Bewusstsein und neue Menschen zu finden, mit denen er sich auseinandersetzen und sich erfolgreich zusammenschließen kann. Hält uns das Dogma der Schnelligkeit etwa vom Denken, Verkosten, Vergleichen und Auswählen ab? Es ist also besser, von der Verlangsamung auszugehen, von einem Rhythmus, der passender ist für die Übung der Sinne und von einer ruhigen Wahrnehmung der Wirklichkeit und der Geschmacksformen. Es ist wünschenswert, sich mehr Zeit zu nehmen, um sich mit den Produzenten zu treffen, einzukaufen und zu kochen; es ist auch besser, ein wenig Zeit zu vertändeln. Diese verlorene Zeit wird nicht in den Müll geworfen. Sie nutzt zwar den Anhängern der Schnelligkeit nichts, aber sie gibt Zeit zum Denken, sich in Überlegungen zu verlieren, die nicht nach den Prinzipien des Utilitarismus ablaufen: Ökologie des Verstandes und Wiederaufbau der eigenen Existenz.

Die Suche nach der *Langsamkeit,* die als einfache Auflehnung gegen die Verarmung des Geschmacks in unserem Leben[70] beginnt, ermöglicht es, den Geschmack wieder zu finden. Und wenn man genießt, versteht man auch die Bedeutung des Fairen. Wenn man langsam lebt, versteht man andere Dinge auch: wenn man langsamer wird als die Welt, kommt man bald mit dem Wissen in Berührung, das nach Ansicht der Mehrheit in den Müll gehört, weil es langsam ist und daher beseitigt werden muss. Wenn man sich in der Langsamkeit absondert, stößt man auf die Bereiche der Kultur, die als minderwertig gelten und im Gedächtnis der älteren Menschen fortleben. Diese kulturellen Bereiche sind charakteristisch für die noch nicht hektischen Gesellschaften, welche die wertvollen Tätigkeiten der guten, sauberen und fairen Produzenten leiten. Diese werden durch jahrhundertelange praktische Erfahrung und volkstümliches Wissen vermittelt.

[70] Carlo Petrini, *Slow Food, Genießen mit Verstand,* Rotpunktverlag, Zürich 2003, S. 15.

Wenn man mit dieser langsamen Welt in Berührung kommt, so erlebt man eine neue (oder erneuerte) Lebensfreude. Man erahnt auch die Möglichkeiten verschiedener Methoden und Wissensformen, die eine Gegentendenz zu unserer derzeitigen Reise in die Zukunft darstellen. Man kann somit auch die Elemente der materiellen Kultur und die Kenntnisse der Bauern wieder wertschätzen. Man findet überraschend einfache Lösungen von Problemen, welche die Schnelligkeit komplex und scheinbar unüberbrückbar macht.

Man versteht nicht, warum dieses riesengroße kulturelle Erbe der Menschheit weggeworfen werden sollte, nur weil man vom Eifer eines dauernden wirtschaftlichen Wachstums angetrieben wird. Es ist ein reines Wachstum ohne wirkliche Entwicklung und dafür sollen wir alles fallen lassen. Alles würde mit dem Tod der älteren Menschen, der primitiven Gesellschaften, einer ländlichen Lebensweise und ihrer Art, sich mit der Welt in Beziehung zu setzen verschwinden. Auch die Herstellungsweisen der Lebensmittel scheinen nicht mehr mit der wirtschaftlichen Globalisierung der Industrie und des Kapitalismus, der im egoistischen Individualismus entartet, zusammen zu passen. Dadurch führt er zur Herabwürdigung und totalen Zerstörung des gemeinschaftlichen Wohles, wie Erde, Wasser, Frieden und Glück.

Die ständige Weiterbildung und das Bewusstsein ein Gastronom zu sein, müssen daher in einen kulturellen Kontext eingefügt werden, der dies deutlich machen kann und Wachstum und Verbreitung ermöglicht. Somit werden sie zu einer Veränderungsstrategie der Produktions- und Verbrauchssysteme der Lebensmittel und nicht nur das. Denn alles geht von der Nahrung aus (unser Bezug zur Realität und unser Lebenssystem) und alles beeinflusst schließlich unsere Nahrung.

Dieser kulturelle Kontext darf nicht von der Bedeutung der *Langsamkeit* absehen, die wertvoll und aufklärend ist. Sie gilt als die Voraussetzung für eine andere unabdingbare Wiederaufnahme *traditioneller Wissensformen* der Bauern und verschiedener wissenschaftlicher Methoden. Diese Wiederaufnahme erfolgt im Respekt gegenüber allen materiellen Kulturen und aller als zweitrangig angesehenen Kenntnisse, die dabei sind, für immer verloren zu gehen. Sie stellen ein Erbe dar, das vor seinem Verschwinden katalogisiert und dringend aufbewahrt werden sollte. Dieses Erbe muss wie noch nie aufleben und präsent sein. Es soll sich jedoch nicht gegen die moderne und offizielle Wissenschaft stellen und auch nicht den neuen Tendenzen widersprechen, die in der globalisierten Welt neuer Technologien entstehen. Auch soll dieses Erbe nicht gegen die Kräfte arbeiten, deren Vorherrschaft es beenden will (wie zum Beispiel die Industrie), sondern einen Dialog zwischen den verschiedenen *Wissenssphären* ermöglichen, um die Begegnung von Wissensbereichen voranzutreiben, indem man ihnen dieselbe Würde und Autorität verleiht.

Um es klarer auszudrücken: wir streben nach einer Lebensmittelindustrie, die sich konstruktiv mit den Verarbeitungsmethoden und der Volksküche auseinandersetzen. Wir wünschen uns eine moderne agronomische Wissenschaft, die mit der Agrarökologie und mit den bäuerlichen Kenntnissen in Dialog tritt und eine wissenschaftliche Forschung, die nicht nur produktionsorientiert ist. Sie soll hingegen den Gemeinschaften der Produzent und landwirtschaftlichen Kleinbetrieben dienen, indem sie diesen ihre Kenntnisse gegenüberstellt. Es muss in diesem Zusammenhang kein vorherrschender Plan vorhanden sein. Die beiden Wissenssphären sollten die gleiche Autorität besitzen. Keine ist dazu aufgerufen, den Wert der anderen zu beweisen. Es genügt, wenn sie kommunizieren und ihr Wissen zur Verfügung stellen, um gute, saubere und faire Lebensmittel und die Zufriedenheit aller zu ermöglichen.

3.1 Langsamkeit

Slow, langsam. Seit fast zwanzig Jahren setzt sich die Bewegung Slow Food für die Langsamkeit ein. Sie wird am Anfang des *Manifests* erklärt und übersteigt sehr wohl die bloße Zielsetzung, eine neue Essensweise geltend zu machen: »Die Schnelligkeit ist zu unserer Fessel geworden. Alle sind wir demselben Virus ausgeliefert: dem *fast life,* das unsere Gewohnheiten verzerrt, uns bis in unsere Heime verfolgt und uns in die *Fast Food* Restaurants einschließt, wo wir uns ernähren«. Die Absicht war und ist klar wie noch nie:

> Aber der *Homo Sapiens* muss sich von einer ihn vernichtenden Beschleunigung befreien und zu einer ihm gemäßen Lebensführung zurückkehren. Es geht darum, das Geruhsame, Sinnliche gegen die universelle Bedrohung durch das »Fast Life« zu verteidigen. Gegen diejenigen – sie sind noch die schweigende Mehrheit –, die die Effizienz mit Hektik verwechseln, setzen wir den Bazillus des Genusses und der Gemütlichkeit, was sich in einer geruhsamen und ausgedehnten Lebensfreude manifestiert[71] «.

1986 galt es nicht als selbstverständlich, über die Folgen der Schnelligkeit nachzudenken. Heute machen die Berichte der Vereinten Nationen und der FAO dies deutlich, während Philosophen, Soziologen und Wirtschaftswissenschaftler anfangen, unsere extrem schnelle Lebensweise kritisch zu hinterfragen. Es ist kein Zufall, dass heute, fast zwanzig Jahre nach dem *Manifest* von Slow Food, so viele Lobreden über die Langsamkeit laut werden. In den Zeitungen spricht man von *slow life, slow cinema, slow book, slow money, slow school* und sogar von *slow fit* für die Menschen, die ins Fitnesscenter gehen! Heute gilt die Langsamkeit als ein Wert und als eine Anforderung, welche von der Gesellschaft als unaufschiebbar angesehen wird: ihre Verteidigung soll nicht in Frage gestellt werden.

Franco Cassano, Soziologe an der Universität Bari, hat in seinem Buch *Modernizzazione stanca* sehr klar die Gründe dafür erläutert.

> Diese Verteidigung ist weder Reflex der Konservativen, noch eine literarische Übung. Sie entspringt solideren und konkreteren Gründen. Der erste Grund ist, dass die Langsamkeit in unserer Gesellschaft eine Erfahrung bedeutet, die eine Abweichung mit sich

[71] Carlo Petrini, *Slow Food, Genießen mit Verstand,* Rotpunktverlag, Zürich 2003, S. 15.

> bringt. Man verlässt die Gleise der kulturellen Selbstverständlichkeiten. Sie ermöglicht es, an den Wert anderer Welten als unserer zu denken. So entziehen wir uns der Schwerkraft, die uns unfähig macht, andere Kulturen zu verstehen … Wir werden angespornt, den Wert der Langsamkeit heute neu zu entdecken. Dies erfolgt aus einem besonderen Grund: einige entscheidende Erfahrungen, die unserer Reife dienen, können nicht beschleunigt werden. Sie können nur stattfinden, wenn sie langsam ablaufen. Die Krise, das Wachstum und das Nachdenken erfolgen nach einem langsamen Rhythmus. So kann man die Komplexität eines Problems auch nur in der Langsamkeit erfassen[72].

Die neue Gastronomie ist ein sehr komplexer Themenbereich. Sie kann aber nicht von der Langsamkeit absehen.

Wir laden dazu ein, langsamer zu werden und uns mit mehr Interesse umzusehen, um die Details und Geschmacksformen der Welt wahrzunehmen. Es handelt sich hier nicht um eine Gegenüberstellung zwischen Schnelligkeit und Langsamkeit, *slow vs fast,* sondern zwischen Aufmerksamkeit und Ablenkung. Die Langsamkeit hat eigentlich mehr mit der Dauer als mit der Unterscheidungs- und Bewertungsfähigkeit zu tun. Sie wendet sich dem *Genuss, Geschmack* und der *Qualität* zu.

Wenn man die Menschen dazu einlädt, langsamer zu leben, fordert man sie auf, die Natur zu respektieren und sie nicht für sich selbst zu beanspruchen und dadurch gegen das allgemeine Wohl zu verstoßen.

Man fordert zum Respekt gegenüber den Mitmenschen auf, indem man die Quantität utilitaristischer Zielsetzungen der Leidenschaft und dem Verständnis gegenüberstellt, den wirtschaftlichen Wettbewerb der Freundschaft und der Vereinigung von Kräften, das Öffentliche dem Privaten und den Schacher dem Geschenk.

Wenn man die Menschen zur Verlangsamung einlädt, merkt man, dass die »langsamen Wissensformen« das Wissen beinhalten, das die Welt wieder in Einklang bringen kann. Sie bringen das

[72] Franco Cassano, *Modernizzazione stanca,* il Mulino, Bologna 2001, S. 154.

Gute hervor, das nicht vergiftet. Dieses Gute rettet die Kulturen und Identitäten und erlaubt einen weiteren fruchtbaren Austausch zwischen den Unterschieden. Eine kreative Kraft. Oft wird aber das Kind mit dem Bade ausgeschüttet, da die langsamen Wissensformen als unkompatibel und minderwertig gelten im Verhältnis zu den schnelleren Methoden, die der Ansammlung von Reichtum dienen.

Dieses Wissen – in den Bereichen der wissenschaftlichen und agronomischen Forschung, der Unterstützung der Ärmsten, der Ökologie und Gastronomie – wird zwar als alt und überholt bezeichnet, erweist sich jedoch als äußerst modern. Das Verständnis dieser Modernität wird uns umso leichter fallen, je mehr wir uns von der Langsamkeit leiten lassen. *Auch* von der Langsamkeit: denn auch die Schnelligkeit ist nicht unnütz, sie hilft aber nur, wenn man auch mit anderen Rhythmen leben lernt. Auch in diesem Fall muss man einen »Dialog zwischen den Wissensspähren« und den verschiedenen Rhythmen möglich machen. Um nochmals Cassano zu zitieren: »Die Langsamkeit ist nicht die *Vergangenheit* der Schnelligkeit, sondern auch ihre Zukunft«.

Wenn es wahr ist, dass der zu Langsame hinten bleibt oder als dumm abgetan wird, so ist es auch wahr, das der Langsame klar die Grenze sieht, mit ihr leben kann und sie versteht. Vielleicht ist die *Grenze* gerade die Chiffre der Langsamkeit. Den Sinn für die Langsamkeit besitzen, schützt vor den Schäden der Schnelligkeit. Die langsamen Wissensformen gelten in einer Welt der Lebensmittelproduktion, in der die industriellen Methoden vorherrschen, als überholt und vernachlässigbar. Aber sie sind auch die Zukunft der Nahrung und befinden sich in einer dialektischen und nicht antithetischen Beziehung mit den schnellsten und oft untragbaren Wissensformen. Sie sind verbunden mit einem Netzwerk anderer traditioneller und volkstümlicher Kenntnisse, die unbedingt gerettet und neu bewertet werden müssen. Ansonsten verliert man vollkommen die Lebensfreude in einer Welt, die jetzt noch nach dem menschlichen Maße aufgebaut ist.

3.2 Die langsamen Wissensformen im System der Nahrung

Während eines Treffens über Landwirtschaft und Entwicklung hat der Agronom Michele Campanari, Präsident der Weingenossenschaft des Minciotales von Mantua, einem meiner Mitarbeiter folgendes gestanden:

> Vor dreißig Jahren, kurz nach meinem Hochschulabschluss, habe ich angefangen, die Felder und Bauern zu besuchen, denen ich mein theoretisches Universitätswissen erklärte. Mein Wissen war von wissenschaftlichen Untersuchungen untermauert und in speziellen Handbüchern veröffentlicht. Es erschien besser als das traditionelle Wissen der Bauern. Es hatte mehr Aussagekraft, weil es schriftlich war: die volkstümlichen Kenntnisse, die sich im Laufe von Jahrhunderten praktischer Tätigkeit entwickelt hatten, waren nirgendwo schriftlich festgehalten worden. Sie befanden sich einfach in den Köpfen und in der Kultur der Bauern. Es war einfach, ihre Gewohnheiten zu verändern und neue Techniken einzuführen. Die Bauern leisteten keinerlei Widerstand gegen Ratschläge, die von wissenschaftlichen Untersuchungen untermauert waren. Sie beschränkten sich einfach darauf, sie mit ihrem persönlichen Wissen zu vergleichen, sie aber schließlich doch anzunehmen. Mit der Zeit, wurde mir bewusst, dass die produktiven Neuigkeiten im Namen des wissenschaftlichen Werts eher passiv hingenommen wurden. Dadurch wurden die alten Kenntnisse, die einen wesentlichen Bestandteil der bäuerlichen Kultur darstellen, immer weniger, bis sie dann innerhalb vor einigen Generationen ganz verschwanden. Es ist wirklich schade, dass diese Kenntnisse nie schriftlich festgehalten wurden und dass sie im Begriff sind, ganz zu verschwinden. Sie machen einer »Modernität« Platz, die mehr vom Markt als von Kultur weiß.

Das drückt aus, wie im Namen der Technik, im Lauf der letzten dreißig Jahre ein kultureller Genozid verübt wurde. Vor allem im reichen Westen brachte es das Verschwinden der traditionellen Kenntnisse der Bauern mit sich. Dadurch ging das wertvolle Ergebnis einer langsamen, aber in der Region verwurzelten Entwicklung verloren. Es verschwand mit ihr ein kulturelles Wachstum, das Jahrhunderte lang im Einklang mit dem Ökosystem, der biologischen Vielfalt und der Kultur des Ortes, an dem sie sich entwickelt hatte, erfolgt war. Die Einführung der industriellen Monokulturen hat nicht nur, wie erwähnt, die Böden belastet und verseucht, sondern auch eine Vereinheitlichung der Lebensmittelqualität zum Schlechteren hin verursacht. Des Weiteren entstand eine traumatische Kluft zu den historischen Kenntnissen der ländlichen Gemeinschaften. Schließlich traten die Veränderungen der Landschaften und Menschenleben, der Umgebungen und der dynamischen Wechselbeziehung zwischen dem Menschen und der Natur ein.

Der zerstörerische Prozess erfolgt heute in den so genannten rückständigen Gegenden Südamerikas, Asiens oder Afrikas. Um dort eine Entwicklung voranzutreiben, versucht man, moderne landwirtschaftliche Techniken einzuführen, welche die westlichen ländlichen Gegenden bereits erobert haben.

Es ist an der Zeit, diesen Genozid aufzuhalten. Das bedeutet nicht notwendigerweise eine Rückkehr zur Vergangenheit, eine geschlossene und wissenschaftsfeindliche Haltung, sondern den Respekt vor den bäuerlichen Kulturen, die im Einklang mit der Natur ihres Ortes entstanden und gewachsen sind.

Erstens ist der Schutz erforderlich, dann der »Dialog zwischen den Wissenssphären«. Die agrarökologische Schule stellt die neuesten wissenschaftlichen Entdeckungen den jahrtausendealten Kenntnissen der Bauern gleich. Sie stellt unaufdringlich eine Kultur vor, ohne sie zu predigen. Sie baut einen dialektischen Bezug zwischen den neuen und den alten Wissensformen, den externen Elementen des Ökosystems und der vorhandenen biologischen Vielfalt auf. Sie gilt als ein unaufdringlicher Ansatz im Gegensatz zur Laborwissenschaft, die respektlos in einen gewissen biokulturellen Kontext eingefügt wird, der sich langsam entwickelt hat.

Es geht nicht darum, a priori jegliche Innovation zu verneinen. Es geht vielmehr darum, sich zu fragen, welche Auswirkung Neuerungen auf die vorhandene Realität haben könnte. Es soll auch hinterfragt werden, ob diese Bemühung im Sinne der Erneuerung die vorhandene Realität verbessert oder aber drastisch ersetzt. Um ein Beispiel zu nennen, unabhängig von ethisch gesundheitlichen oder wirtschaftlichen Gesprächen über Gentechnik: warum muss man denn passiv die Einführung dieser Neuerungen akzeptieren, die den traditionellen Systemen widersprechen? Und vor allem: Warum muss die wissenschaftliche Forschung fast ausschließlich in jene Richtung gehen, ohne Alternativen in Betracht zu ziehen? Warum sieht man den Anbau genmanipulierter Organismen in trockenen Gegenden vor und unternimmt nichts gegen den Treibhauseffekt, der ganze fruchtbare Regionen der Erde verwüstet?

Heute gibt es fast kein Forschungsprojekt mit größtenteils privatem, aber auch öffentlichem Kapital, das sich darum kümmert, die traditionellen Methoden der Bauern zu erhalten, aufzuschreiben und mit ihnen zu experimentieren. Welches Forschungsprojekt schließt die Bauern aktiv ein, die auf Erde leben und aus ihr ihren (und unseren) Lebensunterhalt holen?

Es ist wirklich an der Zeit, innezuhalten oder zumindest zu verlangsamen, den Bauern und ihren Kenntnissen den verdienten Wert zu verleihen, ihnen zuzuhören und sie anzunehmen. Wo immer sie noch vorhanden ist, sollte auch ihre unbezahlbare harmonische und direkte Verbindung mit der Erde beibehalten werden.

Sehen wir uns mal an, was wir verloren und weggeworfen haben und versuchen wir, nicht mehr so hektisch diesen kulturellen Völkermord zu begehen. Hinter uns befindet sich ein Schatz. Er ist der Schlüssel, der uns den *langsamen* Neustart ermöglicht, um eine landwirtschaftliche Welt aufzubauen, die unseren Bedürfnissen entspricht. Sie liegen nicht in der Anhäufung weiteren Reichtums, sondern in seiner Wiederverteilung. Er entspricht nicht einem globalen Nahrungssystem, das immer einheitlicher und industrialisierter erscheint, sondern gründet auf den Unterschieden zwischen Kulturen und Orten und auf der Qualität, die diese ausdrücken. Der Schatz ist ein alter Schlüssel mit einer überraschend neuen Antwort: sie ermöglicht den Wiederaufbau einer neuen Anschauung des Landlebens und vor allem einer verbreiteten gastronomischen Sensibilität. Letztere wird hierbei zu einer alltäglichen produktiven Übung und bleibt nicht mehr pure Unterhaltung einer Minderheit.

Der Schatz besteht aus den langsamen Wissensformen, die in den Armen und im Herzen von Millionen erdgebundener Bauern leben. Er befindet sich in den Händen der Köche und Köchinnen, die um ihre Nähe zur landwirtschaftlichen Herstellung wissen. Er verbirgt sich in den Traditionen der Völker, die ihren Zustand verbessern müssen, indem sie von ihrer eigenen Situation ausgehen, ohne sie abzulehnen oder wegzuwerfen.

Gemeinsam mit den langsamen Wissensformen soll man den »Dialog zwischen den Wissensspähren« vorantreiben. Dieser besteht nicht in der Suche nach dem Archaischen, Starren oder Wissenschaftsfeindlichen, sondern im klaren Willen, auf verschiedene Quellen der Weisheit zurückzugreifen. Hierzu schrieb Enzo Bianchi, Prior der Klostergemeinschaft von Bose und bekannter Theologe, Gastronom und Sohn der bäuerlichen Kultur:

> Wenn man sich auf jene Welt bezieht (auf die Welt traditioneller Landwirtschaft, vergangen im Westen, existent im Süden der Welt) und man dies kritisch und mit Unterscheidungsvermögen macht, so kann man Elemente sammeln, die das Ergebnis von Jahrhunderten von Erfahrung sind. Man entfernte sich davon und verwarf sie. Nun befinden wir uns am Anfang einer neuen Welt, die man auch als »Welt auf der Flucht« bezeichnen kann. Wir können nicht mehr anhalten und nicht einmal das Übermorgen voraussehen, geschweige denn die Zukunft. Daher ist es wichtig, Anhaltspunkte in der Vergangenheit zu haben, ohne archäologische Ausgrabungen machen zu müssen. Man sollte sich wohl eher Fragen zu den Dingen stellen, die zu einer gewissen Form der Weisheit gehörten. Diese können uns heute noch etwas lehren, in einer Welt, die nach vorne flieht.

3.3 Das Erfordernis der Katalogisierung

Es handelt sich nicht darum, die Vorherrschaft einer gewissen Wissensform (empirisches, qualitatives, an Reize wie Genuss oder gesunden Menschenverstand gebundenes Wissen und das fruchtbare Zusammenleben mit der Welt der Natur) über eine andere (quantitatives, wissenschaftliches, mathematisches Wissen, welches das Unberechenbare einfach beseitigt) zu bestätigen. Diese Wissensformen müssen vernetzt und gegenseitig wie *gleichzeitig* zur Verfügung gestellt werden. Keine sollte a priori zurückgewiesen werden. Man sollte sich von allen Vorurteilen befreien und sich die Qualität, wie wir sie beschrieben haben, zum Ziel setzen. Dazu ist es auf jeden Fall notwendig, Abhilfe zu schaffen und aus dem Korb der beseitigten Kenntnisse etwas herauszuholen. Die Kenntnisse zu retten, die am Verschwinden sind. Diese Kenntnisse sind schwierig schriftlich festzulegen, weil sie einer Person bedürfen, die sie in ein veröffentlichbares Werk verwandeln kann. Normalerweise besitzt ein Autor gar nicht diese Kenntnisse. Aber die neuen multimedialen Technologien ermöglichen den Zugang zu diesen Kenntnissen durch Interviews der direkt Beteiligten, die diese Kenntnisse haben. Man muss systematisch damit anfangen[73], die traditionellen Kenntnisse aufzunehmen, indem man fruchtbar die Menschen miteinander vernetzt, die sich schon damit beschäftigen, und neue Forschungszentren eröffnet.

Dies ist ein weiteres unentbehrliches Element, um eine wirkliche Veränderung zur Qualität zu bewirken: die Katalogisierung dieser Kenntnisse, die notwendig erscheint, um sie auch in ihrer einfachen Übermittlung zu erforschen und zu vertiefen.

Diesen Übergang darf man nicht unterschätzen, es ist absolut notwendig, die beteiligten Kräfte zu vernetzen.

Durch die Annäherung der verschiedenen Produktionsbündnissen aus beruflichen Gründen (die Veranstaltung Terra Madre und die Projekte der Förderkreise) wurden wir uns bald der Sache bewusst: diese Männer und Frauen besitzen in der ganzen Welt, dank ihres symbiotischen Zusammenlebens mit ihrer Umgebung, geniale Lösungen gegenwärtiger Probleme. Der Anbau des Amarant in den trockenen Gegenden Mexikos zum Beispiel umgeht das Problem der Trockenheit, bringt Einkommen und lebenswichtige Lebensmittel hervor. Der Verzehr und die Zubereitung von Insekten liefern Proteine, wo es nicht genug gibt und bilden eine Alternative zur kostspieligen Viehzucht, indem sie auch die Felder von schädlichen Parasiten befreien. Die Tatsache, dass nie in einem

[73] Vgl. S. 242–247 und 248–252.

Naturparadies, wie zum Beispiel in einigen vom Fremdenverkehr genutzten Küsten, die im Dezember 2004 vom Tsunami heimgesucht wurden, gelebt wurde, lehrt uns etwas Wichtiges: die Bevölkerung kannte die Gefahr und besiedelte nicht Gegenden, die in produktiver Hinsicht als nicht angemessen galten. Die Starrheit mancher religiöser Nahrungsvorschriften, die auf den ersten Blick als Aberglaube erscheinen, verbergen in Wirklichkeit eine utilitaristische Zielsetzung. Sie ermöglichen die selbstständige Kontrolle über die Beziehung zur natürlichen Umgebung. Die bäuerliche und traditionelle Weisheit ist zwar nicht gesichert und bewiesen wie die offizielle Wissenschaft. Sie birgt aber in sich ein Element des *gesunden Menschenverstandes,* der in der Berechnung abhanden gekommen ist. Sie verfolgt nicht einzig und allein den Profit, sondern die beste Überlebensform.

Der erste Schritt in Richtung einer definitiven Befreiung dieser Kenntnisse besteht im Aufbau eines Universallexikons der traditionellen und bäuerlichen Kenntnisse und der materiellen Kultur. Dies ist eine moderne Bemühung, um im jahrtausendealten Erbe der Menschheit, das sich unterschiedlich im Vergleich zu anderen entwickelte, Lösungen zu finden. Dieser Vorgang wird gekoppelt mit ständiger Weiterbildung und mit dem Verständnis, einer Gemeinschaft anzugehören. Doch schließlich handelt es sich nur um eine einzige Gemeinschaft, die dadurch vom Joch der Schnelligkeit um jeden Preis, das wir uns auferlegt haben, befreit wird.

So entdecken wir auch neue verlorene Aspekte des Glücks. Außerdem gilt diese Bemühung als die höchste Form von Respekt gegenüber unseren Mitmenschen, die anders sind als wir. Sie weist jede Form von Fundamentalismus zurück, der zustande kommt, wenn eine »Kultur an die Verschiedenheit des Anderen denkt, als wäre diese eine Krankheit, und an sich selbst, als wäre es die Therapie«[74].

[74] Franco Cassano, *Modernizzazione stanca,* S. 154.

3.4 Um 360 Grad

Wenn ich vom Bedürfnis nach Auflistung (mehr dazu im nächsten Kapitel), Wiederentdeckung und Analyse des traditionellen »ruhigen Wissens« spreche, so mache ich das natürlich als Gastronom und beziehe mich vor allem auf gastronomische Gebiete: Landwirtschaft, Küche, Verarbeitung, Erhaltung, nachhaltige Tätigkeiten. Ich berücksichtige hier sämtliche gastronomischen Disziplinen, um zu einem alternativen, erkenntnistheoretischen Ansatz zu kommen.

Mehr noch. Vor kurzem fand in Washington ein Treffen mit den Verantwortlichen des Smithsonian Instituts[75] statt. Es hat meine Überzeugung bestärkt, dass der Blick auf die Agrarwissenschaft absolut nötig ist. Ebenso sollte auf die Produktion ein besonders vielschichtiger Blick geworfen werden. Das Gebiet der Nahrung ist immer Teil eines größeren kulturellen Systems, das genauso gefährdet ist wie die biologische Vielfalt und traditionelle Agrartechniken.

Im Bereich agrarökologischer Studien ist dieses Thema heutzutage bereits sehr präsent und es gibt entsprechende Literatur. In gastronomischer Hinsicht hingegen ist dieses Thema noch nicht vollständig entwickelt und noch weniger im kulturellen Bereich. Um bewahrend tätig zu werden, müssen diese drei Gebiete in einer ganzheitlichen Anschauung, die ich als holistisch[76] definieren würde, miteinander verbunden werden. Oder deutlicher: wir können das gastronomische Erbe nicht retten, ohne dabei Kultur, Sitten und Gebräuche zu berücksichtigen. Das beinhaltet auch die heimische Kultur zu kennen; ein wichtiger Schritt, um sie zu

[75] Es handelt sich hier um eine amerikanische Institution, die in ihren Museen mehr als 142 Millionen Objekte und Muster aufbewahren. Es ist auch ein Forschungszentrum, das die Öffentlickeit bildet, Dienstleistungen bietet und sich Studien in Bereich Kunst, Wissenschaften und Geschichte widmet. Das Smithsonian Institut wurde 1846 mithilfe von Geldern gegründet, die James Smithson, ein englischer Wissenschaftler, den USA schenkte, um „das Wissen zu verbessern und zu verbreiten".

[76] Vgl. S. 254 ff.

befreien und ihr Fortbestehen zu sichern. Nahrung und Landwirtschaft als Kernbereiche der Gastronomie müssen vielschichtig betrachtet werden. In dieser Hinsicht ist es nicht falsch, auch das Gebiet der Folklore mit einzubeziehen: Tanz, Gesang, Musik, Dialekt, mündliche Überlieferungen, traditionelle Architektur, Instrumente, alle weiteren Ausdrucksformen die beispielsweise auch die Feldarbeit begleiteten.

Diese Identität muss vertieft und vor allem am Leben erhalten werden. Sie ist wesentlicher Bestandteil des Agrarsystems und der vielfältigen, lokalen Lebensmittelproduktion. Von diesen Dingen zu reden eröffnet unglaubliche Perspektiven und regt zu neuem Einsatz an. Das Interesse an Volksliedern, Musikformen und Tänzen ist ein Akt des Respekts und des ehrlichen Interesses für die Lebensmittelproduzenten. Indem man Initiativen unterstützt, die es diesen Traditionen ermöglichen, lebendige, deutliche Symbole einer Identität zu bleiben.

4 Rückständig in Bezug worauf?

Zusammenfassend kann man sagen, dass auf Basis einer Qualitätsstrategie auch ein anderes Niveau mit dem Wert der Langsamkeit jenseits des geltenden Systems wieder erreicht wird.

Langsamkeit ist ein Wert, der außerhalb des geltenden Systems liegt. Ein kreativer Raum und ein Treffpunkt jener Werte, die aus dem System gedrängt wurden. Die Langsamkeit ist vergleichbar mit der Übung der Sinne und der *ständigen Weiterbildung*. Sie vermittelt das Gefühl der gemeinschaftlichen Zugehörigkeit und aktualisiert es mithilfe von Treffen, Hilfe, Austausch und Geschenken. Sie setzt auch die Bedingungen für die Umkehrung unserer Denkweise, die nur auf Profit und rasche Effizienz abzielt. Durch diese Denkweise entfremden wir uns nur, obwohl wir uns immer näher kommen. Die Umkehrung der Denkweise, die Aufmerksamkeit gegen die Ablenkung, eröffnet dem Gastronomen neue Szenarien, denn er entdeckt in der Vielfalt das Potential für eine würdevolle Existenz auf dieser Erde, wie es bis vor kurzem auch möglich war. Die Welt der langsamen Wissensformen, die einfach ausgelöscht oder gettoisiert im Bereich der Folklore weiterleben, wird uns in all ihren neuen Möglichkeiten deutlich und ruft uns zum Respekt, zu Schutz und Wertschätzung auf. Es geht hier nicht darum, neue Hierarchien zu schaffen, sondern um das Zusammenleben aller Entwicklungsweisen des Menschen. Wir sollen mutig voranschreiten und auch einen Blick nach hinten werfen, bevor wir unsere Orientierung verlieren und unsere Ressourcen unaufhaltsam verarmen. Die Produzenten der guten, sauberen und fairen Lebensmittel (in der Mehrheit Bauern), die noch nicht unwiederbringlich von der Unterbrechung der Nabelschnur mit der Erde betroffen sind, besitzen ein Wissen, das man nicht in der Schule lernen kann. Dieses Wissen kann nicht durch mathematische Formeln ausgedrückt werden, weil es das Ergebnis einer symbiotischen Beziehung zur Schöpfung darstellt, die vielen von uns auf dieser Erde abhanden gekommen ist. Sie sind als Lebewesen eine wertvolle Quelle und haben uns daher viel beizubringen. Wir sollten damit anfangen, ihnen zuzuhören und ihre Gemeinschaften zu unterstützen, bevor wir uns anmaßen, ihnen das Leben erklären zu können. Dies ist die Aufgabe all derer, die die Zukunft der Nahrung und der Erde für wichtig halten.

V Verwirklichen

Die Gastronomie als komplexe und multidisziplinäre Wissenschaft verleiht uns von der erneuten Aneignung unseres Sinnesvermögens aus wieder Grundlagen zur Interpretation, Werte zur Bearbeitung, neue Reisegefährten und Sinn für die Realität. Durch sie sehen wir, wo sich die kulturellen und produktiven Mechanismen befinden, die eine gerechtere und glücklichere Welt hervorbringen. Sie spornt uns auch an, mit dem Bewusstsein unserer Fähigkeiten und Möglichkeiten tätig zu werden. Sie macht uns zu kreativen Menschen.

Es entsteht somit ein gemeinsames Gefühl, das uns alle (Gastronomen, Produzenten und Koproduzenten) zu aktiven Personen macht, die nach einer Idee der Qualität (des Lebens und der Dinge) suchen und sich nicht nur für das persönliche Gut, sondern auch für das der anderen und der Welt einsetzen. Dieses gemeinsame Gefühl führt uns zur Neubestimmung unserer Verhaltensweisen und alltäglichen Zielsetzungen und verleiht auch der Gastronomie und der Nahrung einen neuen Sinn. In diesem Zusammenhang bleibt die Nahrung eine der zentralen menschlichen Tätigkeiten.

Die Mittel dieser Untersuchung und Neubestimmung haben wir bereits gesehen: eine strukturierte und neu definierte Wissenschaft; die Idee des Guten, Sauberen und Fairen; der Wille sich zu erziehen und nicht dem Unwissen der Sinne und des Intellekts zu verfallen; das Bewusstsein, zu einer *Schicksalsgemeinschaft* zu gehören; der Wille eine neue Art zu erarbeiten, das Wissen zu fördern und zu praktizieren. Es gibt eine neue Suche nach dem Geschmack, die all diese Ideen einschließt. Um nicht rein ideell zu bleiben und in die Praxis umsetzbar ist, braucht sie Zielsetzungen und Pragmatismus. Es gibt ein Netzwerk, von dem wir ausgehen können. Es muss so funktionell als möglich gestaltet werden. Es ist ein Netzwerk von Gefühlen, Bestrebungen, Kräften, Kenntnissen und Menschen.

Wenn wir die Nahrung in den Mittelpunkt unserer Existenz stellen, dann bemerken wir, dass die Nahrung das Netzwerk selbst darstellt. Daher muss es stark, transparent, gut, sauber und fair sein. Wenn wir das sind, was wir essen, dann sind auch wir das Netzwerk. Ein pragmatisches Netzwerk, das sich bemüht, so viel als möglich zu kommunizieren. Es soll daher ein Entwurf und der Wille zur Tat entstehen. Ideen sollen umgesetzt werden.

Tagebuch 14 Samen und Mongolen

Nach der Terra Madre gab es auch viele andere Gemeinschaften, die Slow Food zum Besuch eingeladen hatten. Wenn ich auf Reisen bin und mich in der Gegend befinde, besuche ich sie gerne. So geschehen auf meiner Reise nach Schweden im November 2004, einen Monat nach der Veranstaltung. Ich bin hingefahren, um die Vertreter der dortigen Bewegung zu treffen.

Bei dieser Gelegenheit habe ich die Gemeinschaft der Samen besucht (die zu Unrecht Lappen genannt werden. Wenige wissen, dass dies in Wirklichkeit eine Beleidigung ist. »Lapp« heißt eigentlich »Lappen« und gilt als abwertender Begriff), ein Volk von nur 70.000 Menschen, das ein Land ohne offizielle Grenzen besiedelt. Es heißt Sapmi (die meisten nennen es Lappland, was falsch ist) und befindet sich im Norden der skandinavischen Halbinsel zwischen Schweden, Norwegen, Finnland und Russland. Die Samen, die ich traf, sind die von Terra Madre: sie sind wie alle Samen eine Gemeinschaft von ungefähr 3.000 Menschen umfassenden Nomaden, die den Rentierherden in Migration folgen. Rentiere sind ihre Haupttätigkeit und erzeugen viele Produkte, darunter das traditionelle *Suavas,* ein nach traditionellen Methoden geräuchertes Rentierfleisch. Es ist vom Verschwinden bedroht, weshalb Slow Food einen Förderkreis eingerichtet hat.

Wir besuchten sie in ihrem Lager aus traditionellen Hütten (sie sind aus kegelförmigen Holzbalken gebaut und sehr komfortabel mit ihrem Moos- und Fichtenästen!) in der Nähe von Östersund. Die Ortschaft liegt im Süden von Sapmi, wo die Rentiere vor dem Winter ankommen und geschlachtet werden.

Ich hatte die Ehre, mir die lange und schwierige Geschichte der Samen erzählen zu lassen. Ich saß neben der Feuerstelle in einer ihrer Hütten – (Inzwischen sind die Samen moderner geworden und leben in Fertighäusern, die man verschieben kann. Sie folgen den Rentieren mit dem Motorschlitten. Warum sollten sie denn auf diese moderne Technologie verzichten? Hier dauert der Winter 200 Tage im Jahr und die Temperaturen erreichen – 30 Grad) – und kostete das gute Brot, das zusammen mit den *Suavas* auf dem Feuer gebacken wurde. Dieses Fleisch war wirklich ausgezeichnet und hatte auch ein großes Handelspotential.

Meinen Besuch leitete der Präsident des Parlaments der Samen. Es besitzt eine mehrstaatliche Struktur, die die Samen vor allen anderen Institutionen vertritt. Ich muss sagen, dass ich ihre Freude und ihr Interesse an der Teilnahme an Terra Madre sehr schätzte. Ich verbrachte mit ihnen fast zwei ganze Tage und wir begaben uns auch an unwirtliche Orte, die aber eine magische Faszination auf mich ausübten. Dort zogen die Samen das ganze Jahr herum, je nachdem, wohin sich die Rentiere bewegten. Es ist fast unglaublich, dass es heute in Ländern wie den skandinavischen noch eine Bevölkerung von Nomaden gibt, die aus dem Nomadentum den Sinn ihres Lebens schöpft und darauf stolz ist. Ich hörte von Übergriffen, die sie in jedem Staat, den sie durchreisten, zu erleiden hatten. Ich erfuhr auch von Kämpfen um den Zutritt zu gewissen Gegenden (ihre Bewegungen mit den Herden haben in Wirklichkeit eine ökologische Funktion. Trotzdem werden sie von den sesshaften Bauern nicht gern gesehen), von ihrer unglaublich reichen und interessanten Kosmologie. Sie zeigt uns klar, wie wenig diese mythisch vermischten Kenntnisse zu missachten sind. Die Samen zum Beispiel wussten tatsächlich schon vor Galileo, dass die Erde um die Sonne kreist, da dies ein Grundsatz ihrer Religion ist!

Am letzten Nachmittag, als die Sonne schon seit einiger Zeit untergegangen war (ungefähr gegen 3 Uhr nachmittags) und wir im Dunkeln spazierten, fragte ich den Präsidenten, wie sich die Samen bei Terra Madre fühlten. Er teilte mir mit offenkundiger Begeisterung etwas wirklich Erleuchtendes mit: er sagte mir, dass niemand zuvor so viel für die Nomadenvölker getan hatte und dass sie nun im Begriff waren, die Grundlagen zu setzen, um eine Art Internationale der Nomadenvölker einzurichten. Sie sollte zur Aufrechterhaltung von Kontakten dienen, indem man Erfahrungen austauscht und sich gleichende Schwierigkeiten via Internet bewältigt. Er erklärte mir, dass diese Idee gerade in den Tagen des Treffens von Turin ins Leben gerufen wurde. Sie hatten bereits die Gemeinschaften der mongolischen Hirten, eine Gruppe von Nomaden, die durch die riesigen asiatischen Steppen ziehen und ihre Tiere züchten, kontaktiert (unter diesen Tieren befindet sich auch das Przewalski-Pferd, das vom Aussterben bedroht ist). Das Fleisch ist in einer Gegend, wo fast nichts wächst, die einzige Quelle für den Lebensunterhalt.

Mir wurde bewusst, dass das Netzwerk, das ich mir ausgedacht hatte, bereits unabhängig von unserem Tun vorhanden war und dass Terra Madre alleine bereits diese Art von Kontaktaufnahmen gefördert hatte. Es ist daher keine Utopie, daran zu denken, dass die modernen Kommunikationsmittel dieser Idee dienen könnten. Das Beispiel der Samen und Mongolen ist der praktische Beweis einer neuen Verbreitung von Ideen. Auf diese Weise wird diesen Menschen Selbstbewusstsein vermittelt. Sie haben nämlich etwas Stoisches an sich, wenn sie in Gegenden durchhalten, in denen das Leben wirklich schwierig ist. Es ist wichtig, dass man ihnen hilft würdig zu überleben. Auch haben sie uns vieles beizubringen, wie vor kurzem Claude Lévi-Strauss behauptete[77]:

> Obwohl sich diese beiden Gesellschaften sehr stark voneinander unterscheiden, so stimmen sie darin überein, dass der Mensch ein

[77] In der Rede während der Preisverleihung des XVII. internationalen Preises der Catalunya 2005, vgl. »La Repubblica«, 15. Juni 2005.

> empfangendes Subjekt ist und kein Lehrer der Schöpfung. Das ist die Lehre, die der Ethnologe von ihnen gelernt hat. Wir wünschen uns, dass diese Gesellschaften, sobald sie sich mit den Nationen verbinden, diese Lehre auch bewahren. Wir können uns auch von ihrem Beispiel leiten lassen.

Es ist kein Zufall, dass sie auch nach Terra Madre an ein Netzwerk gedacht haben, ohne dass ihnen jemand erklärt hat, warum es notwendig ist.

1 Ein Netzwerk schaffen

Das wichtigste Arbeitsprojekt betrifft das Netzwerk an sich. Wenn man die Nahrung als *Netzwerk*[78] von Personen, Orten, Produkten und Kenntnissen ansieht, so fühlen wir sofort unsere Zugehörigkeit als *Gastronomen.* Wir befinden uns in einem Nahrungsnetzwerk. Es reicht vom Globalen zum Spezifischen, betrifft das Universelle und das Örtliche für die Produzenten und ihre Koproduzenten. Viele Knotenpunkte dieses Netzwerkes wissen gar nicht, dass sie miteinander verbunden sind. Sie werden virtuell auseinander gehalten und kommunizieren gar nicht untereinander (man denke in diesem Zusammenhang an die Trennung zwischen Herstellern und Verbrauchern). Die Zielsetzung besteht darin, die Verbindungen wieder aufzunehmen, indem man von denen ausgeht, die den gastronomischen Qualitätskriterien entsprechen. Schließlich wird dann das Netzwerk so weit wie möglich ausgedehnt.

Das Netzwerk an sich erweist sich als ein potentiell revolutionäres Mittel für alle Instanzen, die von der globalen Solidarwirtschaft bis zu den Interessensgruppen nachhaltigen Tätigkeiten oder des Schutzes der bürgerlichen Rechte reichen.

Nach den bekanntesten Theorien ist das Netzwerksystem vorwiegend durch seine Offenheit und Fähigkeit, sich selbst zu erhalten, gekennzeichnet (diese Eigenschaften machen es demokratisch und verleihen der Vielfalt ihren richtigen Wert). Außerdem wird

[78] Vgl. das Nudelgericht mit Tomatensoße, S. 203.

das Netzwerk je nach seiner *Intensität* und *Ausdehnung* beschrieben. Intensität bedeutet in diesem Zusammenhang, dass jede Einheit des Netzes das Ziel verfolgen muss, die höchste Anzahl von Menschen in einem gewissen Ort, an dem sie tätig ist, zu erreichen und einzubeziehen. Dies wird die Entstehung neuer Knotenpunkte fördern. Ausdehnung heißt hingegen, »das Netzwerk in Richtung anderer Regionen zu erweitern und somit an der Entstehung und Entwicklung neuer Einheiten teilzunehmen. Auf diese Weise wird die Verbreitung des Netzes gesteigert und das Ganze verstärkt«[79].

So werden die Unterschiede funktionell, zu einer kreativen und expandierenden Kraft. Sie bewirken das Wachstum des Gemeinschaftswohles (was nicht bedeutet, dass alle dieselbe Absicht haben, sondern, dass man solidarisch und aktiv für die Interessen aller arbeitet) und gewährleisten das Überleben des Systems selbst.

Wie bereits erwähnt, ist das Netz der Nahrung potentiell schon vorhanden. Denn die Nahrung ist das höchste Element, das Menschen und soziale Gruppen verbinden kann. Aber heute funktioniert dieses Nahrungsnetzwerk leider nicht mehr richtig, weil es verzerrende (Verlust von Kenntnissen, Verlust der biologischen Vielfalt, Unmöglichkeit der Kommunikation, nicht Nachhaltigkeit) und antidemokratische Elemente enthält (Konzentration der wirtschaftlichen Mächte der produktiven Tätigkeiten, Verwandlung des Geschmacks in ein vereinheitlichtes Massenphänomen, Verhinderung der Sinneswahrnehmung). Der Vorschlag des Gastronomen liegt hier darin, das Netzwerk zu reaktivieren, es auszudehnen und intensiv wie extensiv zu verstärken. Dies soll mit Anerkennung der gastronomischen Wissenschaft, der traditionellen Kenntnisse und der menschlichen Würde nach dem neuen und genauen Qualitätsbegriff geschehen. Das soll aber nicht heißen – was ausdrücklich hervorgehoben sei, dass man im Namen eines Werturteils a priori den gesamten Rest der Nahrungswelt aus

[79] Euclides Andre Mance, *La rivoluzione dell reti. L'economia solidale per un'altra globalizzazione,* EMI, Bologna 2003, S. 25.

dem System ausschließen muss, weil es noch nicht den Vorgaben dieses Projektes entspricht. Ich beziehe mich hier zum Beispiel auf einen Großteil der modernen Wissenschaft, die Industrie oder die derzeitigen Verteilungssysteme. Man sollte auf die einzelnen Branchen Druck ausüben, damit sie ihre Strategien und Zielsetzungen im Sinne des neuen Netzwerkes abändern.

Wenn man beim Thema dieses Projekts bleibt, so wird es zu einer ersten Bemühung, die richtigen Personen zu finden, um die bewussten Knotenpunkte des Netzwerkes zu bilden. Danach beginnt die Arbeit des Angebots der wesentlichen Dienstleistungen, damit das Netz richtig funktioniert und seine Eigenschaften einsetzen kann. Hier wird das Ziel verfolgt, Vielfalt zu schützen und die gleichen Inhalte der Knotenpunkte in Bewegung und in dialektische Beziehung zu setzen. Auf diese Weise wird sich ein Netzwerk, wenn es gut ist, selbst ernähren. Es wird in seinem Inneren neue Personen, Kontenpunkte und dadurch auch neue Vielfalt einbringen.

Sie verstärken und fördern den allgemeinen Fluss und bringen neue und gute Veränderungen und Wachstumsprozesse hervor. Dies ermöglicht eine nachhaltige Entwicklung, die nicht die Anschauung des wirtschaftlichen Wachstums um jeden Preis teilt, sondern mit der Idee der menschlichen Entwicklung verbunden ist. So führt sie zur Verbreitung des gemeinschaftlichen Gutes, das uns eine weniger düstere Zukunft und Nahrung für alle gewährleistet.

Um das Projekt eines virtuellen gastronomischen Nahrungsnetzwerkes, das von den Produzenten, Koproduzenten und Vermittlern gekennzeichnet ist, besser zu erklären, möchte ich von einer direkten Erfahrung ausgehen. Der Leser möge sie entschuldigen, sie dient nur als Beispiel, dem meine Überlegungen entspringen. Es handelt sich um eine Ausgangsidee mit einer besonderen Art von Netzwerk: dem Netzwerk des Lebensmittelbündnisses von Terra Madre.

1.1 Die Erfahrung von Terra Madre

Ich werde mich nicht lange über die Erfahrung des Treffens von Terra Madre im *Palazzo del Lavoro* von Turin vom 21.–23. Oktober 2004 auslassen. Es gibt hierzu schon reichlich Literatur und Dokumentationen[80]. Der Zweck dieses Buches besteht nicht darin, für die Veranstaltungen der Bewegung, dessen Vorstand ich bin, zu werben. Aber diese Idee und Veranstaltung und die Entwicklungen, die sie bewirkt hat, stellen einen ausgezeichneten Ausgangspunkt dar, um das Thema des gastronomischen Netzwerkes zu erörtern. In diesem Zusammenhang erweist sich auch eine kleine Chronik der Absichten, verbunden mit der Beschreibung der Ereignisse, als nützlich.

Die Grundidee bestand darin, eine große Menge von Menschen aus aller Welt in einem Ort zusammenzuführen. Diese bedeutenden Persönlichkeiten wurden »die Intellektuellen der Erde« genannt: Bauern, Fischer, Nomaden, kleine Handwerker, andere, die in der Herstellung oder Verteilung guter, sauberer und fairer Nahrung tätig sind. Sie verfügen über ein Netzwerk von Kontakten in aller Welt. Sie entstanden dank der Erfahrung der internationalen Vereinigung von Slow Food. Wir sind auf diese Gruppen zurückgekommen, damit sie uns die geeignete Person oder deren eventuelle Vertreter angeben können, die an einer solchen Veranstaltung teilnehmen können. Wir haben diese Gruppen als »Lebensmittelbündnisse« identifiziert (von diesem ersten Schritt gehen die Definitionen der verschiedenen Bündnisse, die im 4. Kapitel angeführt wurden, aus). Es waren ungefähr 1.200 Menschen. Wir haben dann die Möglichkeit dafür geschaffen, dass ihre 4.888 Vertreter aus 130 Ländern der Welt ihre Reise nach Turin machen konnten. Dort wurden sie dann beherbergt. Die Organisation sorgte für ihre Treffen anlässlich besonderer Momente wie den *Laboratori della Terra*. Diese wurden über allgemeine Themen, wie Frauenarbeit, Verwüstung oder über spezifischere Bereiche gehalten, die mit den Waren der teilnehmenden Produzen-

[80] www.terramadre2004.org

ten zusammenhingen: zum Beispiel Getreide, Reis, Mais und die Wirtschaftsformen der Sammler. Diese Initiative ermöglichte den Austausch verschiedener Erfahrungen und den Aufbau einer konstruktiven Grundlage für eine Veranstaltung, die eine einfache folkloristische Initiative zur Vorstellung kultureller Vielfalt hätte sein können.

Die Arbeitstage enthielten zwei Versammlungen im Plenum und eine Reihe von *Laboratori della Terra*: im Laufe der thematischen Treffen wurde vielfältiges Wissen ausgetauscht. Die beiden Versammlungen im Plenum erwiesen sich dann als sehr aufregende Momente von großer Bedeutung.

Die Grundidee war, zur Diskussion über die einfache (grundlegende) alltägliche Arbeit auch Personen zu treffen und einzuladen, die sich ansonsten nicht miteinander unterhalten könnten. Aus diesem Grund wurden die Reisen der Vertreter von Bündnissen aus ärmsten Ländern oder die von Menschen mit Transportschwierigkeiten finanziert vom dafür gegründeten Komitee (dieses Komitee bestand aus Slow Food, dem Ministerium für Land- und Forstwirtschaft, der Region Piemont und der Gemeindeverwaltung von Turin). Die Unterbringung der Teilnehmer lief über die zivilen und religiösen Strukturen und die Gemeinschaft der Kleinproduzenten der Region Piemont (mit der wichtigen Unterstützung seitens Coldiretti). Bei dieser Gelegenheit öffneten die kleinen Produzenten den Vertretern der Bündnisse ihre Häuser und Bauernhöfe.

Die Bezahlung der Reisen, die bürokratische Unterstützung und Unterbringung waren bei einer derart globalen Veranstaltung eine vollkommen neue Vorgangsweise. Normalerweise kommen zu diesen Veranstaltungen immer nur die Reichen, wohlhabende Leute oder Vertreter der Institutionen oder Universitäten mit der Möglichkeit zu internationalen Reisen. Hier fruchtete aber der Einsatz für das Recht zu reisen (als Bildungserfahrung und im kulturellen Austausch), ein immer seltenerer Sinn der Gastfreundschaft – der glücklicherweise in der Bauernwelt immer noch vorhanden ist, der Geist des Schenkens und des totalen Vertrauens in die Fähigkeiten der Mitglieder.

Um ehrlich zu sein, war es schwierig, alle Entwicklungen der Veranstaltung vorauszusehen. Aber die Idee war, ein Netzwerk unter den Lebensmittelbündnissen (bei Terra Madre handelte es sich vor allem um Produktionsbündnisse) und den gastronomischen Koproduzenten zu bilden, die sich bei Slow Food zusammengeschlossen haben. Slow Food war schon von Anfang an dabei. Nicht ohne Zufall und auch symbolisch wurde Terra Madre gleichzeitig mit dem Salone del Gusto von Turin gehalten. An der letztgenannten Veranstaltung nahmen auch andere Produzenten aus aller Welt teil, darunter 170.000 Besucher aus der Bildungsschicht.

Die Veranstaltung Terra Madre hat Begeisterung unter den Teilnehmern geweckt (es wird in den Briefen bestätigt, die ich nach der Veranstaltung erhielt), die sich als Teil jener Schicksalsgemeinschaft fühlten. Sie bestand aus geteilten Wertvorstellungen und ist auch der Mittelpunkt all dieser Überlegungen. Dieses Gefühl bringen die Menschen dann auch in ihre Heimat zurück, die nun wissen, dass sie nicht alleine sind. Es war nicht die letzte Versammlung von Terra Madre, ist nicht abgeschlossen. Ganz im Gegenteil wurden große Perspektiven eröffnet, eine ganze Welt, die endlich im Bewusstsein dessen lebt, was sie vertritt.

1.2 Lebensmittelbündnisse

Es soll noch eine methodologische Anmerkung über die Bedeutung der Lebensmittelbündnisse gemacht werden. Ich möchte hier auch ihre Entwicklung durch die Projektarbeit, die Verwirklichung und den Willen schildern, Terra Madre ihre Kontinuität zu verleihen.

Der erste Schritt bestand darin, eine *Definition* für die Personen zu finden, die zu Terra Madre eingeladen wurden, ein praktisches Bedürfnis. Sie wurden nach *Einheiten* gruppiert, die von ihren Leitern oder (sprachlich) gebildeten Personen, die auch mit anderen ähnlichen Personengruppen sprechen konnten, vertreten wurden. Die Angaben, die uns übermittelt wurden, bezogen sich auf vielfältige soziale Gruppierungen: ganze Dörfer, Gruppen von Familien, kleine ethnische Gruppen, kleine Vereinigungen von Produzenten, autonome Gruppen für die alternative Verteilung, ganze Produktionsketten im Sinne des neuen und genauen Qualitätsbegriffs. Geografisch beschränkte es sich vorwiegend auf Gemeinschaften einer bestimmten Gegend, aber es waren auch andere größere geografische Regionen vertreten (dies im Falle von Vereinigungen, Gruppen oder Produktionsketten), die sich in einigen Fällen mit einem ganzen Land deckten.

Das Ergebnis war eine Auswahl (danach wurde durch eigenständige Anfragen gesucht) von ungefähr zweitausend Bündnissen. Sie wurden in Turin von Einzelnen vertreten, die imstande waren, so gut wie möglich die verschiedenen Berufsbilder und Feinheiten, die zum Erfolg eines bestimmten Produktes beigetragen haben, zu vertreten[81]. Tausendzweihundert Lebensmittelbündnisse: der Begriff wurde gewählt, weil er die Eigenschaften dieser heterogenen Gruppen sehr gut bestimmt. Sie teilen das Bewusstsein, ein Bündnis zu bilden (physisch identifizierbar, da es sich um ein Dorf handelt; gemeinsame Werte, Interessen und Schicksale). Sie verfolgt mit dem Schutz des Saatgutes folgende Zielsetzungen: Ernte, Landwirtschaft, Viehzucht, Fischerei, Verarbeitung, Verteilung, Förderung und Erziehung. Gemeinsam mit den anderen gastronomischen Tätigkeiten sorgt das Bündnis dafür, dass ein *Lebensmittel,* das in einem Kleinbetrieb hergestellt wurde, seinen Endverbraucher erreicht. Selten hatten diese Bündnisse starken institutionellen Bezug. Es muss in diesem Zusammenhang erwähnt werden, dass wir uns hier außerhalb der Welt der Gewerkschaften, Parteien oder Bewegungen befinden. Die Produktionsbündnisse von Terra Madre bestehen aus einfachen Arbeitern, die vor dieser Veranstaltung gemeinhin den Eindruck hatten, sie wären so ziemlich alleine auf der Welt.

Diese Kriterien haben die Veranstalter von Terra Madre geleitet und die Veranstaltung selbst ausgezeichnet. Die Lebensmittelbündnisse wurden, wie bereits erwähnt, in Interessengruppen zusammengefasst, welche je nach Art des Produktes, der Produktionstechnik oder gemeinsamen Problemen gebildet wurden.

[81] Vgl. *Terra Madre,* Slow Food, Bra 2004

Die Lebensmittelbündnisse galten nicht nur als inhaltlicher und organisatorischer Bezugsrahmen der Veranstaltung, sondern gleichzeitig auch als Mittel und Zweck derselben. Denn sie wurden bald zu potentiellen Einheiten eines Netzwerkes, zu Knotenpunkten. Der Hauptwille, der während und nach der Veranstaltung geäußert wurde, bestand darin, verbunden zu bleiben, um Erfahrungen zu teilen und auszutauschen und sich gegenseitig zu unterstützen. Es entstand das Netzwerk, sobald die Bündnisse festgestellt und sie dazu aufgefordert wurden, an allgemeinen Projekten teilzunehmen. Dies beschränkt sich nicht auf das Treffen, sondern arbeitet an der Bereitstellung von Mitteln und Dienstleistungen im Hinblick auf andere ähnliche Treffen, die immer größere Gruppen einschließen.

Die Zielsetzung besteht eben darin, die Grundlagen für ein Treffen und eine Vereinigung mit allen, die gastronomisch tätig sind, zu schaffen. Man geht von neuen Produzenten und Koproduzenten wie Slow Food aus (Slow Food möchte in dieses Projekt mehr als Dienstleister denn als aktiver Teilnehmer eingebunden sein) und geht dann auf die Köche, Händler, Handwerker oder kleinen Handwerksbetriebe über. Die Zusammengehörigkeit wird durch das gemeinsame gastronomische Interesse gefördert. Alle werden vom Bewusstsein geleitet, in der gleichen Schicksalsgemeinschaft zu leben. Vermutlich werden all diese Menschen vom selben Willen, vom selben Zugehörigkeitsgefühl zu einer Weltbürgerschaft angetrieben. Dies führt sie dazu, sich so zu verhalten, dass sie die Qualität und Vielfalt respektieren und bereit sind, sich untereinander und mit anderen externen Personen zu vernetzen (es geht hier um dieselben virtuellen Netzwerke, die bereits vorhanden sind).

1.3 Das Weltnetzwerk der Gastronomen

Das Arbeitsprojekt besteht wohl gemerkt nicht darin, ein Netzwerk aufzubauen, das man ideologisch verkleidet (und noch weniger mit einem neuen oder vorhandenen Markenzeichen). Es geht mehr darum, die Grundlagen für ein Netzwerk aufzubauen, das sich intensiv und extensiv ausdehnen kann. Innerhalb dieses Netzwerkes wird auch die Selbstversorgung im Sinne der *Vielfalt* gewährleistet, die das System in seinem Inneren akzeptieren kann.

Die Demokratisierung des Netzwerkes wird durch die Gleichheit aller Beteiligten gewährleistet, die alle gleichermaßen als Gastronomen bezeichnet werden, da sie selbst sich auch so nennen. Sie gehören verschiedenen Kulturkreisen an und können auch verschiedene Rollen innerhalb der Nahrungswelt übernehmen. Die verschiedenen Lebensmittelbündnisse werden gruppiert; dazugehören können:

> Einheiten, die den Produktionsbündnissen entsprechen;
> die organisierten Gruppen der Koproduzenten, zum Beispiel mit gastronomischen, ökologischen, sozialen, pädagogischen Vereinigungen oder Gruppen von Käufern;
> die Köchinnen und Köche aus aller Welt, auf allen Niveaus, von den internationalen Starköchinnen und -köchen bis zu den kleinen Straßengastwirten der fernsten Orte der Welt oder den Haus- und Gemeinschaftsköchen;
> die Universitäten, wissenschaftlichen Fakultäten mit gastronomischen Inhalten, die Forschungszentren über traditionelle Wissensformen oder die direkten Träger dieser Kenntnisse;
> jeder einzelne Bürger, der sich mit der Schicksalsgemeinschaft verbunden fühlt und der auf die Zukunft Einfluss nehmen will, indem er von der Nahrung ausgeht.

Die Demokratisierung wird auch durch die Teilung der bisher beschriebenen Werte gewährleistet. Diese passen sich sehr gut an das Projekt an, weil sie eine gemeinsame Eigenschaft besitzen: unsere Definitionen von Gastronomie (Landwirtschaft, Küche, usw.), Qualität, Wissen, Erziehung und selbst die verschiedenen Kennzeichnungen von Gemeinschaft sind offen hinsichtlich der *Vielfalt* und besitzen einen klaren lokalen und geografisch spezifischen Bezug.

Wie alle Netzwerke, so ist demnach auch das Weltnetzwerk der Gastronomen gleichzeitig lokal und global, verschieden und vereint, auf das Detail und auf das Ganze konzentriert. Im Mittelpunkt steht die Nahrung. Es handelt sich um ein vorbildliches Netzwerk, da es konstruktiv und nicht destruktiv ist, auf die Ausweitung der Teilung hinarbeitet und nicht neue Trennungen schaffen will. Dieses Netzwerk ist auch dazu in der Lage, sich mit allen vorbildlichen Netzwerken zu verbinden, die sich auf andere spezifische Notwendigkeiten konzentrieren. Es besteht immer die Offenheit in Bezug auf die Vielfalt und die gemeinsamen menschlichen Werte, die die Folgeschäden der berühmten »viermotorigen Schubkräfte« von Morin[82] ausgleichen und Glück und Wohlstand hervorbringen.

Während ich das schreibe, weiß ich, dass die ersten Mitglieder dieses Netzwerkes (zum Beispiel die Lebensmittelbündnisse von Terra Madre oder die Slow Food Bewegung) einen wirklich sehr kleinen Teil der Menschheit ausmachen. Es gibt daher keine revolutionären Forderungen und auch keine Eile. Aber der politische Wert der Notwendigkeit des Netzwerkes besteht darin, dass es sich selbst ernährt, wächst und systematische Beziehungen und Bündnisse mit anderen Netzwerken einfädelt.

In diesem Zusammenhang erinnere ich mich an ein Bild, von dem mir ein Auswanderer aus dem Piemont (ein Landsmann von mir) vor Jahren erzählt hatte. Wenn er noch am Leben wäre, wäre er nun mehr als hundert Jahre alt. Wie viele Piemontesen musste er in seiner Jugend nach Argentinien auswandern. Er erzählte mir Geschichten aus Buenos Aires von 1908, wo sich die ästhetischen Gesetze des Tangos entwickelten, man in einigen Vierteln der Stadt den Dialekt aus dem Piemont sprach und die Einwanderer untereinander sehr solidarisch waren. Eine solche Solidarität kennt man heute kaum. Er fügte dann auch hinzu, dass er einmal in der Pampa einen Heuschreckenhaufen gesehen hatte, der einen Zug aufhalten konnte. Die Achsen des Zuges wurden von den überfah-

[82] Vgl. oben, S. 30.

renen Tieren geschmiert und verloren ihre Bodenhaltung: somit war es für Insekten möglich gewesen, einen Zug aufzuhalten.

Wir sind nur ein unwesentlicher Teil der Menschheit, wie unbedeutende Heuschrecken. Zum Netzwerk der Gastronomen zählen heute einige Tausende Menschen. Aber dieses Netzwerk besteht aus Menschen, die gewisse Werte teilen. Diese werden wichtiger und werden an andere weitergegeben, die eine solche *Globalisierung* befürworten. Wenn wir damit aufhören, uns einsam zu fühlen (wie uns die Teilnehmer von Terra Madre bewiesen haben) und im Namen unserer *Schicksalsgemeinschaft* arbeiten, dann wird kein Unternehmen, keine Veränderung und keine *Maschine* unsere Suche nach dem Glück aufhalten können. Wie die Heuschrecken, die den Zug aufgehalten haben.

1.4 Wie kann und warum muss es funktionieren

Das *internationale Netzwerk der Gastronomen* besteht aus einer ideellen Unterstützung. Es bringt aber auch pragmatische Auswirkungen mit sich, die Anerkennung und effektive Funktionsweisen ermöglichen. Wer sich um die Förderung des Netzwerkes kümmert, sieht sich als Dienstleister. Er liefert Mittel und spornt Diskussionen, Austausch, Verteilung von Wissen, Produkten und Menschen in seinem Inneren an.

Natürlich kann man nicht von Netzwerk sprechen, ohne die neuen Kommunikationstechnologien und die technologischen Hilfsmittel für die Kultur zu berücksichtigen. Das Internet ist heute das größte Kommunikationsmittel auf globaler Ebene und passt sich sehr gut an die Anforderungen des Netzwerkes der Gastronomen an. Es vermittelt Kontakte; es ermöglicht den Austausch von Informationen; es kann Archive speichern, die von anderen gesehen werden können, unabhängig von räumlichen und zeitlichen Grenzen; es erlaubt die eventuelle Mobilisierung in Echtzeit und die Verwaltung neuer Verteilungssysteme.

Obwohl es keine absolute Voraussetzung ist, so muss das Mittel der Informatik als wesentlicher Dienst angeboten werden.

Man sollte einfach auch versuchen, seine offensichtlichen Grenzen zu überschreiten: vor allem eventuelle Zugangschwierigkeiten in einigen Regionen der Welt.

Das ist ein Problem von EDV-Alphabetisierung und Infrastrukturen. Das Problem kann aber, wenn auch langsam, gelöst werden. Die heutige Welt ist immer noch aufgeteilt in Menschen, die Internetzugang haben, und solche, die über keinen verfügen. Andererseits haben immer mehr Menschen Zugang zum Internet. Die Satellitenkommunikationstechnologie und die Informatik werden dieses Netzwerk bald für alle verfügbar machen (potentiell ist es schon allgemein zugänglich). In zahlreichen auch entlegenen und isolierten Lebensmittelgemeinschaften ist die Kommunikation via Internet schon Realität. Wenn man ein Dorf von Kraho-Indios in Tocantins in Brasilien besucht, dann braucht man sich gar nicht zu wundern, wenn man als Kontakt eine E-Mail-Adresse auf einem Blatt Papier überreicht bekommt.

Man sollte daran arbeiten, die Ressourcen und das intellektuelle Potential bereitzustellen, um ein Internetwork aufzubauen, das das Netzwerk der Gastronomen unterstützt. Es würde eine echte Dienstleistungsstruktur sein. Sie kann die Form bilden, die Anerkennung und somit Identität des Netzes gewährleistet.

Das Netzwerk funktioniert als Projekt. Darin besteht auch die Zielsetzung derjenigen, die notwendigerweise das Ganze verwalten und Kontinuität gewährleisten müssen. Die Funktionsfähigkeit des Netzwerkes ermöglicht eine Verbesserung anderer Projekte. Das erfolgt zeitgleich mit dem Aufkommen neuer alternativer Wertvorstellungen: die Gratisnutzung, eine Wirtschaft, die nicht mehr vom Geld abhängig ist, die wirtschaftliche Aufwertung (die nicht bedeutet, in Geld umzuwandeln) nicht materieller Güter und besonderer Fähigkeiten, innovative und nachhaltige Regeln für die Verteilung von Produkten, ein erweitertes Recht auf Mobilität, die gegenseitige Bereicherung, die auf den verschiedenen menschlichen Erfahrungen aufbaut, und eine neuer Wert der traditionellen Kenntnisse und des bäuerlichen Lebens.

Das Ziel des Netzwerkes besteht darin, diese alternativen Instanzen in die Praxis umzusetzen, sie zu unterstützen und sie mit

Sonderressourcen und besonderen Eigenschaften zu finanzieren. Jede Projekttätigkeit gehört zum gesamten Projekt und bedient sich dessen. Innerhalb des Netzwerkes artikulieren sich auf funktionelle Art und Weise Erfahrungen und Fähigkeiten der Teilnehmer. Man nutzt die kulturelle Vielfalt des Netzwerkes auf produktive Art und bietet eine neue Kreativität, die in die Vergangenheit und Geschichte zurückblickt (auch in die Mikrogeschichte jeder Gemeinschaft und Person), um ihre Modernität zu bekunden. Man schaut des Weiteren auf die gegenwärtige Lage, um die Probleme der Erde und des *Magens* zu umschreiben und eine andere Zukunft zu sichern als die, der wir entgegensteuern.

Es handelt sich hier nicht um eine Utopie, sondern um eine politische Theorie, um ein intellektuelles Bemühen, um Methoden zur Aufwertung gewisser menschlicher Stärken, die nicht berücksichtigt oder unangemessen behandelt wurden. Das Netzwerk kann und muss funktionieren, weil es eine Art ist, um nach und nach einige makroskopische Irrwege unseres Nahrungssytems zu korrigieren. Es führt auch dazu, in die Räderwerke dieser Welt einige Wertvorstellungen einzufügen, die man mithilfe des von uns durchdachten Systems leicht in den Alltag einführen kann. Die nächsten Abschnitte werden erste Beispiele des Bemühens enthalten, Ideen auch praktisch umzusetzen. Ideale werden mit Funktionen verbunden, die stattfinden können, wenn sie ins internationale Netzwerk der Gastronomen zugefügt werden. Dieses Netzwerk hat glücklicherweise schon ein Jahr nach der ersten Veranstaltung von Terra Madre seine Leistungsfähigkeit bewiesen. Dieses Netzwerk muss in seinem Inneren den Kreislauf wie folgt gewährleisten:

› den Kreislauf der Informationen auf allen virtuellen und konkreten Ebenen mithilfe von Computern, mündlichen Kommunikationsmitteln und durch die Verbesserung der *pädagogischen* Strategien;
› den Kreislauf der alten und neuen gastronomischen und nicht gastronomischen *Kenntnisse*;
› den Kreislauf der *Produkte,* damit sie der neuen Qualitätsvorstellung entsprechen und demnach gut für Gaumen und Verstand,

nachhaltig und fair sind, damit jedem die angemessene Würde zukommt;

> den Kreislauf der *Menschen,* da sie den Mittelpunkt des Netzwerkes darstellen. Ihre Mobilität, ihre Möglichkeit, direkte Erfahrungen zu machen, neue Menschen kennen zu lernen, Inhalte zu lernen, die man nicht aus Büchern entnehmen kann, bilden die Hauptvoraussetzungen, damit dieser Mittelpunkt an Kraft, Ressourcen, *Kenntnissen, Informationen, Produkte* gewinnt und die gesamte *Menschheit* sich um ihn stellen kann.

Tagebuch 15 Kurzschluss San Francisco-Bajardo

Anfang Januar, um den Dreikönigstag herum, ist es Brauch geworden, dass ich mich einige Tage mit Alberto Capatti und Vittorio Manganelli an die Côte d'Azur zurückziehe. Hier überlegen und planen wir die Arbeit für die Universität der gastronomischen Wissenschaften von Pollenzo und Colorno. Auf der Heimreise im Januar 2004 begaben wir uns direkt nach Bajardo, indem wir dem *Osterienführer* von Slow Food folgten. Bajardo ist ein kleines Dorf im Landesinneren von Ventimiglia, wo sich der Gasthof *Armonia* befindet. In dieser Gaststätte hat man wirklich den Eindruck, in die Vergangenheit zurückzukehren und die alten Geschmacksformen der traditionellen Küche aus Ligurien wieder zu finden. Die von Ventimiglia ausgehende Straße ist wirklich sehr unwegsam und auf der Hälfte der Fahrt gelangten wir auch in einen Schneesturm. Aber die Anstrengung der Reise wurde von einem wunderbaren Essen in diesem kleinen Dorf kompensiert. Die Rückkehr war ebenfalls abenteuerlich. Wir brauchten drei Stunden, um nach Hause zu gelangen. Wir befanden uns mitten im Schnee und es schneite den ganzen Nachmittag sehr stark weiter.

Nach nur drei Tagen musste ich wegen der Arbeiten des amerikanischen *Board* von Slow Food nach San Francisco fliegen. Während einer Pause machte ich einen Abstecher in eines der größten Plattengeschäfte, die ich je gesehen hatte: *Amoeba Music* auf der Haight Street. Meine alte Leidenschaft für die Volksmusik führte mich sofort zu den Regalen mit *Folk-Musik.* Ich fand die Platten der Sammlung von Alan Lomax, dem größten Ethnomusikologen der Geschichte. Er hatte diese Sammlung während seiner Reise nach Italien 1954 aufgenommen. Lomax hatte fast die gesamte Welt bereist und überall nach Aufnahmen von Volksliedern gesucht. Er hat ein unglaubliches Archiv zusammengestellt, das teilweise an der Smithsonian Institution in Washington aufbewahrt wird. In der italienischen Sammlung, die von Rounder Records veröffentlicht wurde, fand ich eine CD aus Ligurien mit dem Titel *Bajardo.* Ich war vollkommen überrascht und konnte es fast nicht glauben. Ich kaufte die Platte und nahm sie mit ins Hotel. Ich hörte sie mir sofort an und entdeckte in den Photos und Notizen, dass sie gerade in dem Dorf aufgenommen worden waren, in dem ich vor wenigen Tagen gegessen hatte. Ich rief sofort den Gastwirt von Bajardo an, der gar nichts von diesem wertvollen Dokument wusste. Ich bat ihn zu recherchieren. Tatsächlich erinnerten sich die älteren Leute im Dorf noch an diese alten Sänger, die vor 50 Jahren ihre Lieder für einen Amerikaner vorgeführt hatten. Aber leider lebte keiner mehr von ihnen. Es tat mir wirklich leid festzustellen, dass dieses Gedächtnis in Washington aufbewahrt war, während in Italien weder die Region Ligurien noch Bajardo selbst etwas von diesen Darbietungen wusste. Es handelte sich um episch-lyrische Gesänge, die im 19. Jahrhundert so schön von Costantino Nigra beschrieben wurden. Darin finden sich wertvolle Aufführungstechniken wie zum Beispiel der *Trallalero* aus Genua, der fast ausgestorben ist. Diese Gesänge waren verbunden mit gesellschaftlichen Riten und Festen, die nur in dieser Platte von Alan Lomax überlebten. Er hatte 1954 versucht, die Bewohner von Bajardo zu überzeugen, diese Gesänge vor seinem großen Aufnahmegerät zu wiederholen. Zusammen mit Lomax war auch Diego Carpitella, der vielleicht bedeutendeste italienische Ethnomusikologe aller Zeiten, auf dieser Reise: ich habe mich gefragt, ob nicht auch diese Wissenschaft, die Ethnologie, eines Tages ihre echte Bedeutung erfahren würde.

Wie noch nie zuvor befinden wir uns in einer Situation, in der es notwendigerweise der Ethnologie bedarf, um nicht zu viel von der

Geschichte unseres und anderer Völker zu verlieren. Dieser Kurzschluss zwischen San Francisco und Bajardo hat mich zu diesen Überlegungen geführt. Daraus entstand mein Bedürfnis, die identitätsstiftenden Ausdrucksformen aller Lebensmittelbündnisse dieser Welt zu dokumentieren und zu archivieren. Diese Ausdrucksformen sind eng mit der gastronomischen Kultur verbunden. Neben ihrem unbestreitbaren dokumentarischen Wert bilden sie eine solide Grundlage für eine zukünftige Geschichtsschreibung der neuen Gastronomie. Und sie lassen die Lebensmittelbündnisse besser verstehen, mit denen sie in Berührung kommen.

Ich bin der Meinung, dass Aufnahme, Katalogisierung und Archivierung zu den Pflichten der Gemeinschaftsmitglieder gehören. Sie sollen sich mit allen Mitteln, die ihnen zur Verfügung stehen, um die Überlieferung der Gesänge, Erzählungen, Riten, Sitten und Bräuche kümmern.

In dieser Hinsicht hat der Kurzschluss zwischen San Francisco und Bajardo in mir eine alte Leidenschaft und auch die Erinnerung an ein Treffen geweckt, das meine Ausbildung geprägt hat. Diese Erfahrung bringt mich heute dazu mit Überzeugung meine Vorstellung von der ›Ethnologie des Notfalls‹ auszusprechen.

1977 hätte ich nie gedacht, dass ich mich in Kürze für gastronomische Fragen interessieren würde. In diesen Jahren zeigte sich das politische und kulturelle Bemühen in der Arbeit des Vereins Arci und in der Eröffnung einer Bücherei in Alba in der Provinz von Cuneo. Zu jener Zeit lernte ich Nuto Revelli kennen, der gerade sein Hauptwerk mit dem Titel *Il mondo dei vinti* verfasst hatte. Das Buch entstand durch Hören und Aufnehmen und durch Transkribtion der mündlichen Quellen der Bauern aus Cuneo. Diese Vorgehensweise hat mich, in Verbindung mit der Sensibilität von Nuto, sofort begeistert. Ein Grund dafür war auch, dass ich in diesen Jahren in den Gaststätten von Langa oft in Kontakt mit denjenigen kam, die in seinen Untersuchungen vorkamen. Der dokumentarische Ansatz überzeugte mich so sehr, dass ich im Auftrag des Instituts Ernesto De Martino auch mit meinen Aufnahmen begann. Obwohl ich noch nicht wusste, wer Alan Lomax war, nahm ich in den traditionellen Gaststätten Lieder auf. Schliesslich handelte es sich um mein Volk und um meine Leute. Wenn ich daran denke, wie viel heutzutage von dieser Kultur und ihren letzten Zeugen, schon verschwunden ist, kann ich dies nur bedauern. Denn die Arbeit, mit der ich angefangen hatte, hätte viel intensiver sein sollen. Wir standen vor einem Schatz, den es heute nicht mehr gibt.

1990 konnte ich diese Erfahrung im *Atlante dell Grandi Vigne di Langa* festhalten. Diese Veröffentlichung beschrieb und katalogisierte die *Grand Cru*[83] von Barolo und Barbaresco. Die einzige Möglichkeit, die Geographie der großen Weine des südlichen Piemonts zu definieren, bestand darin, auf die Kenntnisse der Bauern zurückzugreifen. Natürlich ist auch der Bezug auf die wenigen Quellen der Literatur zum Thema ausschlaggebend: die *Monografia sulla viticoltura ed enologia nella provincia di Cuneo* des Agronomen Lorenzo Fantini, die am Ende des 19. Jahrhunderts veröffentlicht wurde; der Essay mit dem Titel *Sulla delimitazione delle zone a vini tipici* von Ferdinando Vignolo Lutati (20er Jahre) und die *Carta del Barolo* von Renato Ratti, die auf die 70er Jahre zurückgeht.

Auf diesen Grundlagen folgten mehr als 500 Stunden Aufnahmen mit den ältesten Weinbauern und ihren Frauen. Das Geniale dabei war, dass es neben der Eingrenzung der *Cru* (dafür war das Gedächtnis der Bauern über die Verwendung der Trauben dieses oder jenes Weinstockes notwendig) eine Reihe von Zeitzeugen gab. Sie beschrieben die einheimische Wirtschaft und die Weinerzeugung Anfang des 20. Jahrhunderts. Der *Atlas* ist sicher das Verlagsprojekt von Slow Food, das ich am meisten liebte. Heute noch bin ich mir beim Ansehen der fotografierten Gesichter und beim Nachlesen der Geschichten bewusst, dass in jenen Zeugnissen das Leben dieser bäuerlichen Gemeinschaften enthalten ist, die sich heute so sehr verändert haben.

[83] A.d.Ü.: *Grand Cru* (franz.) bedeutet wörtlich »großes Gewächs«. Die Bezeichnung bezieht sich in aller Regel auf Wein, wird aber auch für sortenreine Schokolade benutzt. Die verschiedenen Weinbaugebiete Frankreichs definieren Grand Cru unterschiedlich.

Ich bin dankbar über die Inspiration, die mir Nuto Revelli mit seiner unglaublichen Arbeit gegeben hat. In jenen Worten waren das gesamte Leben, die Gastronomie, die Wirtschaft, die Kultur und die Beständigkeit dieser Zeiten enthalten. In jenen harten Zeiten hielten uns die Bauern dennoch für aktive Teilnehmer am Prozess der Veränderung des Gebiets. Ich bin sehr erfreut, dass der *Atlas* die schwierigen Zeiten meines Landes als Erbe für die zukünftigen Generationen aufgezeichnet hat. So hat ein kleiner Produzent aus Serralunga dies zusammengefasst:

> Das Leben der Pächter war hart und die Besitzer gaben ihnen nie die Hälfte. Aber für uns hatten sie immer noch weniger übrig. Man hatte keine Garantie und wenn der Besitzer verkaufte, fandest du dich einfach auf der Straße. Am Martinstag wechselte man den Hof: es war ein mühseliges Leben.

Wenn ich in diesem Moment ein Gefühl verspüre, so ist es der starke Wille, dass sich die Methode von Nuto verbreitet und institutionalisiert wird.

Die neuen Aufnahmetechnologien leisten außerordentliches und die mündliche Überlieferung der einfachen Menschen, die Mikrogeschichte, ist noch wenig erkundet. Als ich dann bei Terra Madre die Gesichter der Teilnehmer gesehen und ihre Geschichten gehört hatte, wurde mir noch mehr bewusst, dass diese Katalogisierung äußerst wichtig war. Ich möchte betonen, dass sie verbessert werden muss, indem die Gemeinschaften selbst aktiv werden.

Ich habe sofort damit angefangen, in meinem Städtchen Bra aktiv zu werden, um einerseits ein Beispiel zu geben und teilweise auch, weil ich mich leidenschaftlich dafür interessiere. In Bra gründete ich gemeinsam mit anderen ein kleines historisches Institut, welches das Gedächtnis von Bra und seiner Bewohner zu erhalten versucht, indem man die wenigen Studien zur Vergangenheit vertieft und auf Video die Interviews vieler älterer Menschen aufnimmt. Sie erzählen von ihren Erfahrungen und ihrem Bezug zur Stadt. Alles wird in regelmäßigen Zeitabständen in einer Zeitschrift veröffentlicht (»Bra, o della Felicita'«, ein Titel, den Gina Lagorio gefunden hat. Sie ist eine unvergessliche Schriftstellerin und Piemonteserin, eine ausgezeichnete Intellektuelle, an die ich mich immer erinnern werde). Außerdem wurde ein Archiv der Interviews und des gesamten Materials aufgebaut, dank der Initiative der Bewohner von Bra. Ich habe, wie hoffentlich auch andere, in meinem Umkreis mit dieser Arbeit begonnen und träume von einem internationalen Netzwerk, das auch für diese Art von Archiven funktionieren kann. Wenn man diese systematisch ordnet, werden sie ein unglaublich wertvoller Schatz sein, der den zukünftigen Generationen und der neuen gastronomischen Wissenschaft zur Verfügung gestellt wird.

2 Eine kulturelle Veränderung bewirken. Eine holistische Vision der gastronomischen Welt

Das Netzwerk der Gastronomen hat natürlich in seinem Mittelpunkt die Gastronomie und die Produktion der Lebensmittel im weitesten Sinne des Wortes. Wenn wir aber unsere bisherigen Überlegungen und das Ziel einer Wissensverbreiterung über das Netzwerk berücksichtigen, so kommen zwei weitere Faktoren dazu: einerseits die Aufgabe, die gastronomischen Disziplinen mit den traditionellen Kenntnissen und der modernen Wissenschaft zu verbinden (im Sinne des Dialogs zwischen den Wissenssphären); andererseits die Aufgabe, den eigenen Horizont zu erweitern, sobald sich das Netzwerk vergrößert und mit den anderen Netzen in Berührung kommt. Dadurch entsteht ein größerer Bereich im Verhältnis zum engen gastronomischen, der an sich schon sehr komplex ist[84].

Diese Faktoren sind durchaus kompatibel mit dem allgemeinen Projekt des Netzwerks. Ich bin überzeugt, dass sie strukturell sind und ein starkes, neues und modernes Element darstellen können.

In der Tat findet der »Dialog zwischen den Wissenssphären« im Netzwerk seine bestmögliche Ausdrucksform. Im Netzwerk finden sich die traditionellen Bündnisse der Produzenten mit ihrer

[84] Vgl. Kap. IV.

Kultur und ihren Techniken. Dazu gehören zum Beispiel die Universitäten, die sich mit der landwirtschaftlichen Erzeugung und der Lebensmittelproduktion befassen. Disziplinen wie Anthropologie, Ethnografie und Geschichte werden hier mit eingeschlossen. Dasselbe gilt für Köche und Köchinnen. Sie sind direkte Hauptverbindungsglieder zwischen der lokalen Produktion und dem Verbrauch. Im Netzwerk finden sie sich am gleichen virtuellen Ort wie diejenigen, die zum Beispiel die modernen Lebensmittel- und Verarbeitungstechnologien untersuchen.

Das Netzwerk der Gastronomen ist somit imstande, den Austausch zwischen den verschiedenen Wissenssphären zu ermöglichen. Daher können in dieser Hinsicht auch neue nachhaltige Identitäten, Entwicklung und Innovationen sowie eine befriedigende Kommunikation zwischen den verschiedenen Disziplinen vorangetrieben werden. Die letzteren sind zu sehr auf sich selbst konzentriert und werden von der ›offiziellen‹ Kultur nicht genügend berücksichtigt.

Dieser Dialog zwischen den Wissenssphären ist bereits definiert und wird von der agrarökologischen[85] Theorie aufgegriffen, die auf der biologischen Vielfalt und auf der aktiven Wiederaufnahme der traditionellen Kenntnisse der Bauern aufbaut; es gibt auch eine vergangenheitsbezogenene gastronomische Schule, die sehr wohl weiß, dass sie weder vom Studium der bäuerlichen Ernährungsgeschichte noch von den kulinarischen handwerklichen Traditionen absehen kann. Sie sind der höchste Ausdruck aller Aspekte der Gastronomie.

Nur in einigen Fällen und selten im hier angesprochenen Sinne betrifft der *Dialog* die anderen Bereiche menschlichen Wissens, wie Medizin, Architektur, Musik oder Tanz. Aber im Allgemeinen ist es schwierig, auf verschiedenen Stufen und mit einem neuen Bewusstsein, eine dialektische Beziehung zwischen Tradition und Moderne, zwischen Volkskultur und wissenschaftlicher Kultur aufzubauen. Es gibt jedoch ernsthafte, wenn auch vereinzelte Experimente und Studien, die verschiedene Bereiche vermi-

[85] Vgl. Kap. II und das *Tagebuch 10*.

schen oder Museales wieder aufnehmen (in dem Sinne, dass eine Tradition eher festgelegt als dynamisch erhalten wird).

Die dialektische Fähigkeit zur Verwirklichung einer fruchtbaren Erhaltung und zur Bereitstellung verschiedener Kenntnisse gleicher Würde und Autorität muss von einer tiefen kulturellen Veränderung ausgehen. Diese ist mit einem erkenntnistheoretischen und neuen Zugang zum Wissen verbunden.

Diese Veränderung findet ihren idealen Antrieb im Netzwerk. Sie muss mit dem Respekt gegenüber der Vielfalt und der Erfahrung von Völkern, Gruppen, Gemeinschaften und Personen beginnen, die ins System eingeführt werden. Sobald sich das Netzwerk ausdehnt und stärker wird, differenziert die Veränderung die betreffenden kulturellen Bereiche und fügt sie als aktive Elemente ins System an sich ein. Um es klarer auszudrücken, handelt es sich um eine Erweiterung der Vorstellung vom Netzwerk, um ein besseres Bewusstsein von der Komplexität der Nahrung. Es ist ein natürliches und kulturelles Element und wird immer in Kontexte eingeführt, die es beeinflussen, auch wenn sie nicht direkt mit der Nahrung zu tun haben.

Man braucht eine kulturelle *Anschauung,* die ich für das Netzwerk der Gastronomen als holistisch definieren würde. Diese Anschauung befreit die Gastronomie vom folkloristischen Bereich, in den sie gedrängt wurde und berücksichtigt andere Aspekte der Volkskulturen, die sogenannte »Folklore«.

2.1 Ein globales Katalogisierungssystem der traditionellen Kultur verwirklichen

Die Gastronomie neu zu definieren ist auch ein Bestreben, um ihre wissenschaftliche Würde zurückzugewinnen. In die Folklore wurden nicht nur die Wissenschaft, mit der wir uns in diesem Buch befassen, sondern auch andere Formen der traditionellen Volkskultur, wie Tänze, Gesänge, mündliche Traditionen, Architektur, Handwerk und produktive Techniken (z. B. der Bau von Werkzeugen) gedrängt. Die Folklore ist ein Identitätsausdruck aus der Vergangenheit, der auf mühselige Zeiten zurückgeht und nicht mehr zum Volk gehört. Denn die Traditionen leben nur in den Erinnerungen an Feierlichkeiten (z. B. in Dorffesten) und gehören nicht mehr zum Alltag.

Man sollte diese kulturellen Identitätsausdrucksformen eher *folklorisch* als *folkloristisch* nennen. Dies bedeutet, dass sie zum Volk zurückgeführt werden sollten. Sie müssen wieder die Möglichkeit haben zu überleben oder zumindest genau gekannt zu werden, um einen aktiven Schutz dort zu schaffen, wo sich Sitten und Bräuche schon vollkommen verändert haben. Außerdem soll ein fruchtbarer Austausch dort verwirklicht werden, wo es diese Praktiken im Alltag noch gibt.

Der kulturelle Völkermord, der in den letzten 50 Jahren die Bauernwelt betroffen hat und weiterhin fortschreitet, je mehr sich das alte Modell der Agrarindustrie in neuen Weltregionen ausdehnt, betrifft nicht nur die Nahrung und die Umwelt. Er zieht auch eine Reihe von Daseinsweisen, Kommunikationsarten und Ausdrucksformen mit sich, die typisch und funktionell für die bäuerliche Identität sind. Sie bilden ihr kulturelles Rückgrat und enthalten auch verschiedene andere nicht wissenschaftliche Kenntnisse, die aber deshalb nicht weniger wichtig sind.

Das Netzwerk der Gastronomen kümmert sich um den Erhalt und die Analyse dieser Ausdrucksformen, erhält sie am Leben und gestaltet sie funktionell. Sie gelten als stabile Elemente der Identität an jedem Knotenpunkt. Denn dieser Teil der Volkskultur ist der lokale Kontext. Für die biologische Vielfalt und die landwirtschaftlichen Tätigkeiten ist es undenkbar, sie im Produktionssystem der Lebensmittel aufgehen zu lassen. Es ist hingegen richtig, das diese Elemente der Volkskultur ein wesentlicher Bestandteil der lokalen und komplexen landwirtschaftlichen Systeme bleiben. Sie sind ihr strukturelles Element.

Eine weitere Aufgabe in der Projektarbeit des *Netzwerkes der Gastronomen* muss daher darin bestehen, die eigenen Interessen über die Lebensmittel hinaus auszuweiten, sich Produktionssysteme als eine Einheit auszudenken und jede Vielfalt im Sinne eines tiefen Respekts zu schützen.

Wie im Kapitel IV erwähnt, besteht die Notwendigkeit, den Erhalt der Lieder, Tänze, mündlichen Traditionen und aller anderen Identitätsausdrucksformen zu sichern. Der erste Schritt, um zu ermöglichen, dass diese Ausdrucksformen für die Produktionssysteme, die sie charakterisieren, funktionell bleiben, besteht gerade in ihrem Erhalt.

Das Netzwerk muss auch die Aufgabe übernehmen, einen Katalogisierungsprozess all dieser Kenntnisse einzuleiten, indem man sie filmt, transkribiert und aufnimmt. Das ist ungefähr der Stil der Smithsonian Institution oder des Instituts Ernesto De Martino von Sesto Fiorentino, der sich mit der traditionellen italienischen Musik befasst hat. Heutzutage sind die Archivtechniken für dieses Ziel bestens geeignet und ermöglichen auch eine umgehende Nutzung ihres Inhalts. Wir können uns vorstellen, was es in einigen Jahrzehnten bedeuten wird, über ein solches globales Archivierungssystem zu verfügen. Wenn sich jede Gemeinschaft darum kümmern würde, Filme, Interviews mit älteren Menschen und Audioaufnahmen zu überliefern, hätte man einen Bestand von Materialien zur Verfügung, dessen inhaltliches Potential an traditionellem Wissen vollkommen neu ist.

Ich weiß, dass man das Aussterben dieser Identitätsausdrucksformen aufhalten muss. Abschließend möchte ich die Gründe zusammenfassen, aus denen man die systematische Dokumentation entwerfen und die Archivierung der traditionellen Kenntnisse nicht nur im Bereich der Lebensmittel durchführen sollte:

> Sie enthalten Volksweisheiten, die noch nicht ausreichend im Dialog mit den anderen Bereichen des Wissens stehen; sie sollen gerettet werden, bevor sie nicht mehr verwendbar sind.
> Sie sind Ausdruck der Identität einer Gemeinschaft, ein Grund für Stolz, aber auch der Schlüssel zum Verständnis für diejenigen, die von außen in Berührung damit kommen wollen. Sie zu kennen zeugt von Respekt, ist aber auch eine Kommunikationsweise.
> Da sie Bestandteil des produktiven Systems einer Gemeinschaft sind, beeinflussen sie dieses und verhindern unsere tiefer gehende

Erkenntnis desselben. Sie stehen im erstrangigen Kontext bezüglich der Lebensmittelproduktion.

- Sie gewährleisten eine angemessene Geschichtsschreibung der Produktionsbündnisse und der vernetzten Personen, indem sie im Lauf der Jahre bessere Modelle des Austauschs und Lösungen gemeinsamer, ähnlicher Probleme aufzeigen. Außerdem verstärken sie den identitätsstiftenden Charakter dieser Kenntnisse. In diesem Zusammenhang wird Identität mit dem Wurzelgeflecht[86] identifiziert, das sie hervorbringt und nährt. Im Moment verfügt diese Geschichtsschreibung (einschließlich der Geschichtsschreibung im Bereich der Ernährung) nicht über das ausreichende Material, um die Aufgabe, die sie haben sollte, angemessen zu erfüllen (gerade weil sie aus den armen Schichten resultiert, die über wenige Mittel der Selbstdarstellung verfügen).

2.2 Universitäten und bäuerliche Agrarökologie

Eine systematische Katalogisierung der Kenntnisse, Techniken, Folklore und aller anderen Ausdrucksformen der Bündnisse der Lebensmittelproduzenten wird nicht zum Selbstzweck durchgeführt, obwohl sie an sich ein Erbe unschätzbaren Wertes darstellt.

Die agrarökologische Theorie behauptet, eine Wissenschaft zu sein, die sehr stark von der traditionellen bäuerlichen Wissenschaft beeinflusst wurde. Man gesteht diesen Wissensbeständen einen wissenschaftlichen Status und den gleichen Wert wie den anderen Wissenschaften zu. Denn sie sind das besondere Ergebnis eines Jahrhunderte langen Ausarbeitungsprozesses, der auf einfachem Empirismus und auf dem Anpassungsinstinkt an die Umwelt aufbaut. Die traditionellen Kenntnisse sind perfekt in den Kontext ihrer Umgebung eingefügt. Der Kontext (biologische Vielfalt, Klima, Geomorphologie) ermöglicht seinerseits das vollkommene Verständnis der Motivationen und den Nutzen. Ohne

[86] Vgl. Kap. II.

ihren Kontext verlieren diese Kenntnisse an Kraft, Bedeutung und Anwendungsmöglichkeiten. Vom Gesichtspunkt der Erhaltung aus betrachtet, sind die traditionellen Kenntnisse eine äußerst wertvolle Quelle. Ihre Erhaltung, Erforschung und Neuorganisation ermöglichen es, die Voraussetzungen für eine nachhaltige Entwicklung zu schaffen.

Wenn wir die Bedeutung der natürlichen Umgebung anerkennen, müssen wir auch die der sozialen Umgebung anerkennen. Die Kenntnisse, die den Anbau und die Produktion ermöglichen, sind auch in einem System von Riten, Anschauungen, Kosmologien, Sitten, Bräuchen, mündlichen, künstlichen und handwerklichen Ausdrucksformen zusammengefasst. Es ist offensichtlich, dass man, um im Netzwerk tätig zu werden und es aktiv zu erhalten, nicht von den Kenntnissen über das gesellschaftliche Leben der Gemeinschaften absehen kann. Der gesamte Kontext, in dem sie sich befinden, muss gerettet werden, um eine harmonische Entwicklungslinie weiterzuführen. Sie wurde gewaltsam durch die Einführung nicht nachhaltiger Techniken unterbrochen, die zu stark eingriffen und das Vorhandene nicht respektierten.

Neben der Katalogisierung soll das Gesamtprojekt auch die Erweiterung des Katalogs, seine Instandhaltung, die Erforschung seines *funktionellen* Wertes für das Produktionssystem und auch seine *pädagogischen* Auswirkungen einschließen.

Mit dem Weitblick der bäuerlichen Agrarökologie ist es auch empfehlenswert, diejenigen, die sich mit der Katalogisierung der traditionellen Kenntnisse befassen (hoffentlich die gleichen Bündnisse), mit denen, die sich um Agrarökologie und Entwicklung kümmern, zu vernetzen. Somit können diese auf den Katalog zurückgreifen und ihren Beitrag leisten. Man kann des Weiteren die Verbindungen zwischen Folklore und landwirtschaftlicher Tätigkeit im kleinen Umfang hervorheben. Dies erfolgt im Sinne einer *holistischen Anschauung* jener kulturellen Veränderung, die den zweiten Projektaspekt des Netzwerkes ausmacht.

Die konkrete Art und Weise, diesen wichtigen Prozess einzuleiten, besteht zweifelsohne in der Erneuerung der akademischen Kultur zu diesen Themen. Dies wird ermöglicht, indem man die dafür empfänglichsten Wissenschaftler in das Netzwerk einbindet. Ich wünsche mir Hochschulfakultäten, die sich der Erforschung der *bäuerlichen Agrarökologie* widmen. In diesem Zusammenhang gelten die anthropologischen und ethnographischen Studien – mit Hilfe der Unterstützung des großen Multimedia-Katalogs im Netzwerk – als wesentlicher Bestandteil des Bildungs- und Forschungsweges.

Die Projektarbeit greift in diesem Falle stark auf die akademische Welt und Wissenschaftler zurück. Sie werden aufgefordert, nicht der typischen Spezialisierung zu verfallen und sich statt dessen den anderen Disziplinen zu öffnen, um die vorhandene Komplexität zu vertiefen. In diesem Zusammenhang werden auch die Werte der traditionellen Kulturen im Norden und im Süden der Welt gelesen und neu bestimmt. Sie sind Angriffen und Übergriffen jeglicher Art ausgesetzt und verschwinden mit einer unglaublichen Geschwindigkeit. Man denke nur daran, wie viele Sprachen und Dialekte vom Aussterben bedroht sind oder bereits in den letzten Jahren ausgerottet wurden. Diese Indizien des Verschwindens von Identitäten lassen eine kulturelle Vereinheitlichung befürchten, die auf den Flügeln der nicht nachhaltigen »viermotorigen Schubkräfte« schnell vorangetrieben werden.

2.3 Ein holistisches Netzwerk des Wissens

Die eigene kulturelle und operationelle Anschauung in eine holistische zu verwandeln, hat in erster Linie den Schutz der Vielfalt und der Komplexität zur Folge. So kann sie vernetzt und für das Projekt funktionsfähig werden, und beitragen, der Erde mithilfe der Produktionssysteme der Nahrung den *richtigen Rhythmus* zurückzugeben.

Die Katalogisierung der traditionellen Kenntnisse ist ein Akt des Schützens und Respektierens, ihre multidisziplinäre Erforschung (von der Landwirtschaft bis zum Gesang) ist das Bemühen, die Probleme so offen und allgemeingültig als möglich zu betrachten. Wie uns die gastronomische Wissenschaft lehrt, bedarf es verschiedener Sichtweisen, um Systeme mit so vielen Inputs zu verstehen: man muss sie übereinander legen, Analogien und Verbin dungen zwischen den verschiedenen Wissenssphären in einer Art von Interpretationsschema finden. Dieses Schema ermöglicht die Komplexität zu erfassen, indem man zwei Achsen kreuzt. Auf einer Achse befindet sich die moderne Wissenschaft, auf der anderen die traditionellen Kenntnisse und die verschiedenen Stufen von Besonderheit und Allgemeinheit (lokal-global, spezialisiert-holistisch).

All dies bringt im Netzwerk eine Komplexität mit sich, die sicherlich schwer zu verwalten ist. Wir möchten aber daran erinnern, dass das Netzwerk gar nicht verwaltet werden muss: es muss nur seine Funktionsweise gewährleistet werden, damit man dann auf die beste Art tätig werden kann.

Diese Komplexität ist eigentlich das Netzwerk an sich. Es kann, indem es auf mehreren Ebenen von der Vielfalt gespeist wird, nichts anderes machen als sich aus sich selbst heraus die eigene nachhaltige Funktionsweise zu gewährleisten. Die »holistische Anschauung« der bäuerlichen und gastronomischen Kultur ist in diesem Sinne wesentlicher Bestandteil eines zielstrebigen Projekts.

Tagebuch 16 Ciapas, Rockefeller und die Bauern aus Apulien

Während vieler Jahre von Treffen mit Lebensmittelbündnissen wurde ich immer mit den Widersprüchen des Marktes konfrontiert, die für die Bauern riesige Probleme verursachten, unabhängig davon, ob sie sich im Norden oder im Süden der Welt befanden. Ich habe immer persönlich erfahren, wie die beiden Èxtreme des so genannten Nahrungskreislaufes dauernd benachteiligt werden: einerseits die Bauern, andererseits die Verbraucher. Sie sind die Produzenten und Koproduzenten, die mit paradoxen Situationen konfrontiert werden.

2001 zum Beispiel befanden sich die armen Bauern der Gegend von Los Altos in Ciapas in einer problematischen Situation, die mit der Herstellung ihrer autochtonen Maissorten zusammenhing.

Der Mais entwickelte sich in Mexiko. Die Mayas waren der Ansicht, dass der Mensch aus einem Kolben geschaffen wurde und noch heute gibt es im Lande von Montezuma Hunderte von Maissorten. Die erschütternde Tatsache ist jedoch, dass 40 % des Maises, der in Mexiko verbraucht wird, aus den USA importiert wird. Zahlreiche einheimische Sorten wurden in den USA patentiert und wurden zu einem agrarindustriellen Produkt der USA.

Es war fast natürlich, dass die Bauern von Los Altos anfingen – ohne schreiben und lesen zu können, ohne jemals an einer internationalen Debatte über die Globalisierung teilgenommen zu haben – sich zu fragen, ob sie normalerweise roten, schwarzen oder gelben Mais anbauten. Wenn sie ihn auf dem Markt kaufen mussten, fanden sie nur den weißen oder das Mehl »made in USA«, das von diesem Mais herstammte. Sie verstanden auch nicht, warum sie ihren kleinen Überschuss bei der Ernte den *Coyote* (den Handelsvermittlern) für 1,5 Pesos pro Kilo verkaufen sollten. Denn wenn sie Mais brauchten, mussten sie denselben *Coyote* ganze 6 Pesos pro Kilo bezahlen, und dies für eine andere, schlechterer Qualität.

Man musste irgendwie eingreifen. Man dachte an die Einrichtung eines Förderkreises für die Bauern von Los Altos, um die vier autochtonen Hauptsorten zu retten und den ungerechten Verzerrungen des Marktes entgegenzuwirken. Nach unendlichen Versammlungen mit Übersetzungen aus dem Italienischen ins Spanische und dann in ihre einheimische Sprache *Tzotzil* (ihr gemeinschaftlicher Entscheidungsprozess ist der demokratischste, den man sich vorstellen kann, da alle mitreden können und müssen), akzeptierten sie eine kleine Ausgangsfinanzierung, um das System zu verändern und zu managen und somit ihre Sorten zu retten, aber vor allem, um mehr zu verdienen und weniger auszugeben.

Die Finanzierung diente mittels Weiterbildungskursen mit lokaler Agronomen dazu, die *Milpa* (eine kleine landwirtschaftliche Familieneinheit mit gemischtem Anbau, auf die die Agrarökologie große Stücke setzt) wieder aufzubauen. Sie ist ideal für die Sicherung des Lebensunterhaltes der Familie und für den Schutz der Umwelt. Sie wird aber von den *Coyote* bekämpft, die für die Monokultur Partei ergreifen. Es wurden genetische Untersuchungen genehmigt und auf Kosten der Bauern durchgeführt, um ihnen das Alleinrecht auf das genetische Erbe des autochtonen Mais zu geben. Dadurch wurde das gefürchtete Risiko der Piraterie, die sie in der Vergangenheit erlebt hatten, aus der Welt geschaffen. Vor allem aber fand man eine einfache und gleichzeitig geniale Lösung ihrer Handelsprobleme: man schloss den Herstellungskreislauf zwischen den Gemeinschaften, indem man die Vermittler ausschaltete. Dank einem kollektiven Warenzeichen und einem offiziellen Preis wurde ein interner stabiler Markt von ungefähr 4 Pesos für alle aufgebaut. Wer einen Überschuss hatte, den er verkaufen wollte, verdiente 1,5 Pesos statt 4. Wer Mais brauchte und kaufen musste, um sich zu ernähren, weil die Ernte schlecht ausgefallen war, gab 4 Pesos anstatt 6 aus.

An diesem einfachen Beispiel kann man sehen, welche Vorteile die Verkürzung der Lebensmittelkette dem Erstverkäufer und dem Endkäufer (den Bauern und Koproduzenten) erbringen kann. Wir sind aber leider noch weit von einem fruchtbaren Neuentwurf der Handels- und Verteilungssysteme entfernt. Das Problem betrifft auch die reichen Weltregionen.

Im Juli 2005 brachen die Probleme der Kleinproduzenten aus Apulien sehr stark und manchmal auch gewaltsam aus, da deren Produktion von Tomaten und Trauben unterbezahlt war. Die Proteste wurden dann aufgrund der Zahlung von Subventionen und der Lieferung von Traubensaft in die Entwicklungsländer in Form humanitärer Hilfe eingestellt. Ich hatte das Privileg David Rockefeller zu treffen, der der letzte Sohn des Magnaten John D. Rockefeller Jr. und im fortgeschrittenen Alter von 90 Jahren ist. Eine unglaubliche Persönlichkeit: er hat für sein Alter ein beneidenswertes äußeres Erscheinungsbild. Außerdem zeigt er eine intellektuelle Neugierde, die auch viele Vierzigjährige neidisch macht. Ich traf ihn in seinem Büro in New York, nachdem ich in seinem vorbildlichen Bauernhof Stone Barns gewesen war, der sich hundert Kilometer nördlich im Tal des Flusses Hudson befindet. Die Geschichte des Bauernhofs geht auf das Ende des 19. Jahrhunderts zurück, als das Familienoberhaupt der Familie, der Großvater von David, John D. Senior, sich ein ausgedehntes Landstück wünschte, um Milchkühe zu züchten. Er wollte jeden Tag frisch gemolkene Milch. Seitdem der kleine David seine Sommer auf dem Land verbrachte, riskierte der Ort, in den Ruin getrieben zu werden, wenn nicht die verstorbene Frau von David, Peggy, eine Initiative gestartet hätte. Sie war eine leidenschaftliche Liebhaberin der Landwirtschaft und der ländlichen Landschaft und verhalf Stone Barns zu einer Wiedergeburt. 1996 gab David als Zeichen seiner Liebe für seine Frau, dem Bauernhof der Familie einen neuen Sinn. Er machte daraus ein Beispiel nachhaltiger und qualitativ hochwertiger Produktion innerhalb einer amerikanischen ländlichen Umgebung, die in dieser Hinsicht viel zu wünschen übrig lässt.

Heute ist es wundervoll, den schönen Bau von Stone Barns und die ihn umgebenden Weiden zu besuchen. Hier befinden sich auch ein 2000 Quadratmeter großes Gewächshaus, in denen das ganze Jahr über ausgezeichnetes biologisches Gemüse wächst und Ställe, die in eine ruhige Umgebung eingebettet sind. Außerdem handelt es sich hier nicht um eine rein philanthropische Tätigkeit, da man auch das Ziel verfolgt, eine positive Bilanz zu erzielen, indem man sämtliche Kriterien der Nachhaltigkeit respektiert. Alles wird wieder verwertet und es wird so viel Kompost erzeugt, dass man nicht imstande ist, seine gesamte Menge im Bauernhof einzusetzen und ihn verkaufen muss. Die Produktion ist sehr weitreichend und geht von den Gemüsesorten zu den traditionellen Haupttierrassen in der Viehzucht. Man ist auch pädagogisch tätig, indem man immer wieder Schulen aus New York einlädt.

Ich war sehr davon beeindruckt, dass man dort auf autonome Verteilungssysteme zurückgriff, um das Bemühen, gut, sauber und fair zu produzieren, auch rentabel zu machen. Die Ergebnisse dieser Arbeit – an der zahlreiche Jungbauern mitarbeiten, die zukunftsorientierte Ideen haben – werden an siebzig Familien verkauft. Sie haben nach den Prinzipien der *Community Supported*

Agriculture[87] beim Bauermarkt der Stadt einen Verein gegründet. Die meisten von ihnen sind in zwei Restaurants tätig: beide heißen *Blue Hill,* eines befindet sich vor Ort und das andere in Manhattan. Insgesamt essen in zwei Restaurants 150 Gäste pro Tag. Sie genießen immer frische Produkte, deren Herkunft bekannt ist und die nach den Vorgaben des jungen und begabten Chefkochs Dan Barber zubereitet werden.

Das Projekt funktioniert wunderbar und gilt als nachahmenswerter Prototyp. Ich finde, dass diese Vereinigung zwischen Bauernhof, Restaurant, Stadtbewohnern und Jungbauern im Sinne der Nachhaltigkeit und Qualität zweifelsohne ein Modell darstellt, das extrem modern in der Produktion, rentabel und multifunktionell ist. Es gilt als Beweis, dass diese Ideen erfolgreich sein können und es eine echte Alternative zum klassisch industriellen Agrarbusiness gibt. Diese besteht in einem nachhaltigen Handels- und Vertriebsmodell der Lebensmittel.

Denken wir nochmal an die absurde Situation der kleinen Produzenten aus Apulien während ihres Protests. Sie waren bedroht von der Massenproduktion schlechter Qualität, die von den großen Vertriebshändlern nicht zurückgezogen wurde und waren sowieso schon vom Überschuss überflutet. (Dieser Überschuss stammte wahrscheinlich aus dem Ausland, wo die Produkte schneller reifen und billig sind). In diesem Kontext, der große Proteste hervorgerufen hat, weil der gesamte Jahresumsatz auf dem Spiel stand, sah man sich gezwungen, mittels staatlicher Zuschüsse einzugreifen, die den Markt aufheizten und den Überschuss in Form humanitärer Hilfe in die Entwicklungsländer schickten. Somit wurden deren schwache Märkte und deren schon problematische und geringe Produktion untergraben. Die Verteilungssysteme müssen neu definiert werden. Die Produktionskette muss verkürzt werden, indem man von Modellprojekten wie Stone Barns oder von Kleinprojekten direkten lokalen Handels, wie in Ciapas, ausgeht.

Man muss auf Qualität und Vielfalt setzen, mehr als auf Quantität, die von den großen Verteilern oder den Lebensmittelindus-

[87] Vgl. oben S. 202 und S. 204.

trien verlangt wird. Dadurch werden gleichzeitig neue alternative Handelskanäle möglich. Diese sind nah und bereit, den Mehrwert wie Güte, Sauberkeit und soziale Gerechtigkeit eines Produktes zu kaufen. In diesem Zusammenhang bin ich mir sicher, dass auch die Kleinproduzenten aus Apulien, die im Sommer 2005 damit konfrontiert wurden, dass ihre Tomaten und Trauben weggeworfen werden mussten, auf diese Weise eine echte Chance zu ihrer Befreiung haben würden.

3 Ein faires und nachhaltiges Verteilungssystem der Lebensmittel schaffen

Eine der derzeitigen Grenzen des landwirtschaftlichen Systems auf globaler und lokaler Ebene besteht in den Verteilungssystemen. In den letzten 50 Jahren fand die Industrialisierung der Landwirtschaft statt, die zur Zentralisation (geografischen Spezialisierung) und zur Massenlandflucht führte. Die Konservierungsmethoden der Lebensmittel – wie die Kältekette – wurden mittel- und langfristig perfektioniert und verbessert. Heutzutage kann ein Lebensmittel ruhig von einer Weltregion zur anderen reisen. In vielen Fällen ist dies sogar erforderlich, wenn man an Massenkonsumgüter wie Tee, Kaffee oder Kakao denkt, die nicht überall angebaut werden können. Sie werden aber weltweit verzehrt und werden dem großen Anteil der Weltbevölkerung (ungefähr der Hälfte) geliefert, der in Städten lebt und nicht produzieren kann. Trotzdem hat diese einfache Transportmöglichkeit, verbunden mit Möglichkeiten der Haltbarmachung, dazu geführt, dass in zahlreichen Gegenden einige Anbaugebiete einfach verlassen wurden, weil sie mit den anderen Orten nicht Schritt halten konnten. Somit wurden auch die natürlichen Ausleseprozesse zu Gunsten der industriell vereinheitlichten Parameter, die schädlich für die biologische Vielfalt waren, verändert. Man berechnete hohe Transportkosten im Verhältnis zum Endpreis, ohne dabei an die Schäden all dieser Bewegungen von Waren für die Umwelt zu denken.

Der Aufbau eines globalen Verteilungssystems, das von wenigen Großen mit einer internationalen finanziellen und operationellen Struktur beherrscht wird (wenn auch nicht ohne andere Kleinunternehmen, die auf unterer Ebene tätig sind), hat dazu geführt, dass in der Lebensmittelkette unzählige Mittelsmänner tätig wurden. Somit wurde die Entfernung und Trennung zwischen Produzenten und Verbrauchern noch größer.

Die durch diesen langen Kreislauf von Mittelsmännern verursachten Probleme betreffen nicht nur die physische und kulturelle Entfernung zwischen den beiden Polen des Kreislaufes. Diese Entfernung versuchen wir auszugleichen, indem wir die Verbreitung des Netzwerkes der Gastronomen und den Koproduzenten vorschlagen. Die Probleme sind wiederum wirtschaftlicher und ökologischer Natur und betreffen außerdem auch die soziale Gerechtigkeit.

Ausgangspunkt ist der *Coyote* (dies ist der erste Mittelsmann für die Bauern Lateinamerikas, die isoliert von den bewohnten Gebieten leben und arbeiten oder Monokulturen für Massenkonsumgüter bebauen), der die Arbeit der Bauern ausbeutet. Diese befinden sich in der Zwangslage von Schulden und Monoproduktion für den internationalen Handel. Danach kommt man zu den Widersprüchen, die vor kurzem in Italien entstanden: auf der einen Seite Spottpreise des Großhandels für die Bauern und auf der anderen Seite das Paradoxon teurer Endpreise für die Verbraucher. Man erlebt die schlimmsten sozialen Ungerechtigkeiten, wie den plötzlichen Ausschluss aus den Vertriebskanälen aufgrund der Preisschwankungen an den internationalen Kaffee- oder Kakaobörsen bis zu dem fast komischen Paradox, das große Auswirkungen auf dieses System hatte – beispielsweise dem Fall der holländischen Paprika und der Tulpenknollen aus der Ebene von Costigliole d'Asti[88].

Das Problem der Neuorganisierung der Lebensmittelverteilung ist daher ein Hauptproblem, das es zu lösen gilt. Es stellt eine der wesentlichen Angelegenheiten dar, um dem landwirtschaftli-

[88] Vgl. das *Tagebuch 1.*

chen System die von den Gastronomen, Herstellern und Koproduzenten aller Welt geforderten Eigenschaften der Güte, Sauberkeit und Fairness zu gewährleisten.

Auch hierbei handelt es sich nicht darum, das derzeitige System als ganzes zurückzuweisen oder die Rolle des Händlers und die Bedeutung des Handels abzulehnen. Es geht wohl eher um die Nutzung der Möglichkeiten, wie zum Beispiel im Dialog zwischen den Wissenssphären. In diesem Zusammenhang müssen wir uns immer der Grenzen bewusst sein, an die wir stoßen. Es soll ein neuer Begriff einer nachhaltigen Qualität eingeführt werden. Dieser gilt als Hauptvoraussetzung, um überhaupt irgendeine Art von Operation zu tätigen.

3.1 Dem Handel eine neue Bedeutung verleihen

Brillat-Savarin behauptete in seiner *Physiologie des Geschmacks,* dass »die Gastronomie zum Handel gehört, aufgrund des Versuchs Konsumgüter zum besten Preis zu kaufen und so günstig als möglich zu verkaufen«. Diese Prinzipien regeln den Handel. Es geht darum, für Preise zu kaufen und zu verkaufen, die den größten Gewinn ermöglichen. Ein Händler hat Erfolg, wenn er den Tausch zu seinen Gunsten durchführt. Nach den bisher angeführten Überlegungen bin ich jedoch der Meinung, dass diese Regel heute neu festgelegt werden sollte. Der utilitaristische und individualistische Geist des Händlers, der ihm Jahrhunderte lang die Chance gegeben hat, große Gewinne zu erzielen, muss im *altruistischen* oder mindestens im *gemeinschaftlichen* Sinne korrigiert werden. Dies soll auch im Interesse der Händler selbst gemacht werden. Sie sind auch nicht von der Schicksalsgemeinschaft ausgeschlossen, der wir angehören.

Die Verfeinerung der Techniken, um »zum besten Preis zu kaufen« und auch günstig verkaufen zu können, hat in der Lebensmittelbranche zur Herrschaft des Handels geführt: die Vertriebssysteme sind immer zentralistischer und globaler und respektieren kaum die Würde der Produktionsbündnisse und der Verbraucher-

Koproduzenten. Die Rolle des Händlers verliert an Würde, indem er die Bedeutung der Nahrung auf den puren Geldwert reduziert. Somit werden unseren Lebensmitteln die zahlreichen Bedeutungen, die wir in diesem Buch geltend machen, abgesprochen.

Vor allem aber schließt diese Anschauung des Handels in der Tat die Qualitätshersteller aus dem Kreislauf aus. Sie werden an den Rand gedrängt und gezwungen, mit einem Markt rechnen zu müssen, den es nicht gibt. Oder dieser Markt wurde in den glücklichsten Fällen zu einem elitären, exklusiven Nischenmarkt, der keinen Reichtum und keine Entwicklung ermöglicht. Die Aufwertung des Handels bedeutet auch, dem Lied ein Ende zu machen, das der Gastronom immer hören muss: »Qualität ist teuer, sie kostet zu viel, sie ist nicht demokratisch«. Die Aufwertung des Handels bedeutet die Rückgewinnung der Händlerehre. Sie soll dem Bündnis und dem Netzwerk dienen und an einem neuen Verteilungssystem teilnehmen.

Die Händler dürfen nicht von der Anerkennung der Rechte der Produktionsbündnisse und der Koproduzenten absehen. Denn in einem Kontext, indem sie alle bewusste Gastronomen sind, die sich vereinen, um in einem kompetentes Netzwerk ein besseres System zu schaffen, würden sie mit dem Ausschluss aus dem System rechnen müssen. Sie gehören aber dazu und sind aufgerufen, eine wesentliche Rolle darin zu spielen. So muss der Händler zum Beispiel fähig sein, sich in einen Mittler von Information und Wissen zu verwandeln, anstatt nur Produkte und Geld zu verschieben. Er muss die Transparenz des Kreislaufes der Lebensmittel gewährleisten. Er muss dafür seine Spekulationen begrenzen und die Prinzipien der Qualität umsetzen. Er muss praktisch den Wert des Netzwerkes teilen, um nicht als einer zu gelten, der sich außerhalb des Netzwerkes bewegt. Er wird mit derselben Münze bezahlt, die er heute den Bündnissen und Koproduzenten wegnimmt: mit dem Ausschluss vom Verteilernetz. Heute verbrämt das Handelsnetz sehr oft die Informationen über die Lebensmittel. Es verseucht die Lebensmittelwirtschaft zu seinen Gunsten und kommuniziert nicht mit den Menschen, mit denen es zu tun hat. Somit bleiben sie voneinander getrennt. Aber der Händler ist im Gegenteil ein

Kanal, durch den die Informationen über die Lebensmittel fließen sollten. Denken wir in diesem Zusammenhang an die Dorfläden oder das Feilschen auf dem Markt des Viertels. Hier beschrieb der Händler sein Produkt, erzählte von seiner Herkunft, seinen Eigenschaften und den ursprünglichen menschlichen und produktiven Faktoren. Der Schritt, um dann diese kleinen Läden oder andere direkte Handelsformen zu retten, ist sehr schnell durchführbar. Auch das ist eine Pflicht des Netzwerkes.

Man muss die Grundlagen legen, damit die Händler selbst anfangen daran zu denken, auf eine neue Art Handel zu betreiben. Diese neue Handelsweise gewährleistet allen Würde und den Begriffen »bester Preis« und »günstiger« wird eine neue Bedeutung zugeschrieben. Es zählt nicht mehr allein das Geld, sondern die soziale Gerechtigkeit und der Umweltschutz, die für Produzent und Verbraucher als heilig gelten. Der Handel muss eine ehrenhafte Kunst im Dienste des Bündnisses sein. Der Prozess kann als abgeschlossen gelten, wenn die Rechte der Gleichheit und Solidarität auch von den Händlern geteilt werden: somit kann der Händler, gemeinsam mit den Produktionsbündnissen und Koproduzenten diese Rechte auch geltend machen.

Wenn sich das Netzwerk der Gastronomen um diese Funktionseinheiten kümmert und imstande ist, die neuen Händler (die absolut unentbehrlich sind) einzubeziehen und zu schulen, dann wird es umgehend mit denen in Berührung kommen, die alternative Handelsformen ausprobieren, wie zum Beispiel dem gerechten und solidarischen Handel. Das Netzwerk der Gastronomen wird auf andere Netzwerke treffen, die sich noch nicht gastronomisch fühlen, obwohl sie bereits bedeutende Erfahrungen im Bereich der neuen Handelsformen gemacht haben.

Der Gastronom, der sich vernetzt, orientiert sich daher an der Definition des Handels von Brillat-Savarin. Er ist aber gleichzeitig auch dazu imstande, seine Unterscheidungen und Präzisierungen zu machen, um ein gerechtes und nachhaltiges Handelssystem aufzubauen. Sie sind die Grundlagen für ein Verteilungssystem der Lebensmittel, in dem der Austausch von Kenntnissen und Werten zwischen den einzelnen Bereichen möglich wird.

3.2 Den Zwischenhandel begrenzen

Berücksichtigt man den Wert des Handels, seine Rolle und die Regeln, die nötig sind, um Würde zu verleihen und zu erhalten, so ist die Forderung, die Vertriebsnetze auf ein Minimum zu reduzieren verständlich. *Einerseits, um das kulturelle und politische Projekt* der Geburt zahlreicher neuer Gastronomen zu ermöglichen und andererseits, um die wirtschaftlichen Ungerechtigkeiten aus dem Weg zu schaffen. Diese verursachen eine lange Reihe von Problemen (die Theorie, nach der Hunger in der Welt auf das globale Verteilungssystem der Nahrung zurückzuführen ist).

Den Zwischenhandel zu begrenzen bedeutet vor allem, den Kreislauf zu *verkürzen,* der von einem Produkt vom Feld bis zum Tisch durchlaufen wird: es ist daher notwendig für alle Produkte, die man nur in gewissen Weltregionen anbauen, züchten und verarbeiten kann, von einer gesunden Ortsgebundenheit auszugehen. Was für einen Sinn hat es, Gemüse, Obst und Fleisch durch Kontinente reisen zu lassen, wenn diese vor Ort hergestellt werden können (was fast immer möglich ist)? Die lokalen Lebensmittel haben den Vorteil, frisch zu sein und den Geschmack auf ihrem Weg zum Tisch besser zu erhalten. Zahlreiche Exportsorten wurden ausgewählt, um den Haltbarkeits- und Widerstandsfähigkeitskriterien während des Transports zu entsprechen. Es wurden aber die für den Gastronomen bedeutenden Faktoren wie *Geschmack* und Genuss einfach beiseite gelassen. Lokale Lebensmittel sind auch aufgrund ihrer Nachhaltigkeit zu bevorzugen: dank der kleinen lokalen Produktionsbetriebe kann der Einsatz von Chemikalien stark vermindert werden. Die Produkte legen keine langen Wege zurück und verschmutzen daher auch nicht die Umwelt. Die ländlichen Gegenden werden dank der lokalen und vielfältigen Produktion am Leben erhalten (die städtischen Käufergruppen sind ein ausgezeichnetes Mittel, um Stadt und lebendige ländliche Gebiete zu verbinden).

Diese Ortsgebundenheit macht es möglich, den spekulierenden Mittelsmann teilweise auszuschalten. Wenn das Produkt kürzere Wege zurücklegen muss, ist es auch klar, dass es weniger Mittelsmänner gibt (und somit auch weniger Aufpreis).

Es erscheint mir als ein Paradoxon, dass es neben meinem Städtchen einen Supermarkt gibt, der sich mitten in der so genannten *Piana degli Orti* befindet. Hier werden ausgezeichnete Gemüse- und Obstsorten angebaut, die man direkt bei den Produzenten oder auf den Wochenmärkten der Stadt kaufen kann. Aber viele meiner Mitbürger gehen lieber in den oben erwähnten Supermarkt, obwohl dies absurd ist. Sie kaufen dort das gleiche Gemüse, das vielleicht aus Chile importiert wird. Es ist das gleiche, das sie auch hier kaufen könnten. Sie geben mehr Geld aus und haben weniger Genuss (denn jenes Gemüse kann im Geschmack kaum mit dem Schritt halten, das gerade gepflückt wurde und aus einer guten autochtonen Sorte stammt). Sie kaufen ein Produkt, welches das Herkunftsland und infolge seines weltumspannenden Transport auch den gesamten Planeten verschmutzt hat. Vielleicht hat man sogar, um dieses Produkt zu erzeugen, auch die Arbeit eines Menschen ausgebeutet, die biologische Vielfalt aufgeopfert, um industrielle Monokulturen für den Export zu schaffen. Ich sehe in all dem keinen Sinn.

Die Aufgabe des Netzwerkes der Gastronomen muss darin bestehen, den Kreislauf der Waren und *Produkte* in seinem Inneren zu fördern. Dies soll auf eine möglichst nachhaltige Art und Weise erfolgen, indem man sich an die vertretenen Kriterien der Qualität, Würde und Zufriedenheit des Herstellers hält. Ein Netzwerk dieser Art wird das Ziel verfolgen, die Zwischenhandelstätigkeiten zu begrenzen, die unnötig oder untragbar sind. Somit wird eine Kontrolle der Preise gewährleistet, die dann für die Verkäufer und Käufer fair sind. In diesem Zusammenhang wird die Person des *Händlers* wieder in ihrer *ehrenvollen gastronomischen Funktion* aufgenommen. Sie dient dann dem Netzwerk und spielt ihre angemessene Rolle in einem System der Rechte. Seine Rechte werden respektiert, insofern er auch die der anderen achtet.

Auf diese Weise gibt man den Produzenten und *Koproduzenten* und *den Lebensmittelbündnissen* die Kontrolle des Kreislaufes zurück. Mit den *Produkten* zirkulieren dann auch die *Informa-*

tionen. So verhindert man die heutzutage sehr verbreitete Situation, in der sich Informationen und Umsätze in den Händen weniger Menschen befinden. Diese verteilen einfach die Lebensmittel und haben mehr Macht und Kontrolle als die Arbeiter auf den Feldern und auch als die Verbraucher, indem sie sich vollkommen vom Kreislauf entfremden.

Die einfache Regel, die befolgt werden soll, um die *Produkte* im Netzwerk *zirkulieren zu lassen,* besteht darin, die Lebensmittel die geringste Entfernung zurücklegen zu lassen. Indem man das Prinzip *der örtlichen Anpassung* anwendet, kann man von der Erfüllung der örtlichen Anforderungen ausgehen, um sich dann auszuweiten, sobald Quantitäten, Qualitäten und Preise der Produkte es nach und nach möglich machen. In diesem Zusammenhang braucht man auf den *Handel* nicht zu verzichten. Man soll sich immer an die Grenze der Nachhaltigkeit und an den gesunden Menschenverstand halten, den wir im dritten Kapitel erwähnt haben.

3.3 Neue Elemente der Bewertung in den Handelskreislauf einbringen

Oft legen zahlreiche Produkte weite Wege zurück, damit man sie auch außerhalb ihrer Jahreszeiten verzehren kann. Dies ist meines Erachtens nicht annehmbar, weil dies den Kriterien der *Natürlichkeit* widerspricht. Es steigert auch die Zwischenhandelstätigkeiten und verlängert und zentralisiert, wo immer es möglich ist, den Handelskreislauf eines Produkts. Aber leider ist es auch utopisch zu sagen, dass man diese Art von Handel einfach aus der Welt schaffen möchte. Denn das Potenzial der Produkte, der Ruf nach und die Versuchung der Abwechslung auf dem eigenen Tisch ist das, was sich doch jeder Gastronom wünscht. Auch hier sind der gesunde Menschenverstand und die richtige Einschätzung des Prozesses empfehlenswert. Ich möchte mir hier erlauben, auch eine Empfänglichkeit für *Verzicht* vorzuschlagen. Er ist Bestandteil *ehrlicher Enthaltsamkeit,* von der wir später sprechen möchten. Er ist eine der Eigenschaften des guten Gastronomen.

Natürlich kann man das Transportsystem von Produkten auch nicht vollkommen zurückweisen. In einigen Fällen sind die langen Wege notwendig. In anderen Fällen sind sie tolerierbar, weil sie, wie im Falle des Seetransports, die Umwelt wenig belasten. Sie können in einem fairen Handelssystem auch bedeutende wirtschaftliche Möglichkeiten für die Produktionsbündnisse sein.

Unter dem Gesichtpunkt der Transporte könnte eine Projektidee (am Anfang kann das Netzwerk durch Beiträge, Bersteuerungen und regulierende Gesetze auf den gesamten Verteilungsbereich erweitert werden) darin bestehen, einen ähnlichen Begriff einzuführen, wie er von Tim Lang und Jules Pretty berechnet wurde: der der *Food Miles* oder Nahrungsmeilen[89]. Sie beinhalten die Berechnung der Kosten für die Umwelt und aller anderen negativen externen Faktoren, welche den Handelsweg eines Produktes betreffen. Sie gelten als ein wichtiger Anhaltspunkt, um sich der Nachhaltigkeit bewusst zu werden. Wenn man eine pragmatische Hypothese ausarbeitet, so könnte das Netzwerk der Gastronomen anfangen, sie auf den Etiketten anzugeben (nicht nur den Herstellungsort, sondern auch die verschiedenen eingesetzten Transportmittel) und die etwaigen finanziellen Kosten für die Umwelt zu berechnen (zum Beispiel in Form eines Aufpreises).

Ich bin überzeugt, dass diese Form der wirtschaftlichen Umverteilung und der Übermittlung nützlicher Informationen einen ›natürlichen‹ Faktor darstellen würde, um das System des Netzwerkes und das allgemeine System zu einer gesünderen und gerechteren Ortsgebundenheit zu führen. Durch die Begrenzung des Zwischenhandels und eine Aufwertung des neuen verantwortlichen Handels würden die *Food Miles* die Preise transparenter machen. Der eventuelle Kauf eines nicht-nachhaltigen Produktes würde entschiedener abgewogen werden als er es heutzutage ist. Das Netzwerksystem würde sich in einer Produktionskette umverteilen, die sich vom Lokalen zum Globalen ausdehnt. Zuerst würden die Bedürfnisse der lokalen Bündnisse erfüllt wer-

[89] Vgl. Kapitel III.

den und dann, wenn möglich (dank der Quantität, der Eigenschaften und der Nachhaltigkeit eines Produktes) auch die der anderen Bündnisse, die nicht die Möglichkeit haben, sich diese Produkte zu beschaffen.

Ein solches System fördert die Entwicklung der armen Weltregionen, indem man von ihrem Lebensunterhalt ausgeht. Dies würde zu einem neuen nachhaltigen Gleichgewicht (vielleicht sollte man lieber den Ausdruck *gastronomisch* verwenden, der sämtliche Aspekte der Qualität berücksichtigt) des Konsums in den reicheren Gegenden führen.

3.4 Wie kann das Projekt funktionieren? Knotenpunkte, Bündnisse, Köche, Gastronomen und ein Verzeichnis von Produkten

Ein alternatives Verteilungssystem, wie es als wünschenswert vorgestellt wurde, muss sich auf das Netzwerk stützen: dies ist das dritte Arbeitsprojekt für die neuen Gastronomen.

Wenige Zwischenhändler, ein neuer Handel, Bevorzugung des Konsums einheimischer Produkte, Einführung informativer und neuer wirtschaftlicher Elemente wie die *Food Miles* würden im Netzwerk bewusster Menschen einen fruchtbaren Boden finden, um sich zu verbreiten. Es können Einflüsse anderer schon vorhandener Netzwerke gekreuzt und ausgetauscht werden, die auch versuchen, nachhaltige Verteilungssysteme wie gerechten und solidarischen Handel umzusetzen.

Aber Prinzipien für ein Projekt genügen nicht. Man muss auch an ihre praktische Umsetzung denken. Es ist schwierig, sich auf bereits vorhandene Verteilungssysteme zu stützen. Es soll aber gesagt werden, dass es unter ihnen auch einige gibt, die gegenüber den Themen der Nachhaltigkeit und des lokalen Verbrauchs offener sind als andere. Meiner Meinung nach sollte man sich aktiv am Vertrieb teilnehmen: dazu ist es notwendig, alle möglichen Kanäle zu nutzen. Ausgehen kann man von den gleichen Knotenpunkten des Netzwerkes und von den Bündnissen, die als Knotenpunkte und gleichzeitig auch als Verteiler dienen können, indem sie einen direkten Austausch mit den anderen Bündnissen fördern. Unter diesem Gesichtspunkt braucht man eine leistungsfähige Struktur, die sich darum kümmert, das Transportwesen so einfach und nachhaltig wie möglich zu gestalten. Sie kann in diesem Zusammenhang auf die Händler zurückgreifen, die auf puren Utilitarismus verzichten und allgemein geltende Werte und Kontrollmaßnahmen des Prozesses befürworten.

Nicht nur die Produktionsbündnisse, die Händler und die Koproduzenten müssen mitarbeiten. Auch alle anderen können ihren Beitrag leisten. Die Köche und Köchinnen zum Beispiel gelten als die aktivsten Persönlichkeiten in der direkten Suche nach den guten (vermutlich auch sauberen und fairen) Produkten. Sie verfügen oft über besondere Verbindungen mit den Bündnissen oder den einzelnen Produzenten. Ihre Erfahrung kann ein großer Antrieb und auch ein ausgezeichneter Ausgangspunkt für das Überdenken der Verteilungssysteme darstellen. Wenn diese Erfahrung dem Netzwerke zu Gute kommen würde, so wäre es ein großer Gewinn. Der Werbewert des Einsatzes gewisser Produkte in ihren Restaurants ist dann konkurrenzlos und mit den richtigen Informationen über Herkunft und Art der Verwendung der Produkte verbunden. Von Seiten der Köche, die ins Netzwerk der neuen Gastronomen kommen, handelt es sich hier um eine Verpflichtung, die Produkte der nahen und fernen Lebensmittelbündnisse mit Respekt vor ihrer Nachhaltigkeit anzunehmen. Das ist ein weiterer Schritt im Projekt, den es umzusetzen gilt. Die Person des Kochs und seine neuen Funktionen sind sehr wichtig im globalen Panorama der Gastronomie. Man muss die *Köche* vom Joch der Medien und von den Punktezahlen in den Führern befreien. Der Wettbewerb nach Punkten erfolgt ohne Unterscheidungsvermögen in einer Welt, deren Zukunft von den Nahrungssystemen abhängig ist. Die Köche müssen Verantwortung übernehmen und Vorteile aus diesem Bemühen ziehen, das in *ihrem Interesse* erfolgt. Sie sind sich ihrer Rolle als Hüter der kulinarischen Kenntnisse und der besten Verwendungen der guten, sauberen und fairen Produkt bewusst.

Auch die Koproduzenten, die ehemaligen ›Verbraucher‹, sind mit ihren an einer gerechten Welt orientierten Entscheidungen, ihrem Bewusstsein in der Auswahl und ihrem Willen, sich in jeder Hinsicht den Produzenten zu nähern, dazu berufen, einen Beitrag zu leisten. Der Koproduzent kann sich auf diese Weise vollkommen realisieren, alternative Systeme erforschen, Qualitätsprodukte in der Nähe finden und die Arbeit der entfernten und bedürftigen Bündnisse fördern. *Der Gastronom als Koproduzent* gilt als ein weiteres wichtiges Räderwerk in diesem wertvollen Verteilungsnetzwerk. Dies wird dank seinem pädagogischen Engagement, seiner Erhaltung der Kenntnisse und Produkte, seiner Suche nach Qualität und seinem Sinn für das *Bündnis* möglich.

Das Netzwerk der neuen Gastronomen baut auf der Grundlage des Austausches von Erfahrungen und Informationen auf und ermöglicht den *Umlauf* von Produkten auf die beste Art und Weise. Die Knotenpunkte und die Bündnisse für den Verkauf auszustatten, ist ein wichtiger Schritt, denn es wird notwendig sein, alle möglichen Kanäle zu aktivieren, um den direkten Handel der Produkte voranzutreiben. Eine Idee, um diese Arbeit ein wenig zu erleichtern, könnte darin bestehen, ein *Jahresverzeichnis* zu veröffentlichen (am besten vielleicht online), das die Eigenschaften der Produkte, ihre Herkunft, die Namen und Kontaktdaten der Produzenten, Hinweise für einen nachhaltigen Kauf und die Preise enthält.

Das *Verzeichnis* kann wie eine normale Webdatabase gestaltet werden und darin können zahlreiche Suchoptionen sein (geografische Kriterien der Nachhaltigkeit, der Notwendigkeit der Unterstützung seitens des Bündnisses, der Möglichkeiten der Käufergruppen und alle anderen klassischen Suchverfahren, ausgehend von der Suche nach dem Namen des Herstellers). Diese Suchoptionen bekommt man, indem man der Database alle Werte und Informationen zufügt, die zu den neuen Verteilungsformen, die wir befürworten, passen.

Auf diese Art würden die Produktionsbündnisse und der Koproduzent virtuell nebeneinander stehen (als Lebensmittelbündnis auch auf potentieller Ebene). Sie können direkten Kontakt aufnehmen oder über einen Handelskanal, der sie nicht vollkommen überspringt, miteinander in Berührung kommen. Somit können sie neue Partnerschaften und sich an Kreisläufe schließen, in denen ein nicht zirkulierender Zwischenhandel mit dem Ziel des gemeinsamen Wachstums von Produktionsbündnissen und respektvollen Händlern gewährleistet wird.

Wenn man auf diese Weise die Verteilung der Nahrungsmittel neu gestaltet, bringt man sie im gerechten Sinn wieder ins Gleichgewicht, indem man schwerwiegende Probleme wie die Unterernährung konstruktiver bewältigt. Somit leitet man eine Wiedergeburt der verschwundenen landwirtschaftlichen Systeme ein. Es ist besser, die ärmsten Bündnisse zur Vernetzung anzuspornen, um in kleinem Umfang eine neue ökologische Landwirtschaft zu entwickeln, die den Lebensunterhalt gewährleistet, als sich einfach das Gewissen mit kostenlosen Schenkungen von Lebensmitteln zu erleichtern. Diese sind oft Strategie, um das Problem des Produktionsüberschusses zu lösen, der in den reichen Regionen durch öffentlichen Zuschüsse finanziert wird. Er stellt einen forcierten Zufluss von Produkten ohne Preis in die armen Regionen dar, der außerhalb des Marktes erfolgt und die an sich schon geringen Möglichkeiten der lokalen Märkte und jeden Willen, eine wirkliches Modell nachhaltiger Entwicklung aufzubauen, untergräbt.

Im Notfall würde sich dann das Netzwerk aktivieren und auf die dramatischen Bedürfnisse der damit verbundenen Bündnisse antworten. Gleichzeitig achtet man darauf, nicht übermäßige Verzerrungen ins System einzuführen, indem man immer den Werten der Unentgeltlichkeit und Schenkung, ohne dafür eine Gegenleistung zu verlangen, entspricht. Sie sind im Wesentlichen die Werte, die das gesamte Netzwerk auszeichnen sollten. Somit wird die utilitaristische Logik ausgetauscht, die heute unsere Märkte und alle Herstellungssysteme kennzeichnet. Um es klar auszudrücken: ein hohes Niveau an interner Zufriedenheit ist besser als ein gutes Niveau des Bruttoinlandprodukts.

Tagebuch 17 Die bäuerliche Freigiebigkeit

Als ich noch Kind war, war es oft während der Feiertage bei mir zu Hause üblich, zum Mittagessen arme Leute unserer Gemeinde einzuladen. Es war für meine Mutter ein ganz natürlicher Vorgang, sodass ich mich gar nicht nach dem Grund dieser sonderbaren Einladungen fragte.

In Wirklichkeit denke ich, dass meine Mutter diese Gewohnheit von der bäuerlichen Welt, aus der sie stammte, übernommen hatte. Wie man mir sagte, war die Hilfsbereitschaft – über die ich später mit Freunden, die diese ländliche italienische Gesellschaft erforschten, sprach – gegenüber anderen vollkommen normal bei den Bauern. In den ländlichen Gebieten des Piemont war es in der Tat üblich, dass an den patriarchalischen Tischen ein leerer Platz für einen möglichen Gast reserviert war.

Diese Gäste waren Wanderer, Menschen, die um die Felder herumstrichen und von Brosamen lebten. Es waren Bettler, Enterbte und Menschen, die aus Gesundheitsgründen oder aufgrund finanzieller Probleme verarmt waren. Der freie Platz befand sich immer neben dem des Hausherrn. Es war unwichtig, ob die Gäste schlampig aussahen oder schlecht rochen. In all dem machte die christliche Kultur einen wichtigen Bestandteil aus. Sie ist in den ländlichen Gebieten Italiens sehr stark verwurzelt. Es war einfach wichtig zu zeigen, dass man imstande war, ein guter Samariter zu sein. Aber in Wirklichkeit ist da mehr. Ich würde von einem Element sprechen, das sehr stark mit dem Landleben verbunden ist.

Die Bestätigung dessen erhielt ich in einem Interview mit Wendell Berry, das auf den Kulturseiten der *Stampa* veröffentlicht wurde. Wir begannen ein Gespräch über die Wirtschaft der ländlichen Gemeinschaften zu führen. Er erklärte mir, dass man, damit eine einheimische Wirtschaft gut funktionieren könnte, zuvor an den Lebensunterhalt denken sollte, und dann, mit dem eventuellen Überschuss, auch an Solidarität oder Handel. Ich hielt dies für eine eher idealistische Anschauung, aber Berry bestand darauf und meinte:

> In den vergangenen Jahren, bevor die Landwirtschaft in solchem Ausmaß industrialisiert wurde, bevor wir über all diese Mittel verfügten, um unsere Arbeit zu mindern, erfüllten wir unsere Pflichten im Familienkreis und tauschten die Arbeit mit den Nachbarn aus. Es galt die Regel, dass niemand das Recht hatte, seine Arbeit abzubrechen, bevor nicht auch alle anderen ihre Ernte zu Ende geführt hatten. Ich habe Menschen kennen gelernt, die stolz darauf waren, in allen Bauernhöfen der Umgebung gearbeitet zu haben, ohne dafür ein Entgelt erhalten zu haben. Das ist nicht Kapitalismus. Das kann man höchstens als eine sonderbare Form von Investment betrachten: es wird in die Gemeinschaft investiert.

Als ich mich der Sammlung der Interviews für den *Atlante delle grandi vigne di Langa* widmete, hörte ich tatsächlich aus den Worten der älteren Bauern diesen Aspekt der ländlichen Gesellschaft heraus. Er kennzeichnete sich offensichtlich durch einen Sinn von Freigebigkeit und unentgeltlicher Hilfsbereitschaft, ohne dafür eine Gegenleistung zu erwarten. Ich erinnere mich besonders an eine kleine Händlerin, die mir sagte: »Wir unterstützten uns gegenseitig. Ich erinnere mich, dass es eine 12köpfige Familie gab, deren Mutter krank war. Wir Frauen aus den anderen Familien gingen hin, um die Wäsche zu waschen und dann wurde gemeinsam das Mittagessen vorbereitet«[90].

Jener Platz bei Tisch zu Weihnachten oder zu Ostern war ein Vermächtnis dieser Kultur, die immer bereit war, die anderen mit Essen und Arbeit zu unterstützen: ich bin immer mehr der Überzeugung, dass solche Formen von Freigebigkeit nicht nur mit der bäuerlichen Ethik zusammenhängen oder reine religiöse Regeln sind. Sie sind in Wirklichkeit ein wesentlicher und grundlegender Bestandteil der Wirtschaft jener Gemeinschaften.

Die Freigebigkeit gilt als wirtschaftliche Form: sie löste das Problem der Armut und des Unbehagens und erfüllte einen genauen Sinn. Wie Wendell Berry behauptete, war sie eine Form von Investment. Heute hat sich die Wertordnung entscheidend

[90] CARLO PETRINI (Herausgeber), *Atlante delle grandi vigne di Langa,* Arcigola Slow Food, Bra 1990, S. 230.

umgekehrt: ich will hier nicht die alten Zeiten loben (da damals sehr viel Armut herrschte), sondern ich glaube einfach, man sollte auf die derzeitige Situation sehen – und zwar mit demselben Pragmatismus desjenigen, der vor einigen Jahren die freien Plätze an meinem Tisch als wirtschaftlich bewertete. Ich bin überzeugt, dass man noch viele solcher »freien Tische« nötig hat und somit auch neue und alte Formen bäuerlicher Freigebigkeit.

4 Ein neues System menschlicher Werte für das Netzwerk der Gastronomen

Eine der Haupteigenschaften des Netzwerkes der Gastronomen besteht in seiner *Menschlichkeit.* Aus dieser Menschlichkeit kann man im praktischen Sinne Nutzen ziehen, indem man vor allem den freien Kreislauf der Personen innerhalb des Netzes fördert. Auf diese Weise verleiht man der *Reise* erneut eine unentbehrliche, pädagogische Funktion als Mittel, um Personen verschiedener Gemeinschaften und Träger verschiedener *Identitäten wirklich* in Berührung kommen zu lassen. Die kreative Stärke der Vielfalt erweist sich im virtuellen (soweit nötig) und physischen Kontakt. Er erfordert unter anderem eine ständige Übung der *Sinne* und des Intellekts, um einen fruchtbaren Austausch zu erzielen. Ich bin mir aber bewusst, dass man auf offensichtliche Grenzen stößt, wenn man auf dem gesamten Planeten Menschen hin und her bewegen möchte. Vor allem ist es notwendig, dass sich die Teilhabe an der Schicksalsgemeinschaft konkret auf gewisse gemeinsame Werte konzentriert. Es ist immer noch schwierig, zahlreiche utilitaristische Denkweisen und viele Vorurteile zu überwinden, die, wie wir heute sehen, das allgemeine Wohl verhindern.

Individualismus, Egoismus, wirtschaftliche Vorteile, die politisch erlangt wurden, oder alte und neue Formen des Kolonialismus sind schwierig aus den Köpfen derer zu entfernen, die diese Anti-Werte als Beherrschungsstrategie und einzige Form der Suche nach dem eigenen Glück pflegen.

Meiner Meinung nach sind Begegnungen, Reisen und direkter, vertiefter Kontakt mit anderen Kulturen die beste Art, um eine neue allgemeine Denkweise zu verbreiten. Aber damit sich die Menschen auch treffen, ist es notwendig, dass sie sich nicht nur wirklich treffen, sondern auch die bereit zu Aufnahme, Entdeckung, Teilung und Lebensqualität sind. Ist es vielleicht utopisch an eine Welt zu denken, in der die Gastfreundschaft ein allgemein gültiger Wert ist, wie es damals in den ländlichen Gebieten war, als auch der Tisch der ärmsten Familie immer einen Platz für einen Wanderer oder Bettler frei hatte? Ungeachtet meiner Überzeugung, dass derjenige, der Utopien entwirft, auch Wirklichkeit erntet, bin ich auch sicher, dass die Bereitschaft zum Schenken und zur *Unentgeltlichkeit* realistisch ist. Denn diese Bereitschaft hat, wie andere Wertvorstellungen, auch einen wirtschaftlichen Wert, obwohl man sie nicht direkt finanziell quantifizieren kann. Damit meine ich: wer bereichert wen auf dieser Welt? Wie viel Wert haben die traditionellen *Kenntnisse* der Produktionsbündnisse die vom Aussterben bedroht sind? Wie viel Wert haben die Schutztätigkeiten derjenigen, die mit ihrer Arbeit nachhaltige Produkte herstellen und das Gute, Saubere und Faire in der Welt bewahren? Wie viel Wert hat ein Geschenk, ein Schlafplatz, eine Einladung zu Tisch, die Teilung der eigenen Identität und die Öffnung gegenüber den Anderen?

So wie ich vorhin vorgeschlagen habe, die schwer zu berechnenden finanziellen Umweltkosten festzulegen und in die Bilanz aufzunehmen, so möchte ich jetzt ein Projekt für das Netzwerk vorschlagen, um den wichtigen Werten auch einen wirtschaftlichen Wert beizumessen. Dies soll erfolgen, ohne sie in Geld zu übersetzen, ohne zu versuchen, einen Gewinn daraus zu erzielen, sondern indem man sie in eine Logik des Austauschs einfügt, besser noch in die Logik der *Unentgeltlichkeit*, in der es keinen utilitaristischen Austausch gibt, sondern ein gegenseitiges *Schenken* von *Wissen,* Gastfreundschaft, Möglichkeiten, Geschmacksformen, Weltanschauungen und pädagogischen Elementen. Es handelt sich um ein Geben, ohne zu fragen, weil man sicher ist, dass man im Gegenzug auf derselben Ebene, mit derselben Würde und derselben Bereitschaft, die anderen wachsen zu lassen, etwas zurückerhält. Wir sind uns der *Grenzen* bewusst und möchten sie nicht überschreiten, um uns finanziell zu bereichern und an *Menschlichkeit* zu verlieren.

4.1 Der Wert des Reisens

Im Netzwerk wird es nie ein Übermittlungssystem des *Wissens* geben, das die Methode der direkten Kenntnisnahme ersetzt. Wie die Gastronomie lehrt, sind die Übung des eigenen Sinnesvermögens, die Verkostung, der Kontakt mit den Produzenten und den Köchen die beste Art, um die Auslegung der Realität zu lernen. Um diese Lernform zu verwirklichen, muss man *reisen,* Menschen treffen, andere Gegenden und Tische besuchen. Wenn man diese Überzeugung auf das Netzwerk anwendet, wird sie in seinem Inneren den Umlauf von Personen gewährleisten. Diese Bewegung erfolgt von einem Winkel des Planeten zum anderen ohne Unterscheidungen und Begrenzungen. *Das* Recht auf das Reisen wird grundlegend und gilt als eine Voraussetzung des kulturellen Wachstums und ist Nährstoff des Netzwerkes der Gastronomen.

Der Wert von Terra Madre bestand auch in der Reise, unabhängig von weiteren Werten. Den Menschen (Intellektuellen der Erde), die noch nie die Möglichkeit hatten, ihr Dorf, Gebiet oder Land zu verlassen, wurde angeboten, einen neuen Teil der Welt zu sehen. An diesem Ort wurden sie von anderen Bauern und Menschen beherbergt, die in der Lebensmittelproduktion tätig waren. Sie trafen dort mehr als 5.000 Männer und Frauen, die im gleichen Bereich arbeiten wie sie. Die Sache ist revolutionärer als man denkt. Wie viele Menschen im reichen Westen ziehen in andere Regionen, um die Probleme der Menschen in Not zu lösen? Wie viel kostet das Tun? Ich beziehe mich nicht nur missionarisch, sondern auch auf Menschen, die profanere Absichten verfolgen und dabei einen heiligen Respekt für die Umwelt und Kultur der Länder haben, in denen sie tätig werden wollen.

Meiner Meinung nach ist auch die dreimonatige Reise eines malaysischen Bauern wichtig, um andere landwirtschaftliche Realitäten zu entdecken. Mit dem gleichen Ziel hielt sich ein italienischer Agronom drei Monate, finanziert, in der Gemeinschaft dieses Bauern auf. Beide Erfahrungen sind nützlich: die Reise eines Menschen, der normalerweise nicht die Möglichkeit zum Reisen hat, kann unmittelbare Veränderungen mit sich bringen.

Ich wiederhole: diese Reise kostet. Denn es handelt sich um Ausbildungsreisen, nicht um Ferien. Die betreffenden Menschen – wie uns die Erfahrung von Terra Madre gelehrt hat – haben nicht viele Forderungen. Sie möchten einfach die Menschen treffen, die die gleiche Tätigkeit ausüben wie sie. Sie möchten beherbergt werden, wie sie auch in ihren Gemeinschaften die Gäste beherbergen würden. Sie wollen auch sehen, wie die Produktion der Lebensmittel in einer anderen Region der Erde erfolgt, indem sie Kenntnisse austauschen und verschiedene Erfahrungen vergleichen.

Der pädagogische Wert der Reise ist unvergleichlich in einer Welt, in der die Herstellung der Nahrungsmittel auf den traditionellen Kenntnissen aufgebaut ist. Hier wird das Wissen direkt überliefert und vermittelt, begleitet von der empirischen Beweisführung, den Experimenten und der Arbeit selbst. Das Bild von Tausenden von Vertretern der Lebensmittelbündnissen, die durch die Welt reisen, indem sie von anderen Bündnissen beherbergt werden, kann denen Angst einjagen, die den derzeitigen Zustand nicht ändern möchten. Diese Verbreitung der Kenntnisse könnte bedeutende Auswirkungen mit sich bringen und den Horizont intelligenter Menschen erweitern, die heute mühevoll versuchen zu überleben und ohne jegliche Anerkennung *unsere Lebensmittel* zu produzieren: Menschen, die sich allein und verlassen fühlen und keine Möglichkeiten haben, sich kulturell zu *bereichern* und mit einem Netzwerk Kontakt aufzunehmen, das ihre Bemühungen und Ideen teilt. Diese Menschen sind in Versuchung, ihre wertvolle Tätigkeit aufzugeben. Ich habe in den Augen der Teilnehmer von Terra Madre gesehen, dass sie eine neue Hoffnung hegten. Das wurde mir in den Zuschriften bestätigt, die ich nach ihrer Rückkehr nach Hause per Post erhalten habe. Diese Hoffnung wäre auch ohne die Diskussionen von Terra Madre erwacht: die Reise, die Begegnung mit den anderen, der Stolz, sich mit dem eigenen Können und den eigenen Produkten wichtig zu fühlen, reichten schon aus. Das Verlangen sich bekannt zu machen war das am meisten verbreitete Gefühl unter den Teilnehmern während des Treffens. Es war der Beweis dafür, dass diese Personen viel zu sagen und viel zu geben haben. Man muss ihnen nur die Möglichkeit geben.

In der Projektarbeit geht es nicht darum, Austauschmethoden, kulturelle Formate oder besondere Theorien bereitzustellen. Es genügt, wenn man diesen Menschen die Möglichkeit zu reisen bietet und sie dabei unterstützt. An den Rest denken dann sie selbst. Im Sinne eines Dialogs zwischen den Wissenssphären muss man sich des Wertes der traditionellen Wissensformen bewusst sein und auch der Menschlichkeit, deren Träger diese Menschen sind. Daraus sollte ein blindes *Vertrauen* in sie und in ihre Möglichkeiten resultieren.

Wenn man im Bereich der Projektarbeit bleibt, braucht man eine Struktur, um seinen Dienst zu gewährleisten. Diese Struktur muss dazu imstande sein, diese Reisen zu finanzieren. Meiner Meinung nach sollten die Leute, die diese Reisen unternehmen und diese pädagogischen Erfahrungen machen, nach dem Generationenkriterium ausgewählt werden. Die verdienstvollen Jugendlichen (nach Kriterien wie der Leidenschaft für ihre Arbeit, ihre Zielsetzungen und Projekte und vielleicht auch nach ihrem Idealismus) müssten die Möglichkeit haben, ein Jahr ihres Lebens andere landwirtschaftliche und produktive Realitäten zu entdecken und ihre Erfahrung und Kultur in der Welt zu verbreiten. Anstatt ein Jahr lang Militärdienst zu leisten, sollten die jungen Menschen der Lebensmittelbündnisse durch die Welt reisen dürfen. Sie sollten in reichere und ärmere Gegenden als ihre reisen, auch an Orte, an denen man Ähnliches anbaut und produziert, und Universitäten besuchen, in denen man Agrarökologie studiert.

Das Netzwerk der Gastronomen könnte Finanzträger für diese Reise finden. Auf der anderen Seite könnten die Bündnisse, Köche oder Universitäten diese jungen Intellektuellen der Erde eine Zeit lang *kostenlos* beherbergen. Man muss natürlich Regeln haben, aber das Hauptprinzip besteht in der *Unentgeltlichkeit,* im Austausch ohne Verpflichtungen und im Bewusstsein dessen, dass diese Menschen Träger *wertvoller* Erfahrungen sind. Dieser Wert ist der einzige Preis, den man von ihnen als Gegenleistung für diese Reise verlangt.

Eine weitere Aufgabe des Netzwerkes der Gastronomen besteht in der Sicherstellung dieses *Reiserechtes* (es ist für die jungen Nahrungmittelproduzenten und die Gastronomen aus aller Welt fast eine *Pflicht*). Somit entsteht ein System von *Wertvorstellungen,* das allen das Recht einer »Weltbürgerschaft« zuerkennt und des Weiteren auch das Recht zuspricht, in unserer Schicksalsgemeinschaft aktiv tätig zu werden.

4.2 Die menschlichen Werte des Netzwerkes, eine neue Form von Wirtschaft

Das Netzwerk der Gastronomen gerät notwendigerweise mit dem Individualismus, der Entfernung zwischen den Kulturen und den wirtschaftlichen Entfernungen zwischen weit auseinanderliegenden Lebenswelten Realitäten in Konflikt. Das Prinzip, in seinem Inneren den Austausch von *Informationen, Wissen, Produkte* und *Personen* zu gewährleisten, ist ein Prinzip, das die Menschen einander *nahe bringt.* Sie können sich gar nicht vorstellen, mit dem Wertesystem, das ihm die wirtschaftliche Globalisierung aufdrängt, solch neue Erfahrungen zu machen. Man muss anderen menschlichen Werten einen *wirtschaftlichen Wert* beimessen, um das individuelle Gut mit dem der Gemeinschaft zu vereinbaren.

Das *Geben* und die *Unentgeltlichkeit:* Die Wiederentdeckung des Gebens und der Unentgeltlichkeit in einer Welt wie der unseren bedeutet die Einführung eines vitalen Elementes in das System der neuen Weltbürgerschaft, die von den verantwortlichen Gastronomen angestrebt wird. Wenn wir unser Haus, unsere Nahrung und unsere Kultur zur Verfügung stellen, dann öffnen wir uns der Welt und nehmen sie auf. Dies erfolgt im Bewusstsein, dass man sich diese Welt auch *verdient.* Es handelt sich hierbei nicht nur um einen rein wirtschaftlichen Verdienst, der aus der Sicherheit kommt, das eigene *Wissen,* den eigenen intellektuellen Reichtum und die eigenen Entwicklungsmöglichkeiten zu vermehren.

Die *unentgeltliche* Beherbergung treibt das System der *freien Reise* an und fügt erneut das Element des Austauschs ein, das die Identitäten stiftet und verstärkt. Die Vielfalt wird in den Kreislauf eingeführt und verwandelt sich in eine kreative Stärke. Der Austausch muss nicht paritätisch sein. Er gilt als ein Geschenk, das nicht zurückverlangt wird und keine Verpflichtungen mit sich bringt. Er baut auf dem *Vertrauen* in diejenigen auf, die zur eigenen *Schicksalsgemeinschaft* gehören, und des Weiteren auf dem Vertrauen, dass das Geben eines Produktes oder wirtschaftlicher Ressourcen denselben *Wert* aufweist wie die Gegenleistung in Form von *Wissen,* Vielfalt oder ganz einfach *Freundschaft.*

Der Wert des *Wissens* gilt als unschätzbar. Es besitzt jedoch seinen Wert in einem Netzwerk, das austauscht und seine Ressourcen in den Kreislauf einfügt. Das Wissen ist ein unveräußerliches Recht aller und nährt sich aus der Teilhabe aller an diesem Recht. Das Wissen ist eine Möglichkeit, die sich an der Komplexität der Welt nährt und verbreitet. Alle müssen das Recht haben, daran Teil zu haben. Es darf keine Kenntnisse ersten oder zweiten Ranges geben: jede Art von Wissen hat denselben Wert und kann im Austausch zu einer *Münze* werden.

Der Wert des *Haushaltens* und der *Bescheidenheit:* die Verschwendung hat auf dieser Welt ihre Grenzen erreicht. Sie ist ungerecht und nicht wirtschaftlich. Denn was man verschwendet, kann nicht wieder verwendet werden, obwohl es eine noch nicht genutzte Ressource darstellen würde. Wenn hier keine Gewissensveränderungen geschehen, wird es schwierig: man kann nicht alles von der Politik verlangen, wir müssen damit anfangen, uns in unseren einfachen alltäglichen Tätigkeiten anders zu verhalten. Was *eingespart* wird, muss nicht angehäuft werden: es kann nämlich auch *verschenkt* werden. Jeder von uns muss diese Verantwortung übernehmen und kann seinen Beitrag dazu leisten. Im Rahmen eines Netzwerkes, in dem alle das Recht haben, sich fortzubewegen und zu lernen, wird das Prinzip der *Mäßigkeit* unentbehrlich, damit die Ressourcen geteilt werden können.

Gastronomie war eine ernsthafte Wissenschaft, die mit *Enthaltsamkeit* und *Mäßigkeit* ausgeübt wurde. Dies war der Fall, bevor sie in der Geschichte ihre komplexen und wichtigen Aufgaben vergaß und zu einer folkloristischen Übung wurde, gekennzeichnet durch Üppigkeit und elitären Reichtum. In dieser Hinsicht ist das Werk von Bartolomeo Scappi, der Platinblonde genannt, bedeutend. Es trägt den Titel *De honesta voluptate* und verbindet Essregeln mit richtiger Lust, die nicht dem Genuss widerspricht und sie steigert. Dies erfolgt im Rahmen eines verantwortungsbewussten Verbrauchs und eines Bewusstseins, welches das Übermaß zurückweist, da es *etwas* und *jemandem* Reichtum und Wohlstand entzieht, angefangen bei sich selbst. Gerade heute sollte man es nicht übertreiben, denn auf unserer schwankenden Erde befinden sich große Unausgewogenheit. Diese Missverhältnisse verursachen das Leid von Millionen von Bauern, die in der Nahrungsmittelproduktion tätig sind und von Milliarden von Menschen, die nicht essen dürfen, wie sie es könnten. Das Prinzip der *Mäßigkeit* zu befolgen, ist daher die finale Regel (oder Hauptregel) für den neuen Gastronomen. Er vernetzt sich und wird für das allgemeine Wohl tätig. Der Gastronom sucht nach dem Genuss der Lebensmittel. Es ist sein atavistisches Bedürfnis. Er darf aber deshalb keinem vorenthalten, den gleichen Genuss zu verspüren, wenn er ein gutes, sauberes und faires Produkt verzehrt. Er darf sich somit auch mit gutem Recht als Koproduzent dieses Produktes fühlen.

Schlussfolgerungen

Abschließend hoffe ich, dass immer mehr Menschen damit anfangen, ernsthaft als neue Gastronomen zu leben. Auch in den Reihen der Wissenschaftler. Ich möchte gerade sie bitten, einen persönlichen Beitrag zu leisten. Die Zielsetzung besteht in der Tat darin, aus der Gastronomie eine Wissenschaft zu machen. Sie wird ansatzweise die gleichen Schwierigkeiten haben, mit denen auch die Soziologie konfrontiert war. Das ist ein erkenntnistheoretisches Problem. Die Gastronomie hat genug Eigenschaften, um zu einem Studienfach an den Universitäten und höheren Forschungsinstituten zu werden. Jede Disziplin kann, wenn sie sich nicht in ihrer Spezialisierung verschließt, für die gastronomische Wissenschaft einen Beitrag leisten.

Wenn man gastronomische Wissenschaft sagt, ist es so, als würde man Wissenschaft des Glücks sagen. Von allen, die ich bat, mir Gastronomie zu definieren, hat der Küchenchef Ferran Adria` die treffendste Definition ausgesprochen: »Die Gastronomie ist das Glück!«. Er antwortete mir lächelnd, mit einem Gesichtsausdruck, der von einem Arbeitstag in seiner phantasmagorischen Küche sprach.

Glück: damit möchte ich mich verabschieden, indem ich eine Szene erzähle, die sich in Neapel im Theater von San Carlo im November 2003 zugetragen hat. Der Leser soll versuchen, sie sich vorzustellen.

Slow Food verlieh gerade den letzten seiner Preise für den Schutz der biologischen Vielfalt (es war die dritte Veranstaltung; 2004 wurde sie von Terra Madre ersetzt). Der Preis galt als Anerkennung für alle Persönlichkeiten (ungefähr 10 pro Veranstaltung), die ihre Gemeinschaften dazu bewegt hatten, die Vielfalt zu schützen. Es handelte sich nicht um bekannte Forscher, Wissenschaftler und Persönlichkeiten aus der Welt der Institutionen. Der Preis war reserviert für Kleinproduzenten, Fischer, einfache Leute, die Intellektuellen der Erde. Jeder von ihnen hat in seiner kleinen Welt mithilfe seiner alltäglichen Arbeit einen kleinen, aber bedeutenden Schritt vollbracht. Er hat konkret Saatgut gerettet, die aussterbenden Sorten oder Rassen produktiv gemacht oder erhalten. Er hat sich darum bemüht, dass das Gute, Saubere und Faire nicht für immer verschwindet.

Die Preisverleihung wurde 2003 in Neapel gleichzeitig mit dem internationalen Kongress von Slow Food abgehalten: wir hatten uns gewünscht, dass alle Delegierten aus der ganzen Welt die Möglichkeit haben würden, persönlich solche echten Helden zu treffen. Für den Höhepunkt, die Übergabe des Geldpreises und der Ernennung zu Hütern der biologischen Vielfalt wählten wir einen sehr eindrucksvollen Ort: das Theater von San Carlo.

Man stelle sich das Theater voller Leute aus aller Welt vor. Es war wundervoll mit seinen vergoldeten Stuckarbeiten, den roten Sesseln, den Mauern, aus denen die Jahre atmeten, fast die gesamte Geschichte der italienischen Oper. Die Preisgekrönten wurden einer nach dem anderen aufgerufen, auf die Bühne zu Matthew Fort (einem Journalisten des »Guardian«) und zur Schauspielerin Lella Costa zu kommen. Für jeden wurde die Begründung für die Preisverleihung in einer anderen Sprache als der ihren vorgelesen. Sie hatten dann das Mikrophon zur Verfügung, um sich zu bedanken, sprechen zu können und ihren Stolz auszudrücken. Es waren intensive Augenblicke, ein unvergesslicher Schmelztiegel von Rassen, Sprachen und Bräuchen.

An einem gewissen Punkt kam Getulio Orlando Pinto Kraho, der Chef der Kraho-Gemeinschaft, an die Reihe, um seinen Preis entgegenzunehmen. Die Krahos haben damit angefangen, das Saatgut ihres autochtonen Maises anzupflanzen, nachdem sie diese aus der Genbank Brasilias geholt hatten.

Ein Indio aus dem brasilianischen *Cerrado* war somit in Neapel, in Tausenden von Kilometern Entfernung von seinem

Dorf. Er hatte sich mit der Stadt vertraut gemacht, indem er sich während der vorherigen Tagen mit ernstem und tiefen Blick unter den Vertretern von Slow Food umgesehen hatte. Er besuchte des Weiteren Bauern aus Kampanien und aß einige Male in lokalen Gaststätten zu Abend. Obwohl der neapolitanische Spätherbst in diesem Jahr mild war, war Getulio immer kalt. Er warf sich dauernd eine Daunenjacke um, die ihm irgendjemand geliehen hatte. Es sah so als, als würde er alle und alles erforschen wollen. Er war in jene Jacke eingemummt, die einige Nummern zu groß für ihn war. Alles war neu für ihn, aber er schien gar nicht eingeschüchtert. Er hatte eher eine ziemlich geschwellte Brust, war zurückhaltend und hielt sich am Rande. Dadurch vermittelte er eine Würde, die alle faszinierte.

Diese eher äußere Haltung verschwand plötzlich, als er auf die Bühne von San Carlo gerufen wurde. Es war schließlich sein großer Augenblick und er war nach Neapel gekommen, um genau diesen Augenblick zu erleben. Er stieg fast forsch auf die Bühne, nahm sicher das Mikrophon in die Hand und seine deutliche Dankrede beeindruckte alle.

Jener Mann, der mit seiner Gemeinschaft das Saatgut gerettet hatte, indem er ihm neues Leben geschenkt hatte, sprach: »Meine Worte reichen nicht aus, um mich bei euch zu bedanken, all dies war unvorstellbar. Ich fühle mich unendlich glücklich. Wenn wir Kraho glücklich sind, drücken wir unsere Freude mit einem Gesang aus. Lasst mich also für euch singen, ich bitte euch«. Dadurch überraschte er den Manager der Preisverleihung und begann ungefähr drei Minuten lang einen intensiven Stammesgesang vorzuführen. Er sang einfach so, ohne Begleitung. Wenige konnten ihre Rührung verbergen. Die Stille im Saal hatte etwas Surreales an sich. Jene gutturalen Töne erklangen dank der einwandfreien Akustik des Theaters und die Szene hatte etwas Wundersames an sich, das erschauern ließ.

Auf derselben Bühne, auf der Caruso gefeiert wurde, stand nun ein singender brasilianischer Indio einfach da, weil er glücklich war: man hatte ihm einen Preis verliehen, weil er Saatgut gerettet hatte.

Wer diesen Augenblick miterlebt hat, wird ihn nie vergessen. Meiner Meinung nach war es der höchste lebendige Ausdruck der Gastronomie als holistische Weltanschauung, die voller gesunder menschlicher Werte ist: es war ein wahrer Ausdruck des Glücks.

Vielleicht kann man gerade in der Stimme von Getulio im Theater von San Carlo, in seiner einfachen aber aussagekräftigen Glückäußerung, genug Anreize für alle, vom einfachen Bürger bis zum genialen Wissenschaftler, finden. In ihr fasst sich der bescheidene Aufruf dieses Buches zusammen, mit Begeisterung am Projekt einer neuen Gastronomie teilzunehmen.

Erlauben Sie mir nun eine Nachschrift, die ich stolz hinzufüge:

Ich bin ein Gastronom,

Nein, nicht das Leckermaul, das keine Grenzen kennt und ein Essen nur genießt, wenn es reichlich und verboten ist.

Nein, ich bin auch nicht der Dumme, der sich den Genüssen des Essens hingibt und sich nicht dafür interessiert, wie das Essen überhaupt auf den Tisch gekommen ist.

Ich möchte die Geschichte einer Speise kennen. Ich möchte wissen, woher die Nahrung kommt, ich stelle mir gerne die Hände derer vor, die diese Speise angebaut, transportiert, verarbeitet und gekocht haben, bevor sie mir serviert wurde.

Ich möchte, dass die Speise, die ich zu mir nehme, nicht anderen auf dieser Welt die Nahrung wegnimmt.

Ich liebe die Bauern, ihre Art, die Erde zu beleben und das Gute zu schätzen.

Das Gute gehört allen; der Genuss gehört allen, weil er zur Natur des Menschen selbst gehört. Auf diesem Planeten gibt es Nahrung für alle, aber nicht alle essen sie. Wer isst, genießt oft auch nicht, sondern füllt eher Benzin in einen Motor. Wer hingegen zu genießen weiß, denkt oft an nichts anderes: weder an die Bauern und die Erde, noch an die Natur und die Güter, die sie uns bieten kann.

Wenige kennen das, was sie essen und genießen es eben deshalb, weil sie es kennen. Das Wissen ist eine Quelle des Genusses und ver-

bindet wie mit einem roten Faden die Menschheit, die dieses Wissen teilt.

Ich bin ein Gastronom. Wenn ihr darüber lachen müsst, so bedenkt, dass es nicht einfach ist, einer zu sein. Es ist eine sehr komplexe Angelegenheit, denn die Gastronomie ist eine echte Wissenschaft, die einem die Augen öffnen kann, obwohl sie in der Welt des Wissens als Aschenputtel gilt.

Und in dieser heutigen Welt ist es sehr schwierig, nach Vorgabe der Gastronomie gut zu essen.

Aber es gibt immer eine Zukunft, solange der Gastronom Hunger nach Veränderung haben wird.

Anhang

Aus dem »Manifest zur Zukunft der Nahrung«[91].

Einleitung. Das Scheitern des industriellen Modells der Landwirtschaft

Der fortlaufende Drang nach der Industrialisierung und Globalisierung der Landwirtschaft und der Lebensmittel gefährdet die Zukunft der Menschheit und die Natur. Effiziente landwirtschaftliche Systeme, die von den lokalen Bündnissen aufgebaut werden, haben Jahrtausende lang die ganze Welt ernährt. Sie haben die ökologische Integrität gewahrt und machen es in zahlreichen Gegenden des Planeten immer noch. Sie werden aber heute schnell durch Monokulturen und Technologien unter der Kontrolle der internationalen Großunternehmen ersetzt, die exportorientiert sind. Diese Systeme der Verwaltung aus der Entfernung haben negative Auswirkungen auf die öffentliche Gesundheit, auf die Qualität der Lebensmittel und der Nährwerte, auf die traditionellen Formen des Lebensunterhalts (die landwirtschaftlichen und die handwerklichen) und auf die indigenen und lokalen Kulturen. Damit wurde die Verschuldung von Millionen von Landwirten beschleunigt und ihre Trennung von den Landstrichen vergrößert, die in der Vergangenheit ganze Völker, Gemeinschaften und Familien ernährt haben. Dieser Übergang steigert den Hunger, die Zahl der Obdachlosen, die Verzweiflung und die Selbstmorde unter den Bauern. Gleichzeitig verschlechtert sie auch die Systeme, auf denen sich das Leben auf diesem Planeten aufbaut.

[91] Der gesamte Text des »Manifest zur Zukunft der Nahrung« kann im Internet von der Webseite *www.slowfood.it/ita/sí_cose_campagne.lasso* heruntergeladen werden.

Sie vergrößert die Entfremdung der Menschen von der Natur und den geschichtlichen, kulturellen und natürlichen Bindungen der Kleinproduzenten und aller anderen von den Nahrungsquellen und dem Lebensunterhalt. Er trägt schließlich auch dazu bei, die wirtschaftlichen und kulturellen Grundlagen der Gesellschaft zu zerstören. Er bedroht die Sicherheit und den Frieden und schafft eine Umgebung, die soziale Desintegration und Gewalt mit sich bringt.

Die technologischen Eingriffe werden von den internationalen Großunternehmen als Mittel zur Lösung aller Probleme der „Ineffizienz der Kleinbetriebe" gepriesen. Sie werden auch als Mittel zur Lösung des Welthungers dargestellt. Sie haben hingegen genau die gegenteilige Wirkung erreicht. Von der Grünen Revolution bis zur biotechnologischen Revolution und zum derzeitigen Drang nach Bestrahlung der Lebensmittel, das Eindringen der industriellen Technologie in die lokalen traditionellen und natürlichen Herstellungssysteme haben sie nur noch die Verletzlichkeit der Ökosysteme gesteigert. Sie haben die Luft- und Wasserverschmutzung und die Verseuchung der Böden verursacht und sind nun im Begriff, durch die genmanipulierten Organismen eine neue Art der *genetischen* Verschmutzung zu verbreiten. Diese Technologien und Monokulturen, die von den internationalen Großunternehmen unterstützt und entworfen wurden, verschärfen des Weiteren auch die klimatischen Veränderungen auf dem Planeten. Dies ist darauf zurückzuführen, dass unser Planet sehr stark von den fossilen Treibstoffen und der Emission schädlicher Gase und anderen Substanzen abhängig ist. Dieses letztere Phänomen – der Klimawandel – allein gefährdet die gesamte natürliche Grundlage der ökologischen agrartechnischen Lebensmittelproduktionen. Er ist die Grundlage für alle weiteren katastrophalen Folgen in der nächsten Zukunft. Wenn man dann auch die sozialen und ökologischen Kosten und die riesigen nötigen Beiträge berücksichtigt, so haben die industriellen landwirtschaftlichen Systeme sicherlich nicht die Effizienz der Herstellung verbessert. Sie haben auch nicht den Hunger vermindert: ganz im Gegenteil. Sie haben auf jeden Fall das Wachstum und die Konzentration weniger internationaler

Großunternehmen im agrarfinanziellen Bereich gefördert. Diese kontrollieren die globale Produktion zu Lasten der lokalen Produzenten der Lebensmittel, der Verfügbarkeit der Lebensmittel und ihrer Qualität und der Eigenproduktionen der Gemeinschaften und Nationen.

Die negativen Tendenzen der zweiten Hälfte des vorigen Jahrhunderts wurden durch die vor kurzem verabschiedeten Handels- und Finanzregelungen vorangetrieben. Sie wurden von Bürokraten internationaler Institutionen wie der WTO, der Weltbank, dem IWF und dem *Codex Alimentarius* u. ä. verfasst. Diese Institutionen haben die Politik im Dienste der internationalen Großunternehmen zum Gesetz gemacht. Ihre Interessen wurden den Interessen aller anderen übergeordnet. Die Rechte der Bauern und Verbraucher wurden beseitigt. Die Macht der einzelnen Staaten, den internationalen Handel in ihren Grenzen zu regeln und die angemessenen Grenzen für ihre Gemeinschaften zu setzen, wurde sehr stark eingeschränkt. Ein Beispiel: Die Vorschriften des Abkommens zum intellektuellen Urheberrecht im Bereich des Handels des WTO haben es den internationalen landwirtschaftlichen Großunternehmen erlaubt, weltweit große Teile des primären Saatguts, der Lebensmittel und landwirtschaftlichen Böden zu beanspruchen. Die Globalisierung der Patentregelungen erfolgte auch zu Gunsten der Interessen der internationalen Großunternehmen. Sie hat direkt die besonderen *(sui generis)* ursprünglichen und traditionellen Rechte der Bauern angegriffen: z. B. das Recht, das eigene Saatgut zu behalten und die autochtone Sorten zu schützen, die im Laufe der Jahrtausende von den lokalen Bevölkerungen entwickelt wurden. Andere Vorschriften der WTO fördern, mithilfe staatlicher Beiträge, das *Dumping* des Exports landwirtschaftlicher Produkte aus den Industrienationen. Somit werden die riesigen Schwierigkeiten der landwirtschaftlichen Kleinunternehmer der armen Länder, wirtschaftlich zu überleben noch größer. Die Explosion des Fernhandels landwirtschaftlicher Produkte hat durch Zuschüsse für Exportgüter eine direkte Verbindung mit der Zunahme des Verbrauchs fossiler Brennstoffe für den Transport. Daraus folgt ein noch größerer Klimawandel und eine Ausbreitung umweltfeindlicher Infrastrukturen in den unberührten und natürlichen Gegenden. Dies hat schwerwiegende Auswirkungen auf die Umwelt.

Der gesamte Konvertierungsprozess der Lebensmittelproduktion, im kleinen Umfang für die lokalen Bündnisse zur spezialisierten Herstellung im großen Umfang für den Export, hat auch den Verfall der Traditionen, Kulturen, der Freude an der Zusammenarbeit und der Genüsse der Tischgemeinschaft mit sich gebracht. Sie wurden jahrhundertelang mit den lokalen Kreisen und gemeinschaftlichen Märkten in Verbindung gebracht. Dadurch wurde die Erfahrung der direkten Produktion von Lebensmitteln vermindert. Es schwand die Freude, gemeinsam zu feiern, die erzeugten Lebensmittel in den jeweiligen Landstrichen unter den Einheimischen aufzuteilen.

Trotz der oben angeführten Überlegungen gibt es zunehmend Gründe optimistisch zu sein. In der Welt gibt es Tausende neuer Initiativen, um die ökologische Landwirtschaft, den Schutz der Kleinbauern, die Erzeugung gesunder, sicherer, kulturell vielfältiger Lebensmittel und die regionale Verwaltung der Verteilung, des Handels und der Vermarktung zu fördern. Eine bessere Landwirtschaft ist nicht nur möglich. Sie ist auch schon entstanden.

Aus all diesen und weiteren Gründen erklären wir unseren überzeugten Widerstand gegen die Industrialisierung und Globalisierung der landwirtschaftlichen Erzeugung. Wir bemühen uns weiterhin um den Übergang zu allen Alternativen, die nachhaltigen Produktionen unterstützen, sie an die örtlichen Besonderheiten anpassen und in kleinem Umfang erfolgen lassen.

Slow Food in Deutschland

Nachwort von Otto Geisel

Der 5. August 2005 ist ein brüllend heißer Tag in Pollenzo. Es ist der letzte Tag vor dem großen »esodo«, dem Tag, an dem auch der letzte Italiener ans Meer oder in die Berge fährt. Wir sind mit einer dreiköpfigen gemischten Delegation der Deutschen Akademie für Kulinaristik und von Slow Food Deutschland angereist, um mit der Leitung der Universität für Gastronomische Wissenschaften die konkrete Umsetzung des Kooperationsvertrages zu besprechen, den Carlo Petrini ein Jahr zuvor mit der Akademie vereinbart hat. Der Gründer und Präsident von Slow Food war 2004 im feierlichen Rahmen in Stuttgart mit dem Eckart-Witzigmann-Preis der Deutschen Akademie für Kulinaristik ausgezeichnet worden. Jetzt geht es darum, Lehrkräfte miteinander auszutauschen und für die Studenten in Pollenzo Exkursionen nach Deutschland zu organisieren.

Mit »Carlin« sind wir dieses Mal gar nicht verabredet. Doch als wir in die gut klimatisierte Hotelhalle der »Agenzia« treten, sehen wir ihn da in einem der breiten Ledersessel sitzen. Zusammen mit einem Mitarbeiter und einem Haufen von Papieren. Als er uns entdeckt, steht er auf und es gibt ein großes Hallo. »Wir arbeiten gerade an der Schlussredaktion meines neuen Buches,« sagt er. Und zu seinem Mitarbeiter gewandt: »Für heute ist es genug.« Er besteht darauf, uns die Räume der Universität, die Weinbank im Keller und das Restaurant »Guido« zu zeigen. Wir spüren, wie stolz er auf das ist, was er da geschaffen hat.

Auf einmal spricht er Ulrich Rosenbaum direkt an: »Wir haben gerade darüber diskutiert, wie das italienische Wort *contadino* in den anderen Sprachen lautet und woher es kommt. Wie ist das im Deutschen?« Ulrich Rosenbaum antwortet: »*Bauer.* Es hat den gleichen Wortstamm wie bauen. Also zum Beispiel ein Haus *bauen.*« Petrini: »Das ist interessant. Denn wenn es im Englischen *farmer* heißt, ist das ja nur von der Immobilie, also dem Hof und dem Land her abgeleitet. Da ist mir der deutsche Begriff sympathischer, denn er zeigt den Wert dieses Tuns.«

Und als er uns nach anderthalb Stunden verabschiedet, sagt er: »Es wird mein wichtigstes Buch. Die Essenz dessen, was Slow Food ist und wohin es will. Ich möchte, dass es in alle wichtigen Sprachen übersetzt und unseren Mitgliedern zugänglich gemacht wird.«

Da liegt es nun also vor uns in der deutschen Übersetzung. Es zeigt, wie sich Slow Food in zwei Jahrzehnten von einem Genießerclub zu einer anspruchsvollen, hoch politischen Bewegung entwickelt hat, die in einem wichtigen Sektor etwas verändern will auf dieser Welt: der Ernährung. Slow Food ist nicht Beliebigkeit sondern Programm. Und ohne jemanden wie Carlo Petrini an der Spitze gäbe es dies alles nicht. Wenn er mit seinen Visionen und Taten nicht immer einen Schritt voraus wäre, wäre Slow Food heute vielleicht nur noch eine Hülle erstarrter Rituale, die irgendwann implodieren würde.

Petrini hat es geschafft, die Einzigartigkeit von Slow Food zu sichern. Es gibt nirgendwo eine Kopie, selbst nicht in einem Land wie Italien, wo man gerne alles imitiert, was erfolgreich ist. Slow Food ist und bleibt die einzige Vereinigung, die Verbraucher und Produzenten an einem Strang ziehen. Dies zu erreichen, war harte Arbeit.

Slow Food Deutschland ist heute die drittgrößte nationale Slow-Food-Vereinigung. Und die mit dem größten Wachstum. Dabei müssen wir uns nicht schämen, dass es nicht dazu gekommen wäre, gäbe es in Deutschland nicht so viele Anhänger der italienischen Lebensart. Ob Goethe, der als Philipp Möller im Land des Stiefels ein- und untertauchte, ob Seume, der zu Fuß von Grimma nach Syrakus wanderte, oder Winckelmann, der die klassische Kunst und Architektur Italiens bekannt machte: Die Sehnsucht nach dem »Land, wo die Zitronen blüh'n«, gehört zu den Grundmustern der deutschen Seele.

1992 erwarb der Weinhändler und Buchverleger Eberhard Spangenberg aus München die Lizenz für eine deutsche Ausgabe des Restaurant-Führers »Osterie d'Italia«. Dieses Produkt der italienischen Slow-Food-Bewegung hatte sich nämlich zur gastronomischen Bibel für Italien-Reisende entwickelt. Am Ende des Buches lud Spangenberg zu einem Treffen ein, um die Gründung einer deutschen Slow-Food-Organisation einzuleiten. Es wurde die erste nationale Organisation außerhalb Italiens, aber es lag nahe, sich erst einmal als Ableger der italienischen »Mutter« zu verstehen. Erst mit der Zeit setzte sich ein anderes Selbstverständnis durch: Die Prinzipien von Slow Food »auf Deutsch« anzuwenden. Da sich auch in Italien neue Akzente durch den Salone del Gusto, die Arche des Geschmacks und die Förderkreise in den Vordergrund schoben, war klar, worum es ging: Regionale, handwerkliche Lebensmittelproduktion zu fördern.

Allerdings war die Situation mit der in Italien nur bedingt vergleichbar. In Italien gibt es ähnlich wie in Frankreich das Phänomen, dass jedes Dorf stolz ist auf irgendeine gastronomische Spezialität. Sei es das Fleisch von einer besonderen Rinderrasse, sei es eine seltene Bohnensorte, sei es eine Salami, die ganz bestimmt die beste der Welt ist. In Deutschland streitet man sich bestenfalls darum, ob der Burgdorfer Spargel besser sei als der Schwetzinger oder der Beelitzer. Vielleicht auch noch, ob der Pfälzer Saumagen oder die Nordhessische »Ahle Worscht« im einen Dorf besser sei als im anderen. Aber viel mehr ist da nicht – oder nicht mehr. Ein Jahrhundert mit zwei Weltkriegen und Hunderttausenden Hungertoter hat viel von der Essenskultur zerstört. Das Wirtschaftswunder hat uns zwar riesige Zigeunerschnitzel beschert, aber zur Rückbesinnung reichte es nicht. In der DDR bestimmten Soljanka und Hackbraten mit Letscho oder die berühmten Goldbroiler den Speiseplan.

Nicht vergleichbar ist auch die gesellschaftspolitische Einstellung der Landbevölkerung. In Italien war sie traditionell stets links, in Deutschland konservativ ausgerichtet. In Italien blühte das

Genossenschaftswesen auf, der deutsche Bauer kaufte und vermarktete zwar über die Raiffeisengenossenschaften, aber jeder wollte seinen eigenen Maschinenpark haben, egal wie hoch die Schulden bei den Banken anwuchsen. Solidarisierung dort, Ent-Solidarisierung hier. Die Bauern schimpfen zwar gerne über den Bauernverband, aber sie sind treu seine Mitglieder und lassen die Funktionäre schalten und walten. Ja, es gibt sie, die alternativen Organisationen. Aber ihre Stimme ist dünn. Und haben sie mal eine erfolgreiche Idee, wird sie vom großen Bruder gleich abgeschöpft. Auch Slow Food kann sich die Bauern, die man gerne in den eigenen Reihen hätte, nicht schnitzen. Immerhin: Ein paar besonders Engagierte sind bei uns und zeigen Flagge. Und es werden mehr.

Wie kann man vor diesem Hintergrund die Visionen von Carlo Petrini auf Deutschland anwenden? Bündnisse von Produzenten und zu Koproduzenten gewordenen Konsumenten brauchen mehr Zeit und geduldige Überzeugungskraft. Deshalb mag der Eindruck entstehen, dass wir hinter der italienischen Bewegung noch einen Schritt zurück sind. Wir müssen beharrlich dafür werben, dass Slow Food nicht Beliebigkeit bedeutet sondern an kompromisslosen Kriterien orientiert sein muss: Gut, sauber und fair. Wir haben auf unserer ersten eigenen Messe 2007 in Stuttgart mehrere Aussteller nicht zugelassen, weil sie schludrig mit ihrem Handwerk umgingen. Das hat sich ausgezahlt, denn nicht zuletzt die »Spione« der Lebensmittelindustrie und der anderen Messegesellschaften haben begriffen: Hier wurden Maßstäbe gesetzt, an die keine noch so schicke Gourmet-Messe heran kommt.

Mit der ersten nationalen Messe in Stuttgart konnten wir auf lange Erfahrungen aufbauen. An erster Stelle ist der Norddeutsche Käsemarkt auf dem Kiekeberg bei Hamburg zu nennen, den es seit 1998 gibt und aus dem die schleswig-holsteinische Käsestraße entstanden ist. »Genuss im Nordwesten« im Museumsdorf Cloppenburg ist ein weiteres erfolgreiches Beispiel. Der Nieheimer Käsemarkt ist die deutsche Antwort auf die »Cheese« in Bra. Der Rhöner Wurstmarkt ist ebenfalls ein Kind von Slow Food. Neu hinzugekommen sind in den letzten Jahren die »Slow Bier« in Münchberg/Oberfranken, »Nordhessen geschmackvoll« in Melsungen und das Oberlausitzer Genussfestival in der Region Lausitz-Niederschlesien. Mehrere Convivien beteiligen sich an regionalen Genuss-Events mit Ständen und Produkten. Zum Beispiel aus der Arche des Geschmacks.

Und die ist weit mehr als eine Spielwiese für Nostalgiker. Wir sind sparsam mit der Aufnahme von Nutztieren, Nutzpflanzen oder Produkten umgegangen, aber wo immer die Arche in den letzten Jahren angelegt hat, haben sich Menschen zusammengefunden, die sich ernsthaft um die Passagiere kümmern. Wenn sich in der Region Kassel Metzger zusammentun, um nach knallharten Qualitätskriterien die traditionelle »Ahle Wurscht« vor den gleichnamigen Industrieprodukten zu retten; wenn sich im Ahrtal, einem klitzekleinen Wein-Anbaugebiet, 16 Winzer zusammen tun, um im Zeichen der Schnecke die fast ausgestorbene Rebsorte Frühburgunder wieder zu beleben; wenn aus den letzten Exemplaren des Bunten Bentheimer Schweins wieder ein paar hundert Tiere gezüchtet werden und ein wunderbares Fleisch hergeben; wenn in der Rhön drei Metzger die Tradition des nur dort bekannten »Ostheimer Leberkäses« wieder aufgreifen; wenn in dem Dörfchen Würchwitz bei Zeitz eine Handvoll begeisterungsfähige Menschen die Jahrhunderte alte Kunst der Käseherstellung mit Käsemilben fortsetzt; wenn in der Schwäbischen Alb eine ganze Palette von traditionellen Lebensmitteln wie der Alblinse oder der Albschnecke vor dem Vergessen gerettet wird – dann sind das in jedem einzelnen Fall Beispiele, wo Slow Food selbstverständlich dazu gehört und als Garant betrachtet wird. Da mögen uns manche belächeln, uns stört es nicht.

Regionalität ist für uns auch kein Selbstzweck. Der UN-Umweltbericht hat zum Glück auch zu einer Debatte geführt, ob wir denn Lebensmittel, die wir auch im eigenen Lande haben, mit 40-Tonnern quer durch Europa und mit Flugzeugen rund um den Globus schicken müssen. Das mag ökonomisch begründbar sein, ökologisch ist es auf keinen Fall. Wenn Carlo Petrini am Anfang dieses Buches die Geschichte von den quadratischen Paprika aus seiner Heimat erzählt, die plötzlich verschwunden waren und nun aus Holland kamen, so geht es hier nicht nur um sinnlose Marktmechanismen, sondern auch um Energieverbrauch und globale

Erwärmung. Man könnte auch hinzufügen, selbst wenn es manchen Italiener und Italienfreund ärgern mag: Müssen wir täglich riesige Lastwagen mit dem bekannten Mineralwasser aus den italienischen Voralpen über die Alpenpässe bis nach Nordeuropa schicken? Hat nicht jede Region ihr gutes Mineralwasser? Ist es nicht ein Wahnsinn, wenn die Bundeswehr die Brotversorgung der Truppe europaweit ausschreiben muss und nun eine ungarische Großbäckerei die Kasernen von Sonthofen bis Flensburg beliefert?

Wir haben in Deutschland einen Punkt erreicht, wo Slow Food bei allen, die etwas von Essen und Trinken verstehen, bekannt ist. Slow Food hat auch keine Feinde, jedenfalls keine, die mit offenem Visier auftreten. Denn immer mehr wird es zu einer Art »political correctness«, für sorgfältig hergestellte Lebensmittel zu sein und das zu würdigen, was die eigene Region hervorbringt. Zu schaffen macht uns viel mehr der Erfolg unserer Idee. Alle setzen auf einmal auf Regionalität. Die Tourismuswerbung hebt die regionale Gastronomie hervor. Supermarktketten und inzwischen sogar Discounter bieten Produktlinien mit regionalen Lebensmitteln an. Manchmal könnte man meinen, Slow Food habe seine Ziele erreicht und könne sich eigentlich getrost auflösen.

Aber das Gegenteil ist der Fall. Die Herausforderung wird umso größer, je mehr Verbrauchertäuschung hinter solchen Marketingstrategien steckt. Eine regionale Wurstspezialität, die aus Beinahe-Gammelfleisch hergestellt wurde, mit Emulgatoren und Geschmacksverstärkern, mag einen Anschein von Regionalität vermitteln, aber sie ist weder gut noch sauber noch fair.

Wir müssen aufpassen, dass unter dem Deckmäntelchen von »Region« und »Heimat« nicht Ähnliches passiert wie auf dem Bio-Sektor, wo die Ver-Supermarktung anonyme Produkte auf den deutschen Markt schwemmt, über die wir nichts Genaues erfahren und die nicht schmecken. Denn ohne Genuss ist alles nichts. Was nützt ein Bio-Chianti aus biologischem Lesegut, der aus der gleichen anonymen Kellerei stammt wie der Chianti bei Discounter? Was soll man von einem Kaffee halten, der als »bio« zertifiziert ist, angeblich fair gehandelt wurde und dennoch nicht mehr kostet als das Sonderangebot beim Billigheimer nebenan?

Wenn Carlo Petrini sagt, dass wir von der Zertifizierungs-Bürokratie weg müssen hin zu einer Selbstkontrolle der Produzenten, so gilt das nicht nur für Bio-Produkte, sondern auch für Regionalität. Eine Schlüsselrolle spielt bei alledem der Umgang mit der Gentechnologie. Die deutsche Slow-Food-Gemeinde unterstützt uneingeschränkt Carlo Petrinis Position: Ja zur biotechnologischen Forschung. Aber Nein zum Anbau und zur Anwendung gentechnisch veränderter Nutzpflanzen. Die Menschheit hat es über Jahrtausende verstanden, durch natürliche Züchtung Pflanzen anzupassen und zu verbessern. Sollen wir nun zusehen, wie all dies überrollt wird durch gentechnische Manipulationen, deren Folgen für die Ökosysteme und unsere eigene Gesundheit noch gar nicht abzuschätzen sind? GVOs gehören auch nicht in das Futter unserer Nutztiere. Und wer uns einreden will, dass es ja nicht so schlimm sei, wenn man bei den »nachwachsenden Rohstoffen« GVOs zulasse, sollte uns nicht für dumm verkaufen. War es doch der Hersteller der so genannten »Gen-Kartoffel«, die angeblich nur zur Gewinnung von Industriestärke genutzt werden soll, der dann doch die Katze aus dem Sack ließ: Natürlich wolle man diese Kartoffel eines Tages auch für Futtermittel und dann für die Nahrung einsetzen. Trotz drohender Antibotika-Resistenzen.

Die politische Auseinandersetzung mit den Saatgutmonopolen muss gerade in Deutschland geführt werden. In unserem Land wacht eine Regulierungsbehörde darüber, dass jedermann frei den Strom- oder Telefonanbieter wählen kann. Aber wer wacht über die Entscheidungsfreiheit des Bauern, sein Saatgut zu kaufen, wo er will?

Carlo Petrini erinnert daran, dass Dr. Oetkers Backpulver aus Deutschland stammt. Ich könnte noch hinzufügen: In Holzminden gibt es eine ganze Industrie, die aus Holz künstliche Aromen herstellt. Man findet sie schon in der Kindernahrung und so ist es kein Wunder, wenn mittlerweile ganze Generationen nur noch künstliche Aromen kennen und den Erdbeeryoghurt, der nie eine Erdbeere gesehen hat, für den Normalfall halten. Deshalb ist die Geschmackserziehung eine so wichtige Aufgabe. Mehrere Convivien bieten Kinderkochkurse an. Andere kümmern sich um gesunde

Ernährung in Kindergarten und Schule. Und in einem Land, in dem auf dem Papier 70 Prozent der Schulen einen Schulgarten haben, sieht die Wirklichkeit anders aus. Die Idee der »Essbaren Schulgärten«, die von Alice Waters aus den USA propagiert wird, ist auch für uns ein großes Thema. Das Convivium Bremen betreut gleich vier Schulen und Kindergärten und entwickelt sogar pädagogische Leitlinien. Im Convivium »Mecklenburgische Seenplatte« entsteht mit dem »Garten von Marihn« ein riesiger Muster-Schulgarten, den künftig Schulklassen aus ganz Deutschland aufsuchen sollen, um Lust auf Bohnen, Tomaten oder Möhren aus dem eigenen Garten hinter der Schule zu bekommen.

Mitzuhelfen, dass die Schulkinder nicht mehr mit leerem Magen in die Schule geschickt werden – das ist für uns ein Stück »Terra Madre« im eigenen Land. Und es gibt auch eine Herausforderung über die nationalen Grenzen hinweg: Wir wollen mithelfen, dass auch in Polen, Tschechien und den baltischen Staaten eine Slow-Food-Bewegung entsteht. Wir sind am Gesamt-Projekt Terra Madre auf allen Ebenen – Lebensmittelbündnisse, Wissenschaftler, Gastronomen – aktiv beteiligt, wie man im Oktober 2006 in Turin erleben konnte.

Carlo Petrini hat seine deutschen Töchter und Söhne immer auch mit einem ironischen Seitenblick betrachtet. Er redet heute noch von den »Jahren der Weinhändler«, also der konfliktgeladenen Anfangszeit und dem Rechtsstreit um den Markenschutz des Namens »Slow Food« mit der Schnecke. In ihm haben sich auch tiefe Eindrücke davon festgesetzt, was ein deutscher Verein ist. 2005 musste er auf der Mitgliederversammlung in Bonn eine geschlagene Stunde mit seiner Rede warten, weil ein Mitglied einen Streit um die Auslegung der Satzung angezettelt hatte. In Italien hat Slow Food diese Sorgen nicht. Aber dafür sicher andere.

Die Erfahrungen der Jahre 2006 und 2007 haben Carlo Petrini zweifelsohne endgültig mit den deutschen Slowfoodern versöhnt. Dazu hat einer beigetragen, der schon bei der Gründung von Slow Food Deutschland dabei war: Dieter Kosslick. Als sich der Direktor der Internationalen Berliner Filmfestspiele entschloss, 2006 den »Talent Campus«, den Nachwuchswettbewerb der Berlinale, unter das Motto »Hunger, Food and Taste« zu stellen, war es für ihn selbstverständlich, zuerst an Slow Food zu denken und Carlo Petrini, Alice Waters und Vandana Shiva für eine Woche nach Berlin zu holen. Hier sind neue Freundschaften und Netzwerke entstanden, die ihre Fortsetzung beim »Kulinarischen Kino« der Berlinale 2007 fanden. Auch hier stand Carlo Petrini im Mittelpunkt.

Als er dann bei einem Besuch in Potsdam durch die alten Allen mit den klassizistischen Villen der einstigen preußischen Staatsbeamten fuhr, gingen seine Augen über und zum Entsetzen seines italienischen Begleiters sagte er: »Wenn ich irgendwann nicht mehr Slow-Food-Präsident bin, dann ziehe ich nach Potsdam um.« Da kann man nur sagen: Herzlich willkommen – auch als Präsident.

Literaturhinweise

Apoteker, Arnaud, *L'invasione del pesce-fragola Come viene manipolata la nostra alimentazione,* Editori Riunti, Rom 2000
Ariès, Paul, *Petit Manuel anti-McDo à l'usage des petit et des grands,* Editions Golias, Villeurbanne 1999
ders., *I figli di McDonald's. La globalizzazione dell'hamburger,* Dedalo, Bari 2000
Artusi, Pellegrino, *La scienza in cucina e l'arte di mangiar bene,* Einaudi, Turin 1970
— dt.: *Von der Wissenschaft des Kochens und der Kunst des Geniessens;* Kosmos-Verlag 2004
Barberis, Corrado, *Le campagne italiane dell'Ottocento a oggi,* Laterza, Rom-Bari 1999
Bevilacqua, Piero, *La mucca è savia,* Donzelli, Rom 2002
Bologna, Gianfranco, Gesualdi, Francesco, Piazza, Fausto und Saroldi, Andrea, *Invito alla sobrietà felice,* EMI, Bologna 2003
Bonaglia, Federico, und Goldstein, Andrea, *Globalizzazione e sviluppo,* il Mulino, Bologna 2003
Boudan, Christian, *Le cucine del mondo. Geopolitica dei gusti e delle grandi culture culinarie,* Donzelli, Rom, 2005
Bourguignon, Claude und Lydia, *Il suolo, un patrimonio da salvare,* Slow Food Verlag, Bra 2004
Bourre, Jean-Marie, *La dietetica del cervello,* Sperling & Kupfer, Mailand 1992
Bové, José und Dufour, François, *Il mondo non è in vendita. Agricoltori contro la globalizzazione alimentare,* Feltrinelli, Mailand 2000
— dt.: *Die Welt ist keine Ware. Bauern gegen Agromultis;* Rotpunktverlag 2001
Brecher, Jeremy und Costello, Tim, *Contro il capitale globale. Strategie di resistenza,* Feltrinelli, Mailand 1998
Brillat-Savarin, Jean-Anthèlme, *Fisiologia del gusto,* Opportunity Books, Mailand 1996
Capatti, Alberto und Montanari, Massimo, *La cucina italiana. Storia di una cultura,* Laterza, Rom-Bari 1999
Capatti, Alberto, *L'osteria nuova, una storia italiana del XX secolo,* Slow Food Verlag, Bra 2000
Cassano, Franco, *Modernizzare stanca,* il Mulino, Bologna 2001
Centro Nuovo Modello Di Sviluppo, *Guida al consumo critico,* EMI, Bologna 2000
Clover, Charles, *Allarme pesce,* Ponte alle Grazie, Mailand 2005
— dt.: *Fisch kaputt;* Riemann-Verlag 2005
Cranga, Françoise und Yves, *L'escargot,* Les Editions du Bien Public, Dijon 1991
Des, Debal, *Industrial vs Ecological agriculture,* Navdanya/Rfste, New Delhi 2004
ders., *Il dizionario di Slow Food,* Slow Food Verlag, Bra 2002
Dogana, Fernando, *Psicopatologia dei consumi quotidiani,* Franco Angeli, Mailand 1993
Encyclopédie des nuisances, I giocolieri del DNA nel pianeta dei creduloni, Bollati Boringhieri, Turin 2000
Fischler, Claude, *L'onnivoro Il piacere di mangiare nella storia e nella scienza,* Mondadori, Mailand 1990
Flandrin, Jean-Luois, *Il gusto e la necessità,* Il Saggiatore, Mailand 1994
Gesualdi, Francesco, *Manuale per un consumo responsabile,* Feltrinelli, Mailand 2002
Giono, Jean, *Lettera ai contadini sulla povertà e la pace,* Ponte alle Grazie, Mailand 1997
Grew, Raymond, *Food in Global History,* Westerview Press, Colorado 1999
Grimm, Hans-Hulrich, *L'imbroglio nella zuppa,* Andromeda, Bologna 1998
Hardt, Michael und Negri, Antonio, *Impero. Il nuovo ordine della globalizzazione,* Rizzoli, Mailand 2002
— dt.: *Empire. Die neue Weltordnung;* Campus-Verlag 2002
Harris, Marvin, *Wohlgeschmack und Widerwillen,* Klett-Cotta/dtv, München 1995

HO, MAE-WAN, *Ingegneria genetica. Scienza e business delle biotecnologie,* Derive Approdi, 2001 Rom
ILLICH, IVAN, *La convivialità,* Mondadori, Mailand 1974
ISNEGHI, MARIO (Herausgeber), *I luoghi della memoria. Strutture ed eventi dell'Italia unita,* Laterza, Rom-Bari 1997
JAILLETTE, JEAN-CLAUDE, *Il cibo impazzito,* Feltrinelli, Mailand 2001
JOLY, NICOLAS, *Le vin Du ciel à la terre,* Editions Sang de la terre, Paris 1997
— dt.: *Beseelter Wein. Biologisch-dynamischer Weinbau;* Hallwag Verlag 2002
JOHNSON, HUGH, *The Story of Wine,* Mitchell Beazley, London 1989
— dt.: *Weingeschichte. Von Dionysos bis Rothschild,* Gräfe und Unzer Verlag 2006
KIMBRELL, ANDREW (Herausgeber), *Fatal Harvest. The Tragedy of Industrial Agriculture,* Island Press, Washington 2002
KLEIN, NAOMI, *No logo,* Baldini & Castoldi, Mailand 2001
— dt.: *No Logo!* Goldmann-Verlag 2005
KUNDERA, MILAN, La lentezza, Adelphi, Mailand 1995
— dt.: Die Langsamkeit; Fischer-Verlag 1998
LA CAMERA, FRANCESCO, *Sviluppo sostenibile. Origini, teoria e pratica,* Editori Riunti, Rom 2003
LACROIX, MICHEL, *Le principe de Noé oú l'Ethique de la sauvegarde,* Flammarion, Paris 1997
LACOUT, DOMINIQUE, *Le livre noir de la cuisine,* Jean-Paul Rocher Editeur, Paris 2001
LATOUCHE, SERGE, *Decolonizzare l'immaginario,* EMI, Bologna 2004
LAWRENCE, FELICITY, *Non c'è sull'etichetta,* Einaudi 2005
LEVI-STRAUSS, CLAUDE, *Il crudo e il cotto,* Il Saggiatore, Mailand 1996
— dt.: *Mythologica I. Das Rohe und das Gekochte;* Suhrkamp-Verlag 2000
LUTHER-BLISSETT und CYRANO AUTOGESTITO DI ROVERETO, *McNudo,* Stampa Alternativa, Viterbo 2001
MANCE, EUCLIDES ANDRÉ, *La rivoluzione delle reti,* EMI, Bologna 2003
MERLO, VALERIO, *Contadini perfetti e cittadini agricoltori nel pensiero antico,* Jaca Book, Mailand 2003
MONTANARI, MASSIMO, *Convivio Storia e cultura dei piaceri della tavola,* Laterza, Rom-Bari 1989
— dt.: *Der Hunger und der Überfluß. Kulturgeschichte der Ernährung in Europa;* Verlag C. H. Beck 1993
DERS., *Convivio Storia e cultura dei piaceri della tavola nell'età moderna,* Laterza, Rom-Bari 1991
DERS., *Convivio Storia e cultura dei piaceri della tavola nell'età contemporanea,* Laterza, Rom-Bari 1992
DERS., (Herausgeber), *Il mondo in cucina. Storia, identità, scambi,* Laterza, Rom-Bari 2002
DERS., *Il cibo come cultura,* Laterza, Rom-Bari 2004
MORIN, EDGAR, *Introduzione a una politica dell'uomo,* Meltemi, Rom 2000
DERS., *I Sette saperi necessari all'educazione del futuro,* Raffaello Cortina, Mailand 2001
— dt.: *Die sieben Fundamente des Wissens für eine Erziehung der Zukunft;* Krämer/Hamburg 2001
DERS., *Il metodo,* Band V., *L'identità umana,* Raffaello Cortina, Mailand 2002
NADOLNY, STEN, La scoperta della lentezza, Garzanti, Mailand 1985
— dt.: *Die Entdeckung der Langsamkeit;* Piper-Verlag 1987
NANNI, ANTONIO, *Economia leggera. Guida ai nuovi comportamenti,* EMI, Bologna 1997
NISTRI, ROSSANO, *Dire fare gustare. Percorsi di educazione del gusto nella scuola,* Arcigola Slow Food, Bra 1998
ONFRAY, MICHEL, La raison gourmande, Grasset & Fasquelle, Paris 1995
— dt.: *Die genießerische Vernunft. Die Philosophie des guten Geschmacks;* Elster-Verlag 1996
ORTEGA CERDÁ, MIQUEL und RUSSI, DANIELA, *Debito Ecologico,* EMI; Bologna 2003

PELT, JEAN-MARIE, *L'orto di Frankenstein,* Feltrinelli, Mailand 2000
PERNA, TORNINO, *Fair Trade,* Bollati Boringhieri, Turin 1998
PETRINI, CARLO, *Slow Food. Le ragioni del gusto,* Laterza, Rom-Bari 2001.
— dt.: *Slow Food. Genießen mit Verstand,* Rotpunktverlag, Zürich 2003.
POLLMER, UDO, *Voltar pagina* in »Slow«, Nr. 34, Oktober 2002
PONGE, FRANCIS, *Il partito preso delle cose,* Einaudi, Turin 1979
— dt.: *Im Namen der Dinge;* Suhrkamp-Verlag 1976
JEAN PIERRE POULAIN, *Sociologies de l'alimentation,* PUF, Paris 2002
DERS. mit NEIRINCK, EDMOND, *Histoire de la cuisine det des cuisiniers,* Delgrave, Paris 2004
RIFKIN, JEREMY, *Il secolo Biotech,* Baldini e Castoldi, Mailand 2000
— dt.: *Das biotechnische Zeitalter. Die Geschäfte mit der Genetik;* Goldmann-Verlag 2000
RITZER, GEORGE, *Il mondo all McDonald's,* il Mulino, Bologna 1996
— dt.: *Die McDonaldisierung der Gesellschaft;* Fischer-Verlag 1997
DERS., *La religione dei consumi,* il Mulino, Bologna 2000
SACHS, WOLFGANG (Herausgeber), *Dizionario dello sviluppo,* EGA, Turin 2004
SANSOT, PIERRE, *Du bon usage de la lenteur,* Manuels Payot, Paris 1998
SASSEN, SASKIA, *Globalizzati e scontenti. Il destino delle minoranze nel nuovo ordine mondiale,* Il Saggiatore, Mailand 2002
— dt.: *Migranten, Siedler, Flüchtlinge. Von der Massenauswanderung zur Festung Europa;* Fischer-Verlag 1996
SCHLOSSER, ERIC, *Fast Food Nation,* Marco Tropea, Mailand 2002
— dt.: *Fast Food Gesellschaft. Sonderausgabe. Fette Gewinne, faules System;* Riemann-Verlag 2003
SCHMEISER, PERCY, *David vs. Goliath,* in *Il Cibo e l'impegno 2,* »I quaderni di Micromega« (Nachtrag zu »Micromega«, Nr. 5, 2004).
SEN, AMARTYA, *Lo sviluppo è libertà,* Arnoldo Mondadori, Mailand 2000
— dt.: *Ökonomie für den Menschen. Wege zu Gerechtigkeit und Solidarität in der Marktwirtschaft;* Carl Hanser-Verlag 2000
DERS., *La democrazia degli altri,* Arnoldo Mondadori, Mailand 2004
SERVENTI, SILVANO und SABBAN, FRANÇOISE, *La pasta, storia e cultura di un cibo universale,* Laterza, Rom-Bari 2000
SHIVA, VANDANA, *Monoculture della mente. Biodiversità, biotecnologie e agricoltura scientifica,* Bollati Boringhieri, Torino 1995
DERS., *Campi di battaglia Biodiversità e agricoltura industriale,* Edizioni Ambiente, Mailand 2001
— dt.: *Biodiversität. Plädoyer für eine nachhaltige Entwicklung;* Haupt-Verlag 2001
DERS., *Vacche sacre e mucche pazze,* DeriveApprodi, Roma 2001
SMITH, JEFFREY M., *L'inganno a tavola,* Nuovi Mondi Media, Ozzano dell'Emilia 2004
— dt.: *Trojanische Saaten. Genmanipulierte Nahrung – genmanipulierter Mensch;* Riemann-Verlag 2004
SOROS, GEORGE, *La crisi del capitalismo globale,* Edizioni Ponte alle Grazie, Florenz 1999
— dt.: *Die Krise des globalen Kapitalismus;* Fest-Verlag 1998
STIGLITZ, JOSEPH E., *La globalizzazione e i suoi oppositori,* Einaudi, Turin 2003
— dt.: *Die Schatten der Globalisierung;* Siedler-Verlag 2002
SÜSKIND, PATRICK, *Il profumo, Longanesi,* Mailand 1985
— dt.: *Das Parfum. Die Geschichte eines Mörders;* Diogenes Verlag 2000
TAMINO, GIANNI, und PRATESI, FABRIZIA, *Ladri di geni,* Editori Riuniti, Rom 2001
Terra e Libertà/Critical Wine, DeriveApprodi, Rom 2004
TIGER. LIONEL, *La ricerca del piacere,* Lyra Libri, Como 1993
— dt.: *Das Herrentier. Steinzeitjäger im Spätkapitalismus;* DTV 1982
VÉRON, JACQUES, *Popolazione e sviluppo,* il Mulino, Bologna 2001
VERONELLI, LUIGI, *Brevario libertino,* Edizioni di Monte Vertine, Florenz 1984